OCEANO
GRAMÁTICA
PRÁCTICA

ORTOGRAFÍA, SINTAXIS, INCORRECCIONES, DUDAS

OCEANO
GRAMÁTICA
PRÁCTICA

ORTOGRAFÍA, SINTAXIS, INCORRECCIONES, DUDAS

OCEANO

OCEANO GRAMÁTICA PRÁCTICA
ORTOGRAFÍA, SINTAXIS, INCORRECCIONES, DUDAS

© MCMXCV, OCEANO GRUPO EDITORIAL, S.A.
    Barcelona, España

© MCMXCV, EDITORIAL OCEANO DE MÉXICO, S.A. DE C.V.
    Eugenio Sue 59, Colonia Chapultepec Polanco
    Miguel Hidalgo, Código Postal 11560, México, D.F.
    ☎ 282 0082   🚗 282 1944

EDITORIAL OCEANO DE MÉXICO, S.A. DE C.V.
es el editor y distribuidor de esta edición para su venta
en librerías

DÉCIMA REIMPRESIÓN

ISBN 968-6321-25-X

IMPRESO EN MÉXICO / PRINTED IN MEXICO

Esta obra se terminó de imprimir
en abril de 1999 en
Diseño Editorial, S.A. de C.V.,
Bismarck 20
Colonia Moderna,
México, D.F.
La encuadernación de los ejemplares se hizo en
Dinámica de Acabado Editorial, S.A. de C.V.,
Centeno 4-B
Colonia Granjas Esmeralda,
México, D.F.

Presentación

Resulta apenas creíble que dos hechos capitales acaecidos hace más de cuatro mil años estén en la base de esta obra que hoy nos cumple presentarles. Es el primero y más importante la dispersión desde la meseta del Irán de los fundidores arios, quienes extendiéndose por entre los pueblos de Europa y del Indostán introducen no solo su innovadora técnica metalúrgica que había de arrumbar la cultura de la piedra tallada, sino también su lengua, madre prolífica de las pertenecientes a este tronco lingüístico llamado por lo mismo indoeuropeo. Nos afecta de lleno este acontecimiento, pues siguiendo una genealogía simplista, del indoeuropeo proceden las lenguas itálicas, un grupo de las cuales es el latino, de cuyo principal representante, el latín, deriva entre otras la lengua castellana, más tarde denominada española. Obviamente, versa sobre esta lengua el tema que se desarrollará en cuanto levantemos el telón.

Pero la lengua española, como cualquier otra, puede contemplarse desde muy diversos puntos de vista. Uno de ellos, por ejemplo, que sabemos interesante, es el de proyectar la película histórica de su vida desde que en el año 218 a. C. los romanos desembarcan en Iberia y los peninsulares empiezan a chapurrear las primeras palabras del latín vulgar de sus dominadores, hasta el momento ya nuestro en que la imprenta inmortalice irreversiblemente la prosa de este libro. Otro punto de vista bien distinto, ahora picante, sería el de investigar qué porcentaje de lengua española contiene el último premio de novela precisamente española, y ello no para rasgarnos las vestiduras sino para barruntar en lo posible, y fríamente, cuál pueda ser nuestra lengua del futuro.

El segundo hecho capital y remoto que informa nuestro punto de vista es cierta tradición religiosa india que ya desde el segundo milenio a. C. va puliendo el védico antiguo, lengua aria de la que se desprenderá el sánscrito clásico, definitivamente estudiado por el gramático Panini en el siglo V a. C. Esa antiquísima tradición de tomar la lengua como objeto de análisis y estudio, no como mero instrumento de comunicación, y que conocemos con el nombre de gramática, nos llega, pues, de cuatro mil años atrás.

El hablante medio es un simple usuario de la lengua. Igual que no acostumbra mirarse las piernas por más que las esté usando constantemente, tampoco se para a mirar, y menos analizar, su lengua. Quien sí lo hizo antaño fue Panini, posiblemente el primer gramático de que nos ha llegado noticia.

Miles de años después también lo hemos hecho nosotros, posiblemente los últimos, aquí y ahora, de esta larga serie de estudiosos empeñados en deducir de tanto parloteo cómo nos las arreglamos para expresar un día y otro todo lo que pasa por nuestro caletre, cómo nos las arreglamos para interpretar lo que los demás nos van diciendo incansablemente. Por eso este libro de Ortografía, Sintaxis, Incorrecciones y Dudas es al mismo tiempo una gramática.

Pero esta vez hemos ido un poco más lejos. No nos hemos limitado a desentrañar el sistema gramatical del español, a describirlo tan claramente como hemos podido, sino que hemos invitado al lector a comprobar incesantemente el recto aprovechamiento de sus lecturas mediante un rosario intermitente de ejercicios de control. Por eso esta gramática se apellida, de justicia, práctica.

Ojalá el espíritu científico y didáctico que nos ha animado a realizar esta Gramática Práctica se vea recompensado con los parabienes de nuestros lectores.

Ernesto Carratalá García
Catedrático de la Universidad

Sumario

Aprendamos a hablar correctamente 3
¿Cómo? 3

Eligiendo bien la forma del sustantivo preciso 6
Formación de las variantes léxicas 7
  Prefijación 8
    Prefijos prepositivos 8
    Prefijos de origen latino 8
    Prefijos de origen griego 10
  Sufijación 11
    Sufijos de origen latino 11
  Parasíntesis 12
  Composición 13
Comparación de las formas léxicas 14
  El género 17
  El número 22

Poniéndole el artículo adecuado 25
Forma 25
  El neutro lo 26
Función 26
  Casos anómalos 26
Significado 28
Uso 29

Añadiéndole un buen adjetivo 31
Adjetivos calificativos 32
  Forma 32
    Género 32
    Número 35
    Grado 36
  Función 43
Adjetivos determinativos 44
  Los posesivos 45
    Forma 45
    Función 46
  Los demostrativos 48
    Forma 48
    Función 48
  Los numerales 50
    Cardinales 50

Ordinales 52
Fraccionarios 54
Múltiplos 55
Los indefinidos 55

Sustituyéndolo por un pronombre si procede 58
Pronombres personales 59
Forma 59
Función 61
Pronombres relativos 66
Forma 67
Función 67
Pronombres interrogativos 69
Otros pronombres 70

Conjugando bien el verbo 72
Forma 73
Clases formales de los verbos 75
Verbos regulares 76
Verbos irregulares sistemáticos 81
Verbos irregulares asistemáticos 93
Función 97
Significado y uso de los tiempos
y modos verbales 97
Significado y uso de las formas no personales 102
Las perífrasis verbales 103

Puntualizándolo con un adverbio conveniente 105
Adverbios variables 106
Adverbios invariables 108
Repertorio 109
Locuciones adverbiales 111

Conectando las palabras con las preposiciones justas 113
Forma 114
Significado y uso 115
Preposiciones agrupadas y locuciones
prepositivas 117

Enlazando frases y frases con las conjunciones de rigor . 119
Forma y función 120
Clases 120
Conjunciones coordinantes 121
Conjunciones subordinantes 122

Adornándolo todo con las interjecciones precisas 126

Aprendamos a escribir correctamente 131
¿Cómo? 131

Respetando las grafías aceptadas históricamente 134
   Las vocales 136
   Las consonantes 138
     Cómo practicar la opción b/v/w 139
     Cómo practicar la opción c/k/q 144
     Cómo practicar la opción c/s/z 146
     Cómo practicar la opción d/Ø 151
     Cómo practicar la opción g/gu/gü 151
     Cómo practicar la opción g/j 152
     Cómo practicar la opción h/Ø............................... 155
     Dobles grafías 157
     Cómo practicar la opción m/n 158
     Cómo practicar la opción r/rr 159
     Cómo practicar la oposición x/s 159
     Cómo practicar la opción y/ll/i 160

Silabeando bien para bien dividir las palabras 163
   Esquemas silábicos posibles
   (con una vocal en el núcleo) 164
   Esquemas silábicos posibles
   (con un diptongo en el núcleo) 164
   División silábica 165
   Aplicación de la división silábica a la escritura 168

Acentuando según las normas de la Real Academia 170
   Clasificación de las palabras según
   el acento tónico 170
   Palabras átonas 171
   Palabras tónicas 173
     Reglas del acento gráfico 174
   Miscelánea de pequeñas normas
   complementarias 177

Prestando atención a las modalidades de los verbos 179
   Clases funcionales de los verbos 180
   Verbos transitivos 181
     La construcción pasiva 181
   Verbos intransitivos 184
   Verbos copulativos 185

Verbos unipersonales 186
Verbos pronominales 188

Construyendo las oraciones coherentemente 191
Forma y función 192
Núcleo y adjuntos 193
Las funciones sintácticas 194
  Las funciones miembros 194
    Sujeto y predicado 194
    Circunstante externo 195
  Los adjuntos no verbales 197
    Atributivo 197
    Declarativo 197
    Expansión 198
    Término 198
  Los adjuntos verbales 199
    Objeto directo 199
    Objeto indirecto 200
    Circunstancial 201
    Predicativo 201
    Agente 203
  Las funciones instrumentales 204
    Transpositor 204
    Coordinante 205
    Subordinante 205

Buscando la mejor cohesión de sus partes 207
El sustantivo y sus adjuntos 208
  Objeto directo *(ejemplos f, g)* 209
  Objeto indirecto *(ejemplo h)* 209
  Circunstancial *(ejemplos i, j)* 210
  Predicativo *(ejemplos k, l)* 210
  Agente *(ejemplo m)* 210
  Circunstante externo *(ejemplos n, ñ)* 210
  Modificadores del sustantivo 210
    Un sustantivo atributivo 210
    Un sustantivo declarativo 211
    Un artículo atributivo 211
    Un adjetivo atributivo 211
    Un pronombre relativo atributivo 211
    Un pronombre interrogativo atributivo 212
    Un complemento en función de expansión 212
El adjetivo y sus adjuntos 213
  Modificadores del adjetivo 214

Un sustantivo atributivo 214
Un adverbio atributivo 214
Un complemento en función de expansión 214
Un artículo o un adjetivo determinativo
    atributivos 214
El adverbio y sus adjuntos 215
  Modificadores del adverbio 216
    Un adverbio atributivo 216
    Un complemento en función de expansión 216
    Una proposición atributivo 216
El verbo y sus adjuntos 217
  Régimen de los verbos 218
  Las perífrasis verbales 219

Enriqueciendo la frase básica con otras frases 221
Clasificación de las oraciones según el número
    de sus miembros 222
  Amembres 222
  Unimembres 222
  Bimembres 224
  Trimembres 224
Clasificación de las oraciones según la estructura
    de su predicado 225
Clasificación de las oraciones según la actitud
    del hablante 226
  Enunciativas 226
  Interrogativas 227
  Exclamativas 227
  Exhortativas 228
  Desiderativas 229
  Dubitativas 229
Clasificación de las oraciones según su contenido
    en proposiciones 229
  Simples 230
  Compuestas 230
  Complejas 230
Sistemas de integración de las proposiciones
    en las oraciones 230
  Ordinación 231
  Coordinación 231
    Copulativas 231
    Distributivas 231
    Disyuntivas 232
    Adversativas 232

Subordinación 232
Funciones de las proposiciones subordinadas 233
Proposiciones sustantivas 233
Sujeto 233
Declarativo 233
Término 233
Objeto directo 234
Predicativo 234
Proposiciones adjetivas 234
Atributivo (de un sustantivo) 234
Proposiciones adverbiales 235
Circunstancial 235
Circunstante externo 235
Atributivo (de un adverbio) 235

Análisis de las frases 1 a 32 237

Utilizando una puntuación clarificadora 271
Signos de puntuación relacionados con los sonidos 272
Diéresis 272
Signos de puntuación relacionados con la entonación 272
Interrogación 272
Admiración 273
Paréntesis 273
Corchetes 274
Signos de puntuación relacionados con el ritmo 274
Coma 274
Punto y coma 275
Dos puntos 275
Punto 275
Puntos suspensivos 276
Otros signos 276
Comillas 276
Raya 276
Guión 277
Empleo de las letras mayúsculas 278
Lista de abreviaturas y siglas más comunes 280

Sirviéndose de un estilo llano y convincente 287
Aspectos gramaticales que tener en cuenta 289
Adjetivos y pronombres que empiezan con s- 289
Pronombres personales que empiezan con l- 289
Pronombres relativos 290
Partículas 290

Gerundio 292
Aspectos léxicos que tener en cuenta 293
Pobreza de lenguaje 293
Riqueza de lenguaje 293
Aspectos estilísticos que tener en cuenta 294
El artículo cero 294
El adjetivo calificativo 295
Concordancia y discordancia 296
Sustantivos colectivos 296
Verbo ser + predicativo 297
Plural de modestia 297
Otras anomalías paradójicamente normales 297
Un sujeto de dos o más sustantivos 297
Un sujeto de dos o más infinitivos 297
Dos o más sustantivos del sujeto siguen al verbo 298
Dos o más sustantivos del sujeto preceden
o siguen al verbo 298
Un adjetivo detrás de dos o más sustantivos 298
Un adjetivo delante de dos o más sustantivos 298
El orden de las palabras 299
Colocación de los adjuntos de un sustantivo 299
Colocación de los adjuntos de un adjetivo 300
Colocación de los adjuntos de un adverbio 300
Colocación de los transpositores 301
Colocación de los términos de preposiciones
y conjunciones 301
Colocación de los adjuntos de un verbo 301
Colocación del sujeto de un verbo 301
Colocación del verbo de una oración 302
Locuciones continuativas 302
Algunos consejos finales 303

Dudas y latinismos 305

Vocabulario de palabras y giros dudosos 307

Glosario de latinismos, locuciones y frases latinas 327

Autovaloración 333

Soluciones de los ejercicios *Hablar correctamente* 335

Soluciones de los ejercicios *Escribir correctamente* 343

Abreviaturas y signos empleados

-	inferioridad
+	superioridad
<	palabra derivada de
>	palabra primitiva
=	igualdad
≠	diferente
Ø	vacío
1 p. (p.)	primera persona
1ªs.	primeras
abs.	absoluto
adj.	adjetivo
adv.	advervio
Ag	agente
am.	amembre
art.	artículo
At	atributo
bim.	bimembre
C	consonante
CE	circunstante externo
CD	complemento directo
Cir	circunstancial
Co	coordinante
comp.	comparativo
comp. reg.	complemento régimen
con.	condicional
conj.	conjugación
D	diptongo
De	declarativo
ej.	ejemplo
etc.	etcétera
Ex	expansión
f.	femenino
fr.	francés
fut.	futuro
ger.	gerundio
imp.	imperativo, imperfecto
inf.	infinitivo
intr.	intransitivo

it.	italiano
m.	masculino
N	núcleo
n.	número
NO	núcleo oracional
nos.	nosotros
obj.	objeto
OD	objeto directo
OI	objeto indirecto
p.p.o.	pronombre personal objetivo
pág.	página
par. (part.)	participio
pl. (p)	plural
Pr. (Pred.)	predicado, predicativo
pr.	pretérito
pre.	presente
pref.	prefijo
prop.	proposición, proposicional
S (suj.)	sujeto
s/	según
s. (sing.)	singular
s.v.	véase esta palabra
Sub	subordinante
suf.	sufijo
sup. rel.	superlativo relativo
sup. ab.	superlativo absoluto
sus.	sustantivo
Ter, (tér.)	término
Trans	transpositor
tr.	transitivo
trim.	trimembre
unim.	unimembre
V	vocal
V, (v, ver.)	verbo, verbal
v.	véase
v.supra	véase arriba
v.gr.	por ejemplo

Aprendamos a
HABLAR
CORRECTAMENTE

Aprendamos a
HABLAR
CORRECTAMENTE

¿CÓMO?

Es de suponer que el ser humano tardó miles de años en aprender a hablar. Luego tardaría lo suyo en aprender a escribir. Por lo tanto, el lenguaje humano, articulado, hablado, precede con mucho a la invención del escrito. El niño repite la historia de la humanidad: primero habla y más tarde escribe. Nunca al revés. De hecho, hay todavía muchas personas que hablan y no escriben (analfabetos), pero no existe ninguna que escriba y no hable fuera del caso de los mudos alfabetizados. Es manifiesta la prioridad del hablar sobre el escribir.

Por eso trataremos nosotros en esta primera parte del libro de toda una serie de problemas que asaltan de entrada a cualquiera que se disponga a transmitir un mensaje por vía oral, problemas primordiales que también afectan, sin duda, a la lengua escrita y que, por tanto, se proyectan igualmente a la segunda parte del libro, pero que nosotros situamos aquí en pro de una mejor sistematización. En realidad, haremos un repaso de las llamadas tradicionalmente partes de la oración, que son nueve: sustantivo, artículo, adjetivo, pronombre, verbo, adverbio, preposición, conjunción e interjección. Estableceremos contacto con sus posibles variantes, múltiples en el caso del verbo, verdadero escollo para el dominio de la lengua española. Prestaremos atención a la concordancia, o sea, que coincida masculino con masculino, femenino con femenino, singular con singular, plural con plural, etc. Afinaremos nuestra adjetivación: qué sutil resulta distinguir entre *linda, bonita, bella, hermosa, agraciada, bien parecida, guapa*. Buscaremos la precisión, seleccionando entre *este, ese* y *aquel*, entre *mi amiga* y *amiga mía*, para que nuestro mensaje sea certero. Aprenderemos a huir de la ambigüedad, de la confusión, empleando la preposición requerida por nuestra intención: unas veces **confiando en** los consejos de este libro y otras, mientras se hacen los dictados, **confiando a** la buena voluntad de alguien la tarea de dictárnoslos. En fin, tocaremos todos y cada uno de los puntos conflictivos referentes a esas nueve partes de la oración, ilustrando su mecanismo con ejemplos constantes, invitando al estudioso a realizar ejercicio tras ejercicio.

Seguirá un sistema de control propio para poder medir los aciertos y adquirir así una clara conciencia del progreso conseguido.

Aprendamos a
HABLAR CORRECTAMENTE

CONTENIDOS

Eligiendo bien la forma del sustantivo preciso	Formación de las variantes léxicas Comparación de las formas léxicas El género El número
Poniéndole el artículo adecuado	Forma Función Significado Uso
Añadiéndole un buen adjetivo	Adjetivos calificativos Adjetivos determinativos
Sustituyéndolo por un pronombre si procede	Pronombres personales Pronombres relativos Pronombres interrogativos Otros pronombres
Conjugando bien el verbo	Forma Función Significado y uso de los tiempos y modos verbales Las perífrasis verbales
Puntualizándolo con un adverbio conveniente	Adverbios variables Adverbios invariables Repertorio Locuciones adverbiales
Conectando las palabras con las preposiciones justas	Forma Significado y uso Preposiciones agrupadas y locuciones prepositivas
Enlazando frases y frases con las conjunciones de rigor	Forma y función Clases
Adornándolo todo con las interjecciones precisas	

ELIGIENDO BIEN LA FORMA DEL SUSTANTIVO PRECISO

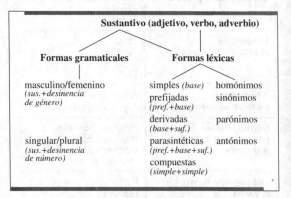

Sustantivo (adjetivo, verbo, adverbio)

Formas gramaticales	**Formas léxicas**	
masculino/femenino *(sus.+desinencia de género)*	simples *(base)*	homónimos
	prefijadas *(pref.+base)*	sinónimos
	derivadas *(base+suf.)*	parónimos
singular/plural *(sus.+desinencia de número)*	parasintéticas *(pref.+base+suf.)*	antónimos
	compuestas *(simple+simple)*	

Hablar es un medio de enviar mensajes. Hay otros medios (gestos, gritos, escritura, silbidos, señales, etc.), pero el habla es el que nos interesa ahora. En esos mensajes siempre decimos algo de alguna persona, de algún animal o de alguna cosa. Y nombraremos a esa persona, animal o cosa con, lógicamente, un nombre, que llamamos <u>nombre sustantivo</u> para no confundirlo con otros nombres (nombre de pila, nombre de familia, nombre de guerra). Ese sustantivo viene a ser, pues, el centro de interés de nuestro mensaje:

Los <u>profesores</u> enseñan lo que saben.
También tienen su inteligencia los <u>caballos.</u>
Resulta imposible la <u>convivencia</u> si no hay tolerancia.

Lo escogeremos con cuidado, tratando de que responda exactamente a nuestra intención: no es <u>profesor</u> lo mismo que <u>maestro, catedrático, enseñante</u>. Tampoco <u>caballo</u> es igual que <u>mulo, rocín, jamelgo</u>; ni <u>convivencia</u> puede confundirse con <u>solidaridad</u> o <u>cohabitación</u>. Precisa, por lo tanto, consultar los diccionarios en caso de duda para comprobar si la definición del sustantivo dudoso coincide o no con la intención de nuestro mensaje. A veces no conocemos o no damos con el sustantivo que sirve para nombrar lo que tenemos en mente: acúdase a un diccionario de ideas afines, el cual nos llevará desde <u>enseñar</u> a <u>profesor</u>, desde <u>caballo</u> a <u>jinete</u>, desde <u>vivir</u> a <u>convivencia</u>. Lo importante es consultar: solo aprende el que, dudando, consulta. Así lograremos nombrar exactamente a quien o lo que pretendemos mencionar.

Ejercicio *(Los mensajes siguientes son solo verdad en parte. Trate de cambiar el sustantivo subrayado por otro más exacto sirviéndose del* Vocabulario de palabras y giros dudosos.*)*

Los <u>odontólogos</u> tratan enfermedades de la piel.
Ha tenido <u>cachorros</u> la gallina que me regalaste.
Es penoso sentir el <u>sentimiento</u> de frío.
Tengo que legalizar este documento en un <u>procurador</u>.
En Tenerife montamos en <u>camellos de una giba</u>.
Juanita me dijo que iba a especializarse en <u>podología</u> porque le gustan los niños.
El <u>chófer</u> de aquel avión no hacía acrobacias.
Los mamíferos amamantan a sus <u>hijos</u>.
Se cansó del violín y empezó a estudiar un instrumento de <u>aire</u>.
Estudié <u>gramática</u> en el Instituto del Teatro.

FORMACIÓN DE LAS VARIANTES LÉXICAS

El léxico que empleamos en nuestros mensajes (sustantivos, adjetivos, verbos y adverbios) no son rígidas e inmutables. Las podemos ir cambiando de forma añadiendo a la palabra original *(base)* alguna sílaba por delante *(prefijo)* o alguna terminación *(sufijo)* o ambos apéndices a la vez, o bien combinándola y soldándola con otra palabra léxica *(compuesto)*. Disponemos así de cuatro sistemas para multiplicar el vocabulario:

	base	*sol*	*ojo*
Por prefijos	prefijación	*resol*	*anteojo*
Por sufijos	derivación	*solar*	*ojal*
Por ambos	parasíntesis	*insolar*	*aojar*
Por aglutinación	composición	*quitasol*	*ojituerto*

El conjunto de todas las variantes de una misma palabra base constituye una familia léxica que llamamos *paradigma*. Conociendo bien los prefijos y sufijos se comprenden fácilmente palabras nunca oídas o leídas anteriormente y se enriquece sin esfuerzo el vocabulario.

Prefijación

Consiste este sistema simplemente en anteponer un prefijo a la palabra base:

ayuno>desayuno; brazo>antebrazo; paso>repaso

Los prefijos son eminentemente preposiciones españolas, pero también hay otros de origen latino o griego. Véanse a continuación sendas listas de los más frecuentes.

Prefijos prepositivos

a- (varios usos): *asegurar, asentimiento, acoplar, acortar*
ante- (delante): *antepecho, antecámara*
bajo- (inferioridad): *bajorrelieve, bajotraer*
con- (**com-** delante de **p b**)(compañía, unión): *confraternidad, compartir*
contra- (oposición): *contrabando, contrafuerte*
de- (varios usos): *decadencia, determinación*
en- (**em-** delante de **p b**)(dentro): *encierro, ensimismamiento*
entre- (en medio de): *entredós, entrepaño*
para- (finalidad): *parabién, paraestatal*
por- (varios usos): *porcentaje, pordiosero*
sin- (carencia): *sinrazón, sinfín*
sobre- (aumento): *sobresalto, sobresueldo*
tras- (más allá, a través de): *traspié, trastienda*

Ejercicio *(Escriba una frase breve que defina las siguientes palabras a partir de su prefijo.)*

antepalco	entreacto
avenida	parapoco
conjunto	sinvergüenza
contracción	sobrecarga
enclaustramiento	trasluz

Prefijos de origen latino

ab- (varios significados): *absolución, abrogar*
abs- (varios significados): *abstención, abstracción*

ad- (proximidad, encarecimiento): *adjunto, admirar*
bi- (dos): *bivalente, bicameral*
bis- (dos veces): *bisabuelo, bisiesto*
biz- (dos veces): *biznieto, bizcocho*
con- (com- delante de **p b**; **co-** delante de **h l rr**)(reunión, agregación):
coautor, colaborador, corresponder, combatir
des- (inversión, exceso, negación): *descubrir, deshora, des-confiar, deshonra*
di- (oposición, origen): *disensión, dimanar*
dis- (separación): *distracción, distinción*
e- (origen): *emanar, evacuación*
es- (fuera): *escoger, estirar*
ex- (más allá, antes): *extemporáneo, exalumno*
extra- (fuera de): *extraordinario, extralimitación*
in- (im- delante de **p b**; **i-** delante de **l rr**)(dentro, opuesto, negación):
ilegal, irreal, implantar, insumir
infra- (inferioridad): *infrarrojo, infraestructura*
inter- (entre, en medio de): *internacional, intermedio*
intra- (interioridad): *intravenoso, intramuros*
intro- (dentro): *intromisión, introvertido*
menos- (disminución): *menoscabo, menosprecio*
minus- (disminución): *minusvalía, minusválido*
ob- (cerca de): *obtener, observar*
omni- (todo): *omnisciente, omnipresente*
per- (aumento): *perdurar, persistencia*
pos-/post- (delante de vocal siempre **post-**)(después): *pos-poner, postdorsal, postoperatorio*
pre- (anterioridad, prioridad): *prehistoria, preocupación*
pro- (adelante, en vez de): *progreso, procónsul*
re- (repetición, hacia atrás): *recaída, reflujo*
retro- (hacia atrás): *retroacción, retrógrado*
so-/son-/sor-sos- (bajo, por debajo): *sochantre, sonreír, sor-presa, sostener*
su-/sub-/sus- (bajo, por debajo): *suponer, subsuelo, suspiro*
super- (preeminencia): *superviviente, supersónico, super-mercado*
supra- (arriba, más): *suprarrenal, suprarrealismo*
tra-/trans- (más allá, a través de): *tramontana, transmedi-terráneo, traducir*
ultra- (exceso): *ultranacionalista, ultracorrección*
uni- (uno): *uniforme, unifamiliar*
vice- (sustituto): *vicerrector, vicepresidente*

Ejercicio *(Trate de definir brevemente las palabras con interrogación a partir de su prefijo.)*

Si <u>descubrir</u> (=lo contrario de <u>cubrir</u>), encubrir (?), recubrir (?).

Si <u>combatir</u> (=<u>batirse</u> con otros), abatir (?), rebatir (?).

Si <u>disentir</u> (=<u>sentir</u> contrariamente), asentir (?), consentir (?).

Si <u>extemporáneo</u> (=fuera de su <u>tiempo</u>), contemporáneo (?).

Si <u>invisible</u> (=no <u>visible</u>), previsible (?).

Si <u>retroacción</u> (=<u>acción</u> hacia atrás), reacción (?), coacción (?).

Si <u>introvertido</u> (=alguien que se <u>vuelve</u> hacia su propio interior), extravertido (?), invertido (?), convertido (?).

Si <u>progreso</u> (=<u>marcha</u> hacia adelante), regreso (?), ingreso (?).

Si <u>traducción</u> (=<u>llevar</u> a otra lengua), conducción (?), inducción (?).

Si <u>vicepresidente</u> (=<u>presidente</u> en funciones), expresidente (?).

Prefijos de origen griego

a- (privación, negación): *amoral, ateísmo*

anti- (oposición): *antibiótico, anticristo*

dia- (separación, a través de): *diacrítico, diacronía*

dis- (anomalía): *disfunción, dispepsia*

endo- (dentro): *endovenoso, endocarpio*

exo- (fuera): *exógeno, exoesqueleto*

hiper- (exceso, superior): *hipertrofia, hipermercado*

hipo- (defecto, inferior): *hipoclorhidria, hipótesis*

para- (semejanza, duración): *parámetro, paralaje*

peri- (alrededor): *periferia, pericardio*

sin- (**sim-** delante de **p b**)(simultaneidad): *sincrónico, síndrome, simpatía, simbiosis*

Ejercicio *(Conteste las preguntas fijándose en cada uno de los prefijos.)*

En griego clásico

<u>morfo</u> significa 'forma', luego **a**morfo será …

<u>patía</u> se corresponde con <u>sentimiento</u>, luego **a**patía será …, **sim**patía será …, **anti**patía será …

<u>gonal</u> está en relación con <u>ángulo</u>, luego **dia**gonal será …

<u>entería</u> viene de <u>intestino</u>, luego **dis**entería será …

<u>gamia</u> equivale a <u>matrimonio</u>, luego **exo**gamia será … y **endo**gamia será . .

En cuanto a la tensión de su sangre, ¿qué le pasará al individuo **hiper**<u>tenso</u> … y qué al **hipo**<u>tenso</u> …?

¿Qué trazado seguirá la carretera que en París llaman «el **pe**ri<u>férico</u>»?

Sufijación

Consiste la sufijación en añadir un sufijo al final de la palabra base. Este procedimiento se conoce también con el nombre de <u>derivación</u>.

> *libro>librero*
> *casa>casita*
> *papel>papelera*

La mayoría de los sufijos procede del latín. Damos una lista de los más frecuentes, lista reducida en comparación con el gran repertorio de ellos que posee la lengua española.

Sufijos de origen latino

-ado/-ada (significados diversos): *azafranado, doctorado, mamarrachada*

-aje (acción, conjunto): *aterrizaje, embalaje, garaje*

-ajo/-aja (despectivo): *latinajo, renacuajo, pequeñaja*

-al (relación, lugar): *actual, jergal, robledal, peñascal*

-ancia (acción): *militancia, vagancia*

-ano/-ana (pertenencia, secta): *ciudadano, boliviano, luterano, cristiana*

-ante (participios de presente): *comediante, laborante, cantante*

-anza (acción): *bonanza, enseñanza*

-ar (=-al): *consular, villar*

-ario/-aria (profesión, relación): *legionario, mercenario, bibliotecaria, campanario*

-astro/-astra (despectivo): *padrastro, poetastro, madrastra*

-avo (numeral): *dozavo, centavo*

-azgo (dignidad, efecto): *mayorazgo, compadrazgo, hallazgo*

-azo/-aza (aumentativo, golpe): *calzonazos, guantazo, cosaza*

-ble (capacidad): *sensible, abominable, saludable*

-ción (acción): *animación, sublevación*

-dad/-edad/-idad/-tad (abstracciones, calidad): *libertad, majestad, barbaridad, viudedad, verdad*

-dero/-dera (aptitud, lugar): *hacedero, estercolero, cantera*

-dor/-dora (agente, instrumento): *perdedor, creador, ceñidor*

-dura (acción, efecto): *soldadura, andadura*

-ejo/-eja (despectivo): *gracejo, pellejo, pendejo*

-ense/-és (gentilicio): *cretense, bonaerense, aragonés*

-ero/-era (significados diversos): *fontanero, cabellera*

-ez/-eza (abstracciones): *memez, altivez, dureza, fortaleza*

-**ia/-ía** (empleo, cualidad): *conserjería, guardería, angustia*
-**illo/-cillo** (diminutivo): *chiquillo, jardincillo*
-**ino/-ina** (origen, acción): *ambarino, alicantino, cantina*
-**ismo** (doctrina, sistema): *anarquismo, jansenismo*
-**ista** (oficio, inclinación): *electricista, comunista, flautista*
-**ito/-cito** (diminutivo): *librito, cochecito*
-**itud** (abstractos): *esclavitud, senectud*
-**ivo/-iva** (semejanza, aptitud): *enfermiza, rojizo, advenedizo*
-**menta/-mienta** (colectivos): *herramienta, vestimenta*
-**mento/-miento** (acción, efecto): *acercamiento, salvamento*
-**on/-ona** (aumentativo): *hombrón, moscón, tristón, acusón*
-**or** (abstractos): *blancor, dulzor, amargor*
-**oso/-osa** (abundancia): *sudoroso, gravosa*
-**ote/-ota** (despectivo): *grandote, chicota*
-**sión** (abstractos): *conversión, remisión*
-**sor/-sora** (agentes): *defensor, confesor, agrimensora*
-**torio/-toria** (relación): *difamatorio, persecutoria*
-**udo/-uda** (posesión): *barbudo, melenudo, tetuda*
-**uno/-una** (pertenencia): *ovejuno, tontuna*
-**ura** (abstractos, concretos): *cabalgadura, verdura, finura, bravura*

Ejercicio *(Descubra la palabra base y la relación con ella de la derivada.)*

almirantazgo deriva de ...   y significa ...
partidario
escritura
comestible
serenidad
lugarejo
franqueza
cigarrillo
artista
penoso
admirador
forzudo

Parasíntesis

Se suman ahora los dos procedimientos anteriores: prefijación y sufijación simultáneamente.

> *seguro>**in**segur**idad**; común>**anti**comunis**mo**;
> mojar>**re**moj**ón***

Son diversas las combinaciones, pero su utilización más fructífera es en la formación de verbos.

Ejemplos verbales	Ejemplos no verbales
endulzar	*picapedrero*
aprisionar	*desalmado*
acomodar	*ropavejero*
encarecer	*sietemesino*
ensuciar	*improrrogable*
machihembrar	
deshilachar	
enamorar	

En ocasiones aparecen dos o más sufijos, dos o más prefijos. Reservamos entonces el nombre de prefijo para el primero y el de sufijo para el último, y llamamos *infijos* a los interiores.

> ensordecedor<***en****-sord-**ece**-dor***
> enamoramiento<***en****-amor-**a**-miento***
> desencaminado<***des****-**en**-camin-**ado***

Ejercicio *(Siguiendo el ejemplo, descomponga las palabras parasintéticas más arriba relacionadas.)*
  Ejemplo: *endulzar<en+dulce+ar*
        picapedrero<pica+piedra+ero

Composición

La composición propiamente dicha consiste en la formación de palabras nuevas sumando otras existentes en la lengua
  correveidile<corre+ve+y+di+le
  hincapié<hinca+pie
  compraventa<compra+venta
  aguanieve<agua+nieve
Desde este punto de vista, la prefijación con preposiciones españolas se puede considerar un tipo de composición
  contradecir<contra+decir
  traspaso<tras+paso
pues *contra* y *tras* son dos palabras en español, pero no así con los prefijos latinos o griegos
  anticuerpo<anti+cuerpo
  distensión<dis+tensión
pues *anti* y *dis* no son palabras españolas.

Ahora bien, en muchos casos el primer elemento del compuesto sufre alguna pequeña alteración

> *carricoche<carro+coche (o>i)*
> *boquiabierto<boca+ abierto (a>i)*
> *agridulce<agrio+dulce (o>ø)*
> *marimacho<María+macho (a>ø)*

Ejercicio *(Imitando el despiece de los ejemplos anteriores, hágalo en las siguientes palabras compuestas.)*

nomeolvides	alicaído
tentempié	aguardiente
bocamina	cuatralbo
sordomudo	mediodía
ojinegro	coliflor

COMPARACIÓN DE LAS FORMAS LÉXICAS

Si comparamos el copioso conjunto de sustantivos, adjetivos, verbos y adverbios que posee la lengua española, se observa que, de vez en cuando, encontramos palabras que pronunciándose igual tienen significados distintos *(homónimos)*, pronunciándose distinto tienen significados iguales *(sinónimos)*, pronunciándose parecidamente significan algo distinto *(parónimos)* y, finalmente, palabras de forma distinta y significado precisamente opuesto *(antónimos)*. Los homónimos aún pueden subdividirse en *homófonos* (tienen ortografía diferente, aunque suenan igual) y *homógrafos* (tienen la misma ortografía). El conocimiento de estas cuatro modalidades contribuye, sin duda, a enriquecer el vocabulario personal. Por eso damos a continuación sendas listas ilustrativas.

Homónimos	
Homógrafos	*Homófonos*
asa 'asidero'	acerbo 'áspero'
asa 'jugo', verbo 'asar'	acervo 'montón'
can 'animal'	as 'carta'
can 'príncipe'	has verbo 'haber'
cana 'cabello'	ay 'interjección'
cana 'medida'	hay verbo 'haber'

Homógrafos (cont.)	Homófonos (cont.)
canto 'canción'	*baqueta* 'vara'
canto 'esquina'	*vaqueta* 'cuero'
caqui 'árbol'	*bate* 'palo'
caqui 'tela'	*vate* 'poeta'
cara 'rostro'	*bello* 'hermoso'
cara 'costosa'	*vello* 'pelo'
carta 'misiva'	*echo* verbo 'echar'
carta 'baraja'	*hecho* verbo 'hacer'
cola 'extremidad'	*gallo* 'ave'
cola 'producto'	*gayo* 'alegre'
corte 'filo'	*hierro* 'metal'
corte 'población'	*yerro* 'error'
haya 'árbol'	*hojear* de 'hoja'
haya verbo 'haber'	*ojear* de 'ojo'
haz 'tropa', verbo 'hacer'	*hola* 'interjección'
haz 'leña'	*ola* 'agua'
judía 'mujer'	*pollo* 'ave'
judía 'legumbre'	*poyo* 'dispositivo'
lava 'producto'	*sabia* 'mujer'
lava verbo 'lavar'	*savia* 'líquido'
pata 'ave'	
pata 'miembro'	
peca 'mancha'	
peca, verbo 'pecar'	
presa 'botín'	
presa 'mujer'	
solar 'terreno'	
solar del 'sol'	
timo 'glándula'	
timo 'engaño'	

Sinónimos	Parónimos	Antónimos
abrigo = sobretodo	absorber	alto/bajo
americana = chaqueta	observar	antes/después
auto = coche = carro		blanco/negro
cabello = pelo	acera	calor/frío
calentura = fiebre	acero	claro/oscuro
can = perro		difícil/fácil
cara = rostro	arrogar	feo/hermoso
carta = misiva	irrogar	fin/principio
comenzar = empezar		grande/pequeño
cotorra = loro	azahar	muerto/vivo
defunción = muerte=	azar	vicio/virtud
= deceso		
hebreo = judío	condenar	
idioma = lengua	condonar	
miedo = temor		
quebrar = romper	consumir	
regañar = reñir	consumar	
saco = chaqueta		
	digerir	
	injerir	
	hambre	
	hembra	
	hombre	
	preposición	
	proposición	
	tálamo	
	túmulo	

Ejercicio (*Busque las formas comparativas que se piden de las palabras siguientes.*)

Homógrafo de <u>pega</u> 'sustancia' será <u>pega</u> '?'
Homógrafo de <u>bota</u> 'calzado' será <u>bota</u> '?'

Homófono de <u>halado</u> verbo 'halar' será ... '?'
Homófono de <u>grabar</u> 'señalar' será ... '?'

Sinónimo de <u>gafas</u> será ...
Sinónimo de <u>frijol</u> será ...

Parónimo de <u>escandir</u> será ...
Parónimo de <u>vocal</u> será ...

Antónimo de <u>ascendencia</u> será ...
Antónimo de <u>cerrar</u> será ...

El género

Si es importante acertar con el sustantivo exacto que necesitamos para nuestro mensaje, otro tanto ocurre con la forma que deba adoptar precisamente en ese mensaje. Porque, en efecto, el sustantivo podrá referirse a un hombre o a una mujer, a muchos hombres o a muchas mujeres. La variación <u>hombre/mujer</u> la llamamos *género* y la variación <u>hombre/hombres</u>, <u>mujer/mujeres</u>, la llamamos *número*.

El género del sustantivo puede ser *masculino* o *femenino*. Esto nos lleva a pensar que género equivale a sexo, pero solo es así hasta cierto punto. En efecto, el masculino se aplica a los hombres y a los animales machos, mientras que el femenino a las mujeres y a los animales hembras, pero no siempre. Ocasionalmente, sucede al revés con los humanos

> <u>Juan</u> es un<u>a</u> bell<u>a</u> persona.
> La novelista <u>Elena</u> Quiroga es <u>un</u> individu<u>o</u> de la Real Academia.

y muy frecuentemente con los animales, cuyo sexo interesa poco en general al común de las gentes

> <u>El</u> jilguero que compraste en la feria ha puesto un huevo (luego será una hembra).
> ¿Ves <u>esas</u> dos tortugas haciéndose el amor? (pero una de ellas será macho).

Y así resulta que la mayoría de los animales y la totalidad de las cosas no tienen alternancia de género y han adoptado históricamente uno de los dos:

Animales		Cosas	
el camaleón	la pulga	el globo	la camisa
el esturión	la golondrina	el vaso	la mano
el grillo	la serpiente	el papel	la luz
el gorila	la llama	el fervor	la esbeltez
el ruiseñor	la merluza	el instinto	la idea

Para marcar los casos en que hay variación de género tenemos en español dos procedimientos:

<u>1er sistema</u>, por medio de *desinencias*, o sea, sufijos característicos:

-o/-a	-ø/-a	-ø/-ø
(muy frecuente)	*(con masculinos acabados en l n r s z)*	*(con palabras acabadas en -nte -sta)*
niño/niña	colegial/colegiala	estudiante/estudiante
chico/chica	chaval/chavala	pariente/pariente
mozo/moza	patrón/patrona	cantante/cantante
hijo/hija	león/leona	amante/amante
abuelo/abuela	profesor/profesora	comerciante/comerciante
	pastor/pastora	
perro/perra	dios/diosa	artista/artista
gato/gata	marqués/marquesa	florista/florista
mulo/mula	rapaz/rapaza	cineasta/cineasta
burro/burra	juez/jueza)	trompetista/trompetista
oso/osa		periodista/periodista
	pero	infante/infanta
		cliente/clienta
		modisto/modista

Hay otras desinencias de aplicación mucho menos frecuente:

-o/-ina: *gallo/gallina*
-o/-isa: *diácono/diaconisa*
-ø/-na: *rey/reina, jabalí/jabalina*
-ø/-sa: *conde/condesa, duque/duquesa, alcalde/alcaldesa, tigre/tigresa*
-ø/-esa: *abad/abadesa, juglar/juglaresa, barón/baronesa*
-ø/-isa: *histrión/histrionisa*
-e/-ina: *héroe/heroína*
-e/-isa: *sacerdote/sacerdotisa*
-e/-a: *monje/monja, jefe/jefa*
-a/-esa: *guarda/guardesa*
-a/-isa: *poeta/poetisa, profeta/profetisa, papa/papisa*
-or/-riz: *actor/actriz*

Y algún caso de desinencias irregulares:

> empera<u>dor</u>/empera<u>triz</u>
> prínci<u>pe</u>/princ<u>esa</u>
> doncel/doncel<u>la</u>

Ejercicio *(Practique las desinencias de género escribiendo el otro término de la pareja.)*

cuñada/	virreina/
amigo/	monje/
general/	escritor/
buscona/	peluquera/
atorrante/	aprendiza/
catequista/	poderdante/
mangante/	anarquista/
jabalina/	princesa/
juglar/	papa/
actor/	

<u>2º sistema</u>, por medio de palabras completamente distintas *(heteronimia):*

> hombre/mujer
> yerno/nuera
> padre/madre
> marido/mujer
> papá/mamá
> caballo/yegua
> toro/vaca
> macho/hembra
> carnero/oveja

¿Cómo se destruye la ambigüedad?

En el caso desinencial **-ø/-ø**, que se aplica solo a personas, basta con adjuntar un artículo o un adjetivo:

<u>un</u> estudiante/<u>una</u> estudiante
<u>el</u> artista/<u>la</u> artista
Pepita X y Juanita Z, <u>esas</u> periodistas de nueva hornada
Demanda: comerciante <u>español</u> se casaría con cantante <u>brasileña</u>

En el caso de animales no diferenciados nos servimos de la oposición *macho/hembra*, aun conservando el género tradicional de la especie:

> *Yo había comprado en la feria <u>un</u> jilguero <u>hembra.</u>*
> *Vi que <u>la</u> tortuga <u>macho</u> estaba cubriendo a la otra.*

Muchas profesiones y cargos tradicionalmente desempeñados por hombres y, por lo tanto, masculinos van poco a poco consolidando una forma femenina:

> *abogado/abogada*
> *arquitecto/arquitecta*
> *político/política*
> *inspector/inspectora*
> *médico/médica*
> *ingeniero/ingeniera*

Ejercicio *(Practique los heterónimos y otras formas de distinguir el género.)*

Puesto que Pepito tenía hijos e hijas casados, tenía <u>yernos</u> y … (f.)

Aquel pastor llevaba un solo <u>carnero</u> para muchas … (f.)

En Colombia se torean <u>vacas</u>, pero también … (m.), por supuesto.

<u>Un caimán macho</u> solo puede procrear con … (f), igual que <u>un tigre</u> con … (f).

Ella era <u>traficante</u> de drogas y él … (m.) de divisas.

Una vez casados, el novio y la novia se convirtieron en … (m.) y <u>mujer</u>.

El <u>motorista</u> de la policía municipal detuvo a … (f.) indocumentada.

Si los pintores de cuadros se hacen llamar «<u>artista pintor</u>», las pintoras de cuadros se harán llamar … (f.).

Muchos <u>pacientes</u>$_1$ prefieren <u>médicos</u>$_2$ y … (f)$_1$ prefieren … (f)$_2$.

En los gobiernos actuales hay más <u>ministros</u> que … (f).

Nota

Existe toda una serie de sustantivos homónimos que se distinguen precisamente por su oposición en el género:

el boa 'prenda'/*la boa* 'serpiente'
el capital 'dinero'/*la capital* 'ciudad'
el clave 'instrumento'/*la clave* 'música'
el cólera 'enfermedad'/*la cólera* 'sentimiento'
el coma 'medicina'/*la coma* 'signo'
el cometa 'astro'/*la cometa* 'armazón'
el corte de 'cortar'/*la corte* del 'rey'

el doblez de 'doblar'/*la doblez* 'astucia'
el espada 'torero'/*la espada* 'arma'
el frente 'guerra'/*la frente* 'parte de la cara'
el Génesis 'Biblia'/*la génesis* 'origen'
el guarda 'profesión'/*la guarda* 'de guardar'
el guardia 'profesión'/*la guardia* 'vigilancia'
los lentes 'par'/*la lente* 'cristal de aumento'
el orden 'sucesión'/ *la orden* 'mandato'
el pez 'animal'/*la pez* 'materia'
el radio 'línea, metal'/*la radio* 'sistema'
el trompeta 'músico'/*la trompeta* 'instrumento'
el vista 'aduanas'/*la vista* 'sentido'

Existe otra serie de sustantivos que nombran lo mismo con ambos géneros *(nombres ambiguos)*, según ciertos usos o estilos:

el armazón = la armazón
arte negro, arte románico = arte poética, bellas artes
azúcar moreno = azúcar blanquilla
el color = la color (arcaico, poético)
el dote (obsoleto) *= la dote, las excelentes dotes*
el fin = la fin (obsoleto)
el mar (gente de tierra) *= la mar* (gente de mar, poético)
el puente = la puente (arcaico)
el radio (radiorreceptor en Latinoamérica) *= la radio* (en España)
el tilde (obsoleto) *= la tilde*

Ejercicio *(Practique los homónimos y los ambiguos rellenando los huecos con artículos o adjetivos.)*

El niño apareció con la camisa más negra que … <u>pez</u>.

Louis Armstrong era <u>un buen trompeta</u> americano; tocaba siempre con … <u>trompeta</u> de oro.

En aquellos tiempos la morbilidad era enorme: … <u>cólera</u> hacía estragos.

La radioterapia se funda en … <u>radio</u>, mientras que la radio-telefonía sin hilos tiene que ver con … <u>radio</u>.

Cuando conocí … <u>mar</u> por primera vez, recuerdo que se me acercó un curtido pescador y me dijo: «Impone … <u>mar</u>, ¿eh?»

Me parece … <u>coma</u> un estado más impresionante aún que la muerte.

… <u>guardia</u> presidencial es como el ángel de … <u>guarda</u> del presidente.

… <u>boa</u> estuvo de moda entre las señoras el siglo pasado.

El número

Decíamos que la variación *hombre/hombres, mujer/mujeres,* la llamamos *número.* El número del sustantivo puede ser *singular* o *plural*: señalan uno o más de uno respectivamente.

El <u>hombre</u> aquel detestaba a los demás <u>hombres.</u>
singular   plural

<u>Mujer</u>, cuídate de que las <u>mujeres</u> estén bien atendidas.
singular   plural

En estos ejemplos ya podemos descubrir dos (las más importantes) de las tres parejas de desinencias empleadas para marcar la oposición singular/plural, a saber:

-ø/-s	*niño/niños, niña/niñas*
-ø/-es	*colegial/colegiales, actriz/actrices*
-ø/-ø	(un) análisis/(dos) análisis
	(una) tesis/(dos) tesis

<u>Normativa</u>

1. Se usa **-s** con los sustantivos acabados en cualquier vocal átona (inacentuada) o en **é ó** tónicas.

2. Se usa **-es** con los acabados en consonante (excepto el caso especial de **s**, que veremos seguidamente) o vocal tónica que no sea **e** ni **o**.

3. Son invariables los sustantivos llanos y esdrújulos acabados en **s x**. Y asimismo los apellidos llanos y esdrújulos acabados en **-ez** y los agudos acabados en **s**.

<u>Ejemplos</u>

1	2	3
amiga/amigas	maldad/maldades	alias/alias
peine/peines	reloj/relojes	atlas/atlas
inri/inris	papel/papeles	conjuntivitis/
libro/libros	álbum/álbumes	conjuntivitis
ímpetu/ímpetus	pan/panes	intríngulis/intríngulis
café/cafés	olor/olores	iris/iris
rondó/rondós	tos/toses	lunes/lunes
	ley/leyes	síntesis/síntesis
	coz/coces	virus/virus
	faralá/faralaes	ántrax/ántrax
	esquí/esquíes	tórax/tórax
	tabú/tabúes	Martínez/Martínez
		Pérez/Pérez
		Sanchís/Sanchís
		Valdés/Valdés

Excepciones

Contra la norma 2, los sustantivos de origen extranjero aún no hispanizados suelen aplicar la norma 1:

> *club/clubs*
> *camping/campings*
> *pub/pubs*
> *complot/complots*
> *gong/gongs*
> *film/films*

También los sustantivos acabados en **á í ú** tónicas se pasan a la norma 1 en la lengua coloquial:

> *bajá/bajás, sofá/sofás*
> *esquí/esquís, pirulí/pirulís*
> *champú/champús, menú/menús*

Son excepciones absolutas de 2 los sustantivos *papá/papás, mamá/mamás.*

Observaciones

1. Los sustantivos acabados en **z** cambian ortográficamente esta letra por **c** al añadir la desinencia **-es** de plural:

> *paz/paces, coz/coces, luz/luces*

2. Los sustantivos *carácter* y *régimen* desplazan excepcionalmente el acento a la sílaba siguiente en sus plurales, por lo que se escriben así: *caracteres* y *regímenes.*

3. Algunos sustantivos se usan poco o nunca en plural:

el caos	la inmortalidad	el déficit
la nada	la avaricia	el superávit
la pereza	la fe	

4. Otros sustantivos se usan raramente en singular:

alicates	nupcias
calzoncillos	maitines
tenazas	víveres
angarillas	tijeras
enaguas	gafas
exequias	auspicios

5. Los sustantivos compuestos perfectos (aquellos realmente constituidos como tales con perfecta soldadura de sus componentes) hacen el plural como los simples:

> *ferrocarril/ ferrocarriles*
> *radiorreceptor/ radiorreceptores*

23

Si el segundo elemento es ya plural, no varían:

> *un paraguas/dos paraguas*
> *un mondadientes/dos mondadientes*

Los compuestos imperfectos (la soldadura entre los simples no se ha consumado) aplican el plural al primer elemento:

> *ojo de pollo/ojos de pollo*
> *pan de oro/panes de oro*
> *hombre rana/hombres rana*
> *coche cama/coches cama*

Ejercicio *(Practique la normativa, poniendo en plural cada frase.)*

El ñandú es el <u>avestruz</u> de América.

El <u>colibrí</u> también se llama <u>pájaro mosca</u>.

Vive de la <u>compraventa</u> que hace en el mercado del <u>viernes</u>.

El <u>bíceps</u> braquial está en el brazo; el <u>tríceps</u> femoral está en la pierna.

La <u>síntesis</u> química resulta más costosa que el <u>análisis</u> clínico.

Ejercicio *(Practique algunas particularidades, poniendo en singular las frases que lo permita el uso.)*

Llegaron los <u>aguafiestas</u> y tiraron unos <u>peces</u> por la pista.

Los <u>caracteres</u> demasiado introvertidos me parecen antisociales.

Después de las <u>exequias</u>, los <u>feligreses</u> se marcharon y los <u>sacristanes</u> se quedaron a recoger los ornamentos.

Se acabaron los <u>víveres</u> en Sarajevo.

Los <u>iraníes</u> han tenido varias guerras con los <u>iraquíes</u>.

Los <u>hombres rana</u> encontraron los <u>cálices</u> robados y también los <u>cadáveres</u> de los ladrones.

PONIÉNDOLE
EL ARTÍCULO ADECUADO

Artículos				
Determinante			Indeterminante	
masc.	*fem.*	*neutro*	*masc.*	*fem.*
el	**la/el**	**lo**	**un**	**una/un**
los	**las**	**-**	**unos**	**unas**
Contracciones				
al			**del**	
(a+el)			(de+el)	

Los sustantivos que hemos elegido cuidadosamente para integrar en nuestro mensaje aparecen con frecuencia solos, sin otras palabras que los modifiquen:

*Como _agua_ para _chocolate_* (best-séller de L. Esquivel, México),

pero muchas veces van acompañados de algún adjetivo (v. el capítulo siguiente) y casi siempre de una palabra diminuta, de significado ciertamente vago, que conocemos con el nombre de artículo y que modifica directamente al sustantivo como lo hacen los adjetivos, es decir, sin necesidad de conector:

El agua en exceso te hará _un chocolate_ más claro.

Este ejemplo contiene las dos clases de artículos que poseemos en español: el *determinante* y el *indeterminante*, nombres más bien imprecisos.

FORMA

Los artículos pueden variar en género y número, como ya hemos visto que le sucede al sustantivo. En el cuadro se ven las correspondencias de **el**, **la**, **lo**, **los**, **las** y **un**, **una**, **unos**, **unas**.

El determinante masculino singular **el** se contrae normalmente con la preposición _a_ dando _al_ y con la preposición _de_ dando _del_. En la lengua coloquial se oye a veces una contracción vulgar con la preposición _para_, que da _pal_. Mensaje _del_ profesor _al_ alumno: *No digas «traigo un recado _pal_ señor profesor».*

El neutro lo

Ya se ha visto que en español el sustantivo carece de género neutro. No sólo los nombres _animados_ (de seres con movimiento: personas y animales) no pueden ser neutros, sino tampoco los de _inanimados_ (de seres sin movimiento: cosas, ideas, abstracciones) a diferencia del inglés, lengua en la que los inanimados son siempre neutros. Así resulta que el artículo **lo** no se usa precisamente con sustantivos y sí solo con adjetivos, los cuales quedan automáticamente sustantivados:

Lo valiente de John Wayne cae en lo mítico.
Pienso a veces en lo diverso que aparece lo hispano.

Por la misma razón acompaña frecuentemente a participios e incluso a frases de carácter adjetivo:

Lo dicho, dicho y a Flandes me vuelvo (frase histórica).
Lo que tú y yo sabemos.

Contrasta con la forma _el_, que acompaña a infinitivos y frases de carácter sustantivo

El comer y el beber, dos actos necesarios.
El que pienses así me preocupa.

FUNCIÓN

La función de los artículos es modificar a un núcleo sustantivo; así, se ven obligados a coincidir con éste en género y número (_concordancia_)

un papel	**unos** papeles	**el** papel	**los** papeles
una pluma	**unas** plumas	**la** pluma	**las** plumas
			lo escrito

Casos anómalos

1. Delante de un sustantivo femenino singular que empiece por **a ha** tónicas se usan los artículos _el un_:

El agua de Vichy   _El hacha india de la guerra_
Vichy, un agua carbónica   _Un hacha de dos filos_

Obsérvese que los adjetivos van en femenino (<u>carbónica, india</u>) como era de esperar. El mismo artículo cambia a *la una* cuando está separado del sustantivo por alguna palabra interpuesta:

La excelente agua de Vichy.
`*Una odiosa hacha de guerra.*

Igualmente cuando se trata de nombres propios (*la* Ángeles) o patronímicos (*la Álvarez*), así como de dos letras: <u>la a</u> y <u>la hache</u>.

Esta anomalía de la concordancia solo se da en el artículo, por lo que no debe imitarse la incorrección <u>este agua</u>, <u>ese hacha</u>.

2. Las contracciones **al** y **del** no se logran cuando el artículo **el** pertenece a un nombre propio, caso en el que se escribe con mayúscula:

El marinero español José Gómez era hijo <u>de El</u> Ferrol pero le llevaron a enterrar <u>a El</u> Callao.

Nota

Desde un punto de vista práctico, el artículo facilita a los extranjeros, sobre todo, el descubrimiento del género de los sustantivos españoles, algo connatural para un hispanohablante pero más bien penoso para un anglófono, por ejemplo.

> **el** *problema* (m.)
> **la** *soprano* (f.)
> **el** *análisis* (m.)
> **la** *síntesis* (f.)

y, en ocasiones, como se ha visto más arriba (*El género*, pág. 17.) sirve para desambigüizar el género:

> **el** *rioplatense/***la** *rioplatense*
> **el** *testigo/***la** *testigo*

e incluso el número:

> **una** *dosis/***unas** *dosis*
> **un** *croquis/***unos** *croquis*

Ejercicio (*Ponga la forma adecuada del artículo indeterminante o determinante que corresponda.*)

Confusamente veo venir ... corderos que van a meterse entre ... ruedas de mi coche. Era ... primera hora de... alba y no se distinguían bien ... formas de aquellos animales. Piénsese ... horrible de circular entre ... rebaño de ... alma cándida de pastor trashumante muerto de sueño y de hambre: ... que tuviera sueño no era preocupante. ... hambre era ... peor, ... verdadera pena, ...fin y ... cabo.

SIGNIFICADO

En principio, el artículo indeterminante nos presenta al sustantivo, mientras que el determinante nos lo da como ya presentado, ya conocido:

De pronto, a la salida de una curva apareció <u>un</u> Cadillac: fracciones de segundo después <u>el</u> Cadillac me lanzaba a la cuneta.

Así, el indeterminante modifica vagamente la idea del sustantivo

Aquí vengo con <u>unos</u> amigos más o menos *Aquí vengo con amigos.*

que resulta clarificada con el determinante:

Aquí vengo con <u>los</u> amigos de que te hablé, <u>los</u> amigos de Juan.

Pero la significación más ilustradora es la que indica:

– generalización: *<u>Los</u> puros* (totalidad) *le gustaban a Churchill.*
– indefinición: *<u>Unos</u> puros* (cantidad indefinida) *irán bien tras el café.*
– partitividad: *Obsequiaron con puros* (una parte de lo existente) *a los comensales varones.*

Aquí, paradójicamente hace su aparición la carencia de artículo (<u>artículo cero</u>) que simbolizaremos así ø. Con los sustantivos no discretos (incontables) el contraste resulta sorprendente:

Como no le gusta <u>el</u> vino (en general), *bebe ø agua* (cierta cantidad) *en las comidas.*

Ejercicio *(Ponga el artículo adecuado donde proceda. Si no, ponga ø.)*

Me han regalado ... libros que nunca voy a leer. No leo ... libros que me han regalado. Me pasa como con ... corbatas: no uso ... que me compra mi mujer. Se las doy ... ave tonta de mi criado, ... persona inútil si las hay.

Como le gusta ... cine, ve ... películas y ... películas en televisión, aunque no todas, solo ... cuantas.

USO

El <u>artículo indeterminante</u> se confunde fácilmente con el adjetivo indefinido homónimo (='algún')

<u>un</u> día cualquiera volveré (=algún día)
me quedan <u>unos</u> cuantos dólares (=algunos dólares)

y con el numeral **un una**, por supuesto solo singular:

¿Por qué me has traído solo <u>una</u> botella?

Se puede usar con un nombre propio de persona en singular (ya sea de pila ya apellido) para marcar individualidad:

Conozco a <u>un</u> Díez que vale por diez.
¡Vaya <u>un</u> Juan que estás hecho!

Es frecuente la combinación **un tal, una tal** para referirse a alguien más o menos desconocido

Ayer me presentaron a <u>un tal</u> Olivares.
<u>Una tal</u> Juana ha preguntado por ti.

El <u>artículo determinante</u> se usa mucho con los nombres propios geográficos en expresiones ciertamente elípticas (falta alguna palabra que se supone fácilmente)

> ***el** (río) Amazonas*
> ***los** (montes) Andes*
> ***el** (océano) Atlántico*
> ***las** (islas) Filipinas*

Algunos nombres de países y poblaciones llevan siempre un artículo determinante

el Uruguay	*La Habana*
el Paraguay	*El Ferrol*
la Argentina	*El Escorial*
los Estados Unidos	*La Guaira*
el Perú	*Los Ángeles*

pero extender este uso a todos los países es clara señal de galicismo (rasgo procedente del francés) que debe evitarse. Solo es válido cuando quiere distinguirse entre épocas, tendencias, orígenes, etc.:

La Cuba de ayer y la Cuba de hoy.
El Madrid de España y el Madrid de Tejas.

Con los nombres propios es diversa la intencionalidad del uso del artículo determinante:

1. Nombre de pila en singular: *el Juan, la María* (vulgar, forense).

2. Apellido en singular y artículo en plural: *los/las García* (bloque familiar).

3. Apellido referido a mujeres: *la Loren, la Callas, la Gandhi* (celebridad).

4. Nombre de pila o apellido en plural: *los Juanes, las Marías, los Garcías* (pluralidad).

Se usa también el artículo determinante con las horas (*la una y media, las cinco de la tarde*), los días de la semana (*el domingo que viene iremos de excursión; los sábados serán pronto festivos*).

El artículo cero (omisión del artículo) se usa como mero recurso estilístico:

Hombres eran quienes dirigían; mujeres, las que obedecían.
Unos hombres eran quienes dirigían; unas mujeres, las que obedecían.

Niños, con niños; niñas, con niñas.
Los niños, con los niños; las niñas, con las niñas.

Hetairas y poetas, todos somos hermanos (Antonio Machado, España).
Las hetairas y los poetas somos todos hermanos.

Ejercicio *(Ponga los artículos, prestando atención al artículo ø estilístico.)*

José Luis y José María eran ... Josés de cuidado. Pertenecían a ... familia de ... Bienvenida. Su hermana adoraba ... canto, así que estudió ... canto y soñaba com emular a ... Callas. Pero ya era mayor. Había nacido en ... París de antes de ... II Guerra Mundial. ... toreros y ... cantantes son ... mismo: ... puros artistas.

AÑADIÉNDOLE
UN BUEN ADJETIVO

Adjetivos			
Calificativos		Determinativos	
Formas gramaticales	*Formas léxicas*	*Definidos*	*Indefinidos*
masculino/ femenino *(adj.+desinencia de género)* singular/plural *(adj.+desinencia de número)* positivo/comparativo /superlativo *(adj.+desinencia de grado)*	(v. sustantivo)	posesivos demostrativos numerales	cualitativos cuantitativos distributivos

En ese mensaje que estamos emitiendo, en esa comunicación que estamos realizando ya tenemos nuestro sustantivo con su artículo:

Es cierto que estoy emitiendo <u>un mensaje.</u>

Pero ahora queremos redondear ese mensaje y el primer medio que se nos ofrece es añadirle un adjetivo:

Estoy emitiendo un mensaje <u>científico</u>: <u>cierta</u> comunicación de <u>algunas</u> cuestiones <u>gramaticales.</u>

Y así vamos completando, matizando, especificando, adornando el sustantivo eje de nuestro discurso, en el ejemplo con los adjetivos *científico, cierta, algunas, gramaticales*. Los adjetivos son, pues, palabras que modifican el sustantivo. La primera dificultad que encontramos en su estudio es que unos adjetivos pueden solo acompañar al sustantivo (*calificativos*), mientras que otros pueden también sustituirlo (*determinativos*), funcionando así, en ese caso, como pronombres (v. el capítulo siguiente). Esto, como tantas otras cuestiones gramaticales, no es una verdad absoluta (observaremos las consabidas excepciones), pero nos servirá como base de estudio. Dividimos, por lo tanto, los adjetivos en *calificativos* y *determinativos*.

ADJETIVOS CALIFICATIVOS

Se llaman así porque, desde un punto de vista semántico (o sea, del significado que tienen) añaden una nota de cualidad. Su repertorio es grandísimo y conviene consultarlos frecuentemente en los buenos diccionarios. Los ejemplos son interminables. Repitamos justamente los de este breve párrafo:

> *semántico*
> *grandísimo*
> *buenos*
> *interminables*
> *breve*

Forma

Los adjetivos calificativos pueden variar en género, número y grado, esto último novedoso si lo comparamos con el sustantivo y el artículo.

Género

Hay que tomar nota de que así como el género del sustantivo le es <u>inherente</u>, o sea, que corresponde por naturaleza gramatical a cada uno de ellos (*el libro, la pluma, el rey, la infanta*), el de un mismo adjetivo varía según el sustantivo al que acompañe. Puede ser, por lo tanto, masculino o femenino y se marca mediante los sufijos siguientes y más frecuentes:

-o/-a	-ø/-a	-ø/-ø
bueno/buena	*agotador/*	*gris/gris*
rico/rica	*agotadora*	*sutil/sutil*
estupendo/	*bribón/bribona*	*leve/leve*
estupenda	*cantarín/*	*soez/soez*
dramático/	*cantarina*	*principal/*
dramática	*aragonés/*	*principal*
blanco/blanca	*aragonesa*	
	español/española	

Menos frecuentes son estos otros

-e/-a	-or/-riz
coloradote/coloradota	*motor/motriz*
hotentote/hotentota	*director/directriz*

Notas

1. Nutren el sistema **-ø/-a** diversos tipos de adjetivos calificativos, a saber:

– los acabados en **-an,-in, -on**:

    holgazán/holgazana
    saltarín/saltarina
    pobretón/pobretona

– los acabados en **-dor, -tor, -sor**:

    creador/creadora
    objetor/objetora
    precursor/precursora

– los gentilicios populares acabados en **-és**:

    francés/francesa
    inglés/inglesa
    leonés/leonesa

– otros gentilicios esporádicos:

    andaluz/andaluza
    español/española

2. Siguen el sistema **-ø/-ø**, es decir, son invariables los siguientes tipos de adjetivos calificativos:

– los acabados en **-a** (muchos de ellos gentilicios):

homicida	*persa*
hipócrita	*israelita*
indígena	*croata*
autista	*keniata*
hermafrodita	*celta*
ácrata	*azteca*
purista	*quechua*
deicida	*maya*

– los acabados en **-ble**:

    adorable
    posible
    comestible

– los gentilicios cultos acabados en **-ense:**

rioplatense
abulense
hispalense

– los acabados en **-ante, -ente:**

pedante
potente
caliente

– otros acabados en **-e:**

breve
árabe
dulce
triste
infame

– los acabados en **-i/-í** (muchos de ellos gentilicios):

cursi   *iraní*
gilí   *marroquí*
carmesí   *iraquí*

– los acabados en **-ú** (gentilicios):

zulú
bantú
hindú

– los acabados en las consonantes **n l r s z** no incursas en terminaciones pertenecientes al tipo **-ø/-a:**

virge<u>n</u>   *jove<u>n</u>*
elementa<u>l</u>   *ági<u>l</u>*
mejo<u>r</u>   *tubula<u>r</u>*
corté<u>s</u>   *gri<u>s</u>*
atro<u>z</u>   *feli<u>z</u>*

3. Algunos adjetivos pertenecen a dos tipos diferentes con ligeros cambios de significado:

| *director* | *directora: junta directora* |
| | *directriz: línea directriz* |

| *motor* | *motora: política motora de la sociedad* |
| | *motriz: fuerza motriz* |

generador	*generadora: electricidad generadora de riqueza*
	generatriz: figura

4. Todas las formas masculinas del adjetivo calificativo son automáticamente convertidas en neutros sustantivos mediante la anteposición del artículo determinante **lo** (*Forma, pág. 25.*). El resultado es una generalización más bien concretizadora:

Juan prefiere <u>lo americano</u> a <u>lo asiático</u>.
<u>Lo</u> falsamente <u>dramático</u> de los culebrones es <u>lo peor</u> que tienen.

Ejercicio *(Rellene los huecos con el adjetivo calificativo correspondiente en masculino o femenino según proceda.)*

El fútbol <u>uruguayo</u>/la política …
El hijo <u>menor</u>/la hija …
Una lengua <u>bantú</u>/un pueblo …
Una chica <u>regordeta</u>/un niño …
Derecho <u>civil</u>/Guardia …
Una cuestión <u>candente</u>/un asunto …
Torero <u>cordobés</u>/jaca …
Mi amigo <u>nicaragüense</u>/la república …
Paquete <u>frágil</u>/mercancía …
Una empleada <u>holgazana</u>/muchacho …
Cruyff, un futbolista <u>holandés</u>/Compañía de navegación …
Ideología <u>ácrata</u>/manifiesto …
Un impermeable <u>reversible</u>/un sombrero …
Dialecto <u>sefardí</u>/judía …
Té <u>borde</u>/caña …

Número

La variación de número en singular y plural se marca en el adjetivo calificativo con las mismas desinencias que en el sustantivo:

-ø/-s   *bueno/buenos, rica/ricas*
-ø/-es *agotador/agotadores, gris/grises*
-ø/-ø   *isósceles/isósceles, rubiales/rubiales, dadá/dadá*

El último tipo es escaso en ejemplos.

En cuanto a **-ø/-s** y **-ø/-es** tienen la misma normativa indicada para el sustantivo (*El número, pág. 22, normativas 1 y 2.*), así como iguales alteraciones ortográficas (**z>c**):

Ejemplos de norma 1	Ejemplos de norma 2
pequeña/pequeñas	*bengalí/bengalíes*
leve/leves	*zulú/zulúes*
cursi/cursis	*cruel/crueles*
feo/feos	*marrón/marrones*
calé/calés	*peor/peores*
	capaz/capaces
	gris/grises

Ejercicio *(Rellene los huecos con el adjetivo calificativo singular o plural, según convenga.)*

Ideas <u>estúpidas</u>/individua …
Accidente <u>grave</u>/sucesos …
Alhelí <u>indio</u>/elefantes …
Unos pantalones <u>azules</u>/un abrigo …
La cultura <u>guaraní</u>/las regiones …
Un sabor <u>acre</u>/humores …
Cierta ocurrencia <u>fugaz</u>/estrellas …
Modales <u>inciviles</u>/comportamiento …
Un par de amigos <u>mochales</u>/Jerry Lewis, un actor …
Mal <u>menor</u>/vicios …

Grado

Así como los accidentes gramaticales de género y número son comunes a sustantivos y adjetivos, el de grado, que ahora introducimos, lo comparte el adjetivo con el adverbio. Se trata, como indica su propio nombre, de una gradación en la intensidad de la cualidad significada por el adjetivo calificativo. Presenta una sistematización compleja, mezcla de desinencias y combinaciones de palabras. Digamos en principio que hay cuatro grados: *positivo, comparativo, superlativo relativo y superlativo absoluto.*

Juanito es <u>inteligente</u>. Pedrito es <u>más inteligente</u>, pero Luisito es
      positivo   comparativo

<u>el más inteligente</u> de los tres. Es <u>inteligentísimo</u>.
superlativo relativo   superlativo absoluto

<u>El grado positivo</u> es el que normalmente ofrece el adjetivo. Así lo encontramos en el diccionario, sin marca ninguna de grado (o sea, ø):

Las tres bes: <u>bueno, bonito</u> y <u>barato</u>.

El grado comparativo se expresa normalmente con los adverbios *más* (superioridad) o *menos* (inferioridad):

¿Alumno <u>más aplicado</u>? Padres <u>menos inquietos.</u>

El grado superlativo relativo se marca añadiendo simplemente el artículo determinante al comparativo y tiene, por lo tanto, dos versiones, una de superioridad y otra de inferioridad:

<u>El más aplicado</u> alumno de la clase tiene <u>los menos inquietos</u> padres del mundo.

Implica una comparación con otros miembros del mismo conjunto.

El grado superlativo absoluto se expresa ya con las desinencias **-ísimo** y **-érrimo**, ya con el adverbio **muy**:

Alumnos <u>aplicadísimos</u> con padres <u>muy satisfechos.</u>

Implica una comparación con un modelo universal.

Algunos adjetivos con **-ísimo** y todos los con **-érrimo** constituyen un pequeño grupo de palabras cultas más o menos usadas, pero que conviene conocer:

Ejemplos

amabilísimo (<amable)	*acérrimo (<acre)*
amicísimo (<amigo)	*aspérrimo (<áspero)*
antiquísimo (<antiguo)	*celebérrimo (<célebre)*
ardentísimo (<ardiente)	*integérrimo (<íntegro)*
bonísimo (<bueno)	*libérrimo (<libre)*
calentísimo (<caliente)	*misérrimo (<mísero)*
certísimo (<cierto)	*nigérrimo (<negro)*
crudelísimo (<cruel)	*paupérrimo (<pobre)*
destrísimo (<diestro)	*pulquérrimo (<pulcro)*
fidelísimo (<fiel)	*salubérrimo (<salubre)*
fortísimo (<fuerte)	
iniquísimo (<inicuo)	
nobilísimo (<noble)	
novísimo (<nuevo)	
simplicísimo (<simple)	
ternísimo (<tierno)	
valentísimo (<valiente)	

Algunos de estos superlativos alternan con formas populares: *fuertísimo, buenísimo, pobrísimo, negrísimo*, por ejemplo.

Nota

Disponemos de una serie de comparativos y superlativos orgánicos expresados con palabras ciertamente distintas del positivo (_heterónimos_):

	Positivo	Comparativo	Superlativo
1	_bueno_	_mejor_	_óptimo_
2	_malo_	_peor_	_pésimo_
3	_grande_	_mayor_	_máximo_
4	_pequeño_	_menor_	_mínimo_
5	_alto_	_superior_	_supremo, sumo_
6	_bajo_	_inferior_	_ínfimo_
7	_externo_	_exterior_	_extremo_
8	_interno_	_interior_	_íntimo_

Los comparativos de 1 y 2 se usan normalmente:

Mis hijos no son ni peores ni mejores que los tuyos.

Los de 3 y 4 están en decadencia. Decimos corrientemente:

Si te doy un trozo más grande, te quito ese más pequeño.

pero todavía tenemos

hermanos que son mayores que nosotros y montañas cuya altura es menor que la del Tibet

y, sobre todo, hablamos con

palabras mayores, como mal menor.

Los comparativos de 5, 6, 7 y 8 se sienten como tales, pero no se construyen como los demás. Combinamos 5 y 6 con la preposición _a_:

Este ciclista colombiano es superior a (no que) ese español.
La segunda novela de X me parece inferior a (no que) la primera.

7 y 8 no admiten ya la comparación y sí solo una referencia a algo mediante las preposiciones _a_ para 7 y _de_ para 8

Patio exterior a la casa y _Patio interior de la casa._

Los superlativos han perdido su capacidad sintáctica. Solo *máximo* y *mínimo* admiten tal vez la construcción

el <u>máximo/mínimo</u> de todos.

Los demás no se pueden construir como superlativos aunque conservan este valor, como se ve en su repugnancia a admitir el adverbio *muy* (no se dice «muy supremo», «muy pésimo», «muy extremo»), excepto *íntimo:*

García era amigo <u>muy íntimo</u> de Gómez.

Lo normal para 1, 2, 3 y 4 es la construcción a base del comparativo:

Mis hijos no son ni <u>los peores</u> ni <u>los mejores</u> rapaces del barrio, pero sí son <u>los menores</u> comparados con los tuyos, que son <u>los mayores.</u>

o simplemente, con 5, 6, 7 y 8, su uso atributivo:

1 *Resultados <u>óptimos</u>*
2 *<u>Pésima</u> calidad*
3 *Carga <u>máxima</u>*
4 *Precio <u>mínimo</u>*
5 *<u>Supremo</u> Hacedor, <u>Sumo</u> Pontífice*
6 *<u>Ínfima</u> categoría*
7 *Situación <u>extrema</u>*
8 *Fiesta <u>íntima</u>*

Ejercicio *(Ponga la forma comparativa o superlativa correspondiente a la positiva del paréntesis. Simbolizaremos superioridad con + e inferioridad con - y emplearemos las abreviaturas comp = comparativo, sup. rel. = superlativo relativo y sup. ab. = superlativo absoluto. El adjetivo entre paréntesis va en masculino singular y deberá concordarse.)*

Mi interés por la lengua española es (comp.+ de <u>grande</u>) que el tuyo.

Jugar con fuego es peligroso, pero jugar con armas blancas es (comp.+ de <u>peligroso</u>) todavía: es un juego (sup. ab. de <u>peligroso</u>).

¿Quién puede ofrecer algo (comp.+ de <u>bueno</u>) que esto? Los demás productos son (comp.- de <u>eficaz</u>) y se venden (sup. ab. de <u>caro</u>). Comprarlos es (sup. rel. de <u>malo</u>) negocio que puede usted hacer.

Vino a visitarme (sup. rel de <u>pequeño</u>) de las hijas de García. Me pareció (comp.- de <u>cortés</u>) que sus hermanas.

Ejercicio *(Sustituya los superlativos absolutos cultos por otras formas superlativas más comunes de los mismos adjetivos.)*

Al lado de los corruptos hay también políticos <u>integérrimos</u>.

El contencioso entre Grecia y Turquía es <u>antiquísimo</u>.

Haití, un estado <u>paupérrimo</u>.

Disponemos de medicamentos <u>novísimos</u> de resultados <u>bonísimos</u>.

Murió ayer en Madrid el <u>celebérrimo</u> actor R.R.

Todo el mundo se mostró <u>amabilísimo</u> con el presidente.

El espíritu <u>libérrimo</u> de un artista auténtico.

Sancho Panza, <u>fidelísimo</u> escudero del <u>nobilísimo</u> caballero D.Quijote.

Apéndice

Creemos conveniente dar una lista de los principales adjetivos calificativos gentilicios mundiales, algo no asequible fácilmente y cada vez más necesario en nuestro creciente internacionalismo. Los ordenaremos por continentes, de norte a sur y de este a oeste. Aparecen primero algunos gentilicios más generales y luego el de cada país seguido del de su capital entre paréntesis. Esporádicamente siguen a éste (sin paréntesis) algunos de otras ciudades o regiones importantes.

Relación de los principales adjetivos calificativos gentilicios mundiales

(ordenados de norte a sur)

América

americano	groenlandés	o mejicano
norteamericano	canadiense	cubano
centroamericano	estadounidense	(habanero)
suramericano	(washingtoniano)	haitiano
o sudamericano	neoyorquino	dominicano
hispanoamericano	californiano	puertorriqueño
iberoamericano	tejano	o portorriqueño
latinoamericano	mexicano	jamaicano

antillano
guatemalteco
hondureño
salvadoreño
nicaragüense
costarricense
  o costarriqueño
panameño
venezolano
  (caraqueño)
colombiano
(bogotano)
guayanés
brasileño
  o brasilero
peruano
  (limeño)
ecuatoriano
  (quiteño)
boliviano
  (paceño)
paraguayo
(asunceno
  o asunceño)
chileno
  (santiaguino)
uruguayo
  (montevideano)
argentino
  (bonaerense)
platense
rioplatense

Europa

europeo
ruso
  (moscovita)
finlandés
sueco
noruego
islandés
polaco o polonés
  (varsoviano)
alemán
  (berlinés)
holandés
  o neerlandés
belga
  (bruselense)
luxemburgués
inglés
  o británico
o britano
  (londinense)
irlandés
  (dublinés)
rumano
húngaro
checo
eslovaco
austríaco
  (vienés)
suizo
  (bernés)
francés
  (parisiense
  o parisino
  o parisién)
búlgaro
yugoslavo
griego
  (ateniense)
albanés
italiano
  (romano)
español
  (madrileño)
barcelonés
bilbaíno
coruñés
sevillano
canario
portugués
  (lisbonés
  o lisbonense
  o lisboeta)
maltés

Oceanía

oceánico	micronesio	o manilense)
hawaiano	carolino	indonesio
polinesio	filipino	neozelandés
tahitiano	(manileño	australiano

África

africano	nigeriano	keniata
egipcio	mauritano	congoleño
(cairota	sahariano	o congolés
o cairino)	etíope	malgache
libio	centroafricano	(de Madagascar)
tunecino	guineano	mozambiqueño
argelino	o guineo	angoleño
marroquí	guineoecuatorial	sudafricano
sudanés	senegalés	

Asia

asiático	birmano	turco
japonés o nipón	malayo	sirio
coreano	bengalí	libanés
chino	nepalés	israelí
mongol	indio o hindú	jordano
vietnamita	paquistaní	árabe
laosiano	afgano	yemení
camboyano	iraní	kuwaití
tailandés	iraquí	

Función

El adjetivo es, como se ha visto en los ejemplos, un adjunto del sustantivo, un modificador directo suyo. Esta función de modificar al sustantivo directamente, sin conector alguno, la llamamos *atributiva*. Como ayudante del sustantivo que es, el adjetivo depende de él y se somete a él en los accidentes que tienen comunes: el género y el número. Es la concordancia, condición que se tiene que respetar para hablar correctamente.

El Boca Juniors, un equipo <u>campeón.</u>
                m.s.   m.s.

La cultura <u>mexicana antigua.</u>
  f.s.   f.s.   f.s.

Las dificultades <u>morfológicas</u> que estamos estudiando.
      f.p.   f.p.

Unos conflictos <u>bélicos desastrosos.</u>
     m.p.   m.p.   m.p.

Lo más frecuentemente, el adjetivo calificativo sigue a su sustantivo, pero también puede precederle. Se produce entonces cierta diferencia: el adjetivo que sigue al sustantivo lo especifica, lo selecciona; el adjetivo que le precede enfatiza, acentúa la cualidad significada.

En todas las épocas hay obras <u>célebres</u>: ¡quién no conoce el Quijote, la <u>célebre</u> obra de Cervantes!

En «obras célebres» estoy implicando que hay otras que no lo son y selecciono las que interesan a mi mensaje. En «célebre obra» expreso una exaltación de ella sin ánimo de comparación con las demás.

Como es natural, prefiero el café <u>bueno</u> al café <u>malo</u>: por eso os recomiendo tomar el <u>buen</u> café <u>colombiano.</u>

En «café bueno», «café malo» y «café colombiano» estoy seleccionando. En «buen café» ensalzo lo que me parece una cualidad inherente al café colombiano. Puede muy bien suceder que en Colombia

La plantación X da un café <u>bueno</u>, la plantación Y da un café <u>mediocre</u> y la plantación Z da un café <u>malo.</u>

caso en el cual volvemos claramente a distinguir entre varios cafés por lo que el adjetivo sigue al sustantivo.

Algunos adjetivos calificativos cambian declaradamente su significado según su posición con respecto al núcleo sustantivo.

Así:

Cierta afirmación / afirmación *cierta*
adj.indefinido   verdadera

Un *nuevo* problema / un problema *nuevo*
  otro más   distinto

Aquel niño *pobre* / aquel *pobre* niño
        sin dinero   desgraciado

Un coche *propio* / su *propio* coche
     no ajeno   énfasis

Un *simple* criado / un criado *simple*
   no más   tonto

Una *triste* circunstancia / una circunstancia *triste*
   trivial   desafortunada

Ejercicio *(Coloque el adjetivo donde convenga según lo exija el contexto; cuide la concordancia.)*

Las ... naciones ... son también hispanoamericanas (vecino).

El ... terrorista ... que puso aquella bomba (fanático).

Me lo aseguró mi ... madre ... (propio).

Se están dando demasiados ... crímenes ... (sexual).

Una ... coincidencia ... reveló todo (simple).

Aquella ... muchacha ... resultó ser una artista de cine (hermoso).

Los ... jugadores ... del Leganés perdieron el partido (pobre).

El ... equipo ... jugó sin duda mucho mejor (visitante).

Después de tantas dificultades, los negociadores plantearon aún una ... cuestión ... (nuevo).

¡Qué ... final ... os deseo! (agradable).

ADJETIVOS DETERMINATIVOS

Se llaman así porque añaden al sustantivo una nota que lo determina en cierto sentido. Según cuál sea éste, los determinativos se dividen tradicionalmente en

> posesivos
> demostrativos
> numerales
> indefinidos

Como se verá, estos adjetivos pueden funcionar igualmente como pronombres, lo que señala una vez más las dificultades taxonómicas (de clasificación) de la gramática.

Los posesivos

Cuando queremos indicar con qué persona gramatical (v. pronombres personales) se relaciona nuestro sustantivo le añadimos un adjetivo posesivo, llamado así porque en muchos casos la tal relación es de posesión:

Nuestros *vecinos,* **tu** *hermano y* **sus** *perros, todos juntos llegaron.*

Forma

formas antepuestas		formas pospuestas	
p. *singular*	*plural*	*singular*	*plural*
1ª **mi**	**mis**	**mío, -a**	**míos, -as**
2ª **tu**	**tus**	**tuyo,-a**	**tuyos,-as**
3ª **su**	**sus**	**suyo,-a**	**suyos,-as**
1ª **nuestro,-a**	**nuestros,-as**	**nuestro,-a**	**nuestros,-as**
2ª **vuestro,-a**	**vuestros,-as**	**vuestro,-a**	**vuestros,-as**
3ª **su**	**sus**	**suyo, -a**	**suyos, -as**

He aquí el cuadro de las distintas formas del posesivo. Así como el calificativo puede variar de género, número y grado, éste lo hace en género, número y persona. La persona gramatical, este accidente que encontramos por primera vez, nos señala los tres entes que intervienen en el fenómeno de la comunicación: el que habla, el que escucha y del que se habla:

<u>Yo</u> *hablo* <u>contigo</u> *de* <u>alguien.</u>
1ª   2ª   3ª

lo que se refleja en los posesivos:

<u>Mi</u> *discurso lleva a* <u>tu</u> *mente* <u>su</u> *mensaje.*
1ª   2ª   3ª

Nota

Lo mismo que el artículo neutro **lo** convierte pasajeramente en sustantivo el masculino singular del adjetivo calificativo (*lo americano, lo dulce, lo esencial*), neutraliza también el posesivo masculino singular (*lo mío, lo tuyo, lo suyo, lo nuestro, lo vuestro, lo suyo*) y lo convierte prácticamente no en un pronombre sino en un verdadero sustantivo que significa todo aquello relacionado con la 1ª, 2ª y 3ª personas gramaticales:

Creencia inocente: **lo mío, lo mejor.**

Función

Los adjetivos posesivos son otros modificadores directos del sustantivo, lo que conlleva una vez más el tener que someterse a su género y número, o sea, a concordar con él. En cierto modo, concuerdan también en número y persona con la persona gramatical que representan. Veámoslo:

$$obra \ mía = (1^a s.:yo)$$
$$(f.s.) = (f.s.)$$

También aquí se dan dos colocaciones distintas con respecto al núcleo sustantivo y ello con alteración de algunas formas, como se ve en el cuadro. No se pueden usar indistintamente las dos posiciones. Aquí, la anteposición es más determinante que la posposición: se emplea para entidades únicas o ya individualizadas en la conversación. La posposición implica la existencia de varios individuos o el desconocimiento previo del que aparece por primera vez. Véase:

*Este señor es hermano **mío*** (= tengo varios, este es uno de ellos)

(= tengo solo este, que te presento)

pero nunca se dirá

*Este señor es padre **mío***

porque, naturalmente, no se tiene más que un solo padre. Por lo tanto, se dirá:

*Este señor es **mi** padre* (= único, lógicamente)
*Este señor es **mi** hermano* (= ya te dije que solo tenía uno)
*Este señor es un hermano **mío*** (= tengo varios)
*Este señor es hermano **mío*** (v. supra)

De ahí que la frase en boga «ese es tu problema» sea una doble pésima traducción del inglés (*that's your problem*), porque en español, 1° no nos parece todo tan grave y, ordinariamente, no hablamos de «problemas» sino de simples «asuntos» y, 2° porque éstos son, en efecto, varios y variados en la vida de cada cual y, consecuentemente, decimos con frase más castiza

*Eso es asunto **tuyo*** (= uno de los varios que ocupan *tu* vida).

Obsérvese en nuestro propio comentario que *tu vida* es una y por eso no decimos *la vida tuya*.

Por su propia determinación, el posesivo antepuesto no puede ir acompañado de artículos ni de demostrativos (pág. 48) mientras que el pospuesto los admite. Cuando está ausente el sustantivo es de rigor la aparición de alguna otra palabra determinante:

Nuestra escuela está situada en Caracas, *la vuestra* en La Guaira.

Las cabañas *suyas* son más acogedoras que *las nuestras*.

Veo *tu* coche ahí enfrente; *el mío* está en el aparcamiento.

Alguien me habló de *un* transistor *tuyo* robado; igual me ha sucedido a mí con *dos míos*.

Esos parientes *suyos* le ayudaron mucho; *estos míos* solo me ponen trabas.

Ejercicio *(Ponga la forma del posesivo que se pide entre paréntesis y concuérdela con el sustantivo. Las personas gramaticales se marcan 1, 2, y 3 y su número s./p.)*

Enséñame (2 s.) deberes de vacaciones.

Temo que ustedes no hayan traído (3 p.) paraguas. Yo sí he traído el (1 s.).

El árbitro de (1 p.) partido era precisamente un monitor (2 p.).

(1 s.) madre es tía (3 s.).

La amiga (2 s.) que me presentaste ayer no es tan guapa como esta (1 s.) de la foto.

Todo (1 p.) esfuerzo quedó en agua de borrajas.

Aquellas tres señoras colegas (2 s.) eran enemigas (1 s.).

Ejercicio *(Coloque el posesivo donde corresponda sin descuidar la concordancia.)*

Aquel … conocido … colombiano nos llevó a Medellín.
　　　　　　(2 s.)

Ustedes sujeten … perros … mientras yo encierro una …
　　　　　　　　　　　(3 p.)

gata ... que tengo enferma.
(1 s.)

Esas …excusas … no satisfacen …exigencias …
　　　(2 p.)　　　　　　(1 s.)

El terrorista acabó … días …en la cárcel.
　　　　　　　　(3 s.)

En la semana, Juan tiene … días … y días de …familia …
　　　　　　　　　　(3 s.)　　　　　(3 s.)

Una … dificultad … es que tengo poca memoria. - Pues
　　(1 s.)

… dificultad … irá aumentando paulatina y desgraciadamente.
　(2 s.)

Los demostrativos

Con los adjetivos demostrativos vamos a añadir al sustantivo una nota locativa relacionada otra vez con las personas gramaticales. Como los posesivos, pueden también sustituir al sustantivo, actuando, por lo tanto, como pronombres

Este libro que tengo aquí, ese cuaderno que tienes tú y aquel lápiz tirado en el rincón.

pueden simbolizar los tres elementos básicos de nuestro tema.

Forma

número	persona	género		
		masc.	*fem.*	*neutro*
singular	1ª	**este**	**esta**	**esto**
	2ª	**ese**	**esa**	**eso**
	3ª	**aquel**	**aquella**	**aquello**
plural	1ª	**estos**	**estas**	
	2ª	**esos**	**esas**	
	3ª	**aquellos**	**aquellas**	

☞ Las formas con **est-** se refieren a lo que está situado más cerca de la 1ª persona que de la 2ª. Las formas con **es-** señalan, contrariamente, lo que está más cerca de la 2ª que de la 1ª. Y las formas con **aquel(l)-** se aplican a lo que está distanciado de ambas. O sea, más cerca de una hipotética 3ª persona. Por lo demás, varían en género y número, como ya se ve en el cuadro.

Función

Nuevos adjuntos del sustantivo, los demostrativos se someten a la concordancia de género y número:

Ese catálogo y estas novelas están bien impresos.
(m.s.)=(m.s.)   (f.p.)=(f.p.)

Suelen preceder al sustantivo y cuando le siguen precisa anteponer al sustantivo un artículo determinante:

¿Conoces a esos gamberretes?
Pues sí, los gamberretes esos son hijos míos.

Los neutros resultan ser verdaderos pronombres: en realidad no sustituyen ningún sustantivo sino que vienen a significar algo más o menos abstracto y en muchos casos sirven de mero comodín para no mencionar el sustantivo exacto o para resumir lo previamente expresado:

*Ten **esto** y llévatelo. **Eso** que dices no es cierto. **Aquello** no me gustó.*

Notas

1. Vale la pena hacer observar que los demostrativos, además de marcar corrientemente locación en el espacio, también lo hacen a veces en el tiempo, empleando sobre todo la 1ª posición (**est-**) para el periodo presente en el momento de hablar:

***este** día* (hoy), ***este** mes* (?), ***este** año* (1995), ***este** siglo* (XX)

La 2ª posición (**es-**) para los periodos precitados en la conversación y la 3ª (**aquel(l)-**) para tiempos muy alejados.

*Sucedió en 1985, cuando perdimos la Copa. **Ese** año lo pasamos mal. Pero peor lo pasaron los cristianos primitivos en **aquellos** siglos de la decadencia del imperio romano.*

2. Cuando en lo escrito se citan dos entes, podemos señalarlos después con los demostrativos extremos, empleando los en **est-** para el último citado y los en **aquel(l)-** para el primero:

*Pedro y Juan se fueron a bañar: **aquél** se ahogó y **éste** quedó. Lo cortés no quita lo valiente: es decir, que **esto** persiste aun con **aquello**.*

3. Resulta descortés señalar con el pronombre demostrativo **este, esta, estos, estas** a las personas presentes o que estamos justamente presentando:

mal: ***Este** es mi padre y **esta** es mi novia.*
bien: ***Este** señor es mi padre y **esta** chica es mi novia.*

Ejercicio *(Poner el demostrativo correspondiente a la posición 1, 2, 3, que se pide, cuidando la concordancia.)*

Los programas (2) ...de terror me parecen inadecuados para los niños.

En (3) ...tiempo de la Biblia sucedían cosas tan tremendas como en (1) ... días.

Desde (1) ...balcón en que me encuentro puedo contemplar muy bien (2). . jardines de ahí enfrente.

(3) ... sombras del horizonte son las montañas de mi pueblo.

Todo lo que me ofreces parece sabroso: dame un poco de (1)... y otro poco de (2) . .

He estado pensando en (3) ... que me dijiste.

Ejercicio *(Prestando atención a la situación de los interlocutores deduzca el demostrativo que corresponde.)*

– Hola, Pedro. ¿Qué es … que traes?

– ¿Te refieres a …? (le enseña un fajo de libros).

– Sí, … libros tan polvorientos.

– Son … libros de que te hablé ayer, que encontré hace años en … cueva de los Andes que descubrimos en nuestro viaje al Cuzco.

– Recuerdo. Oye, te los cambio por … enciclopedia que ves aquí. O, si prefieres, ten … cien pesos.

– De acuerdo, chico, … fajo mío de libros viejos por … flamante enciclopedia tuya.

– Bien, a fin de cuentas haremos un trueque, como en … tiempos remotos anteriores a la invención del dinero.

Los numerales

Se trata de un grupo heterogéneo de adjetivos que modifican el sustantivo añadiéndole una nota de número.

Según el tipo de este número que signifiquen los subdividimos en:

– Cardinales (cantidad en números naturales): ***diez** pesos, **setenta y cinco** años*.
– Ordinales (orden sucesivo): *capítulo **segundo** del **primer** tomo*.
– Fraccionarios (partes de un todo): *la **centésima** parte del metro*.
– Múltiplos (más o menos usados tradicionalmente): ***doble** ración, beneficio **cuádruple***.

Cardinales

Constituyen una serie muy irregular, que empieza en **cero** y no acaba nunca.

Algunos de ellos son palabras simples (ver tabla en página 51), pero la inmensa mayoría son compuestos, cada vez más complicados según va subiendo la cantidad señalada:

1.257.326.907.204 = *un billón, doscientos cincuenta y siete mil trescientos veintiséis millones, novecientos siete mil doscientos cuatro.*

Se observa en el ejemplo que éstos intercalan la conjunción **y** solo entre las decenas y las unidades.

Cardinales simples		
un, uno	*veinte*	*mil*
dos	*treinta*	*millón*
tres	*cuarenta*	*billón*
cuatro	*cincuenta*	*trillón*
cinco	*sesenta*	*cuatrillón*
seis	*setenta*	
siete	*ochenta*	
ocho	*noventa*	
nueve	*cien, ciento*	
diez		
once		
doce		
trece		
catorce		
quince		

Grafías especiales			
dieciséis	(también *diez y seis*)	*veintiún, veintiuno*	
diecisiete	(" *diez y siete*)	*veintidós*	
dieciocho	(" *diez y ocho*)	*veintitrés*	
diecinueve	(" *diez y nueve*)	*veinticuatro*	
		veinticinco	
		veintiséis	
		veintisiete	
se̲tecientos<si̲ete		*veintiocho*	
no̲vecientos<nu̲eve		*veintinueve*	

Notas funcionales

1. Los numerales cardinales preceden siempre a su núcleo sustantivo o simplemente lo sustituyen.

2. *Uno* y sus compuestos, y la serie de centenas del *doscientos* al *novecientos* son los únicos que tienen variación masculino/femenino:

Una *peseta de plata contenía aproximadamente* **ochocientas** *partes de este metal.*
Un *peso argentino valía entonces* **cuarenta y una** *pesetas.*

3. *Uno*, sus compuestos y *ciento* delante del sustantivo o de *mil, millón, billón,* etc., se reducen a *un* y *cien* respectiva-

mente. La forma *cien* aparece también muy frecuentemente aislada :

– *Un periódico cuesta ya **cien** pesetas, señor.*
– *Pues deme **uno** y tome las **cien**.*
  *Entre amigos: – ¿Tienes **cien** mil pesos a mano, Juan?*
– *No, ¿te valen **veintiún** mil?*

4. *Millón, billón*, etc., menos usados cuanto más altos (hoy en día, debido a la imparable devaluación monetaria empieza a popularizarse el billón, que en español, por cierto, equivale a la unidad seguida de doce ceros, a diferencia del inglés americano que vale solo la unidad seguida de nueve ceros) presentan tres particularidades:

a) tienen variación singular/plural;

b) van siempre precedidos de alguna otra palabra que los determina (artículos, adjetivos determinativos y particularmente otro numeral);

c) delante del sustantivo necesitan el conector *de*:

20.000.000 pts.   *veinte **millones** de pesetas.*
1.000.000 $ *un **millón** de pesos.*

Es decir, funcionan realmente como sustantivos, igual que si para hablar de *mil* dijéramos *un millar:*

1.000 guaraníes   *mil guaraníes = un millar de guaraníes*

Ejercicio *(Transcriba a palabras todas las cantidades indicadas numéricamente.)*

1.001

Los 100.000 hijos de San Luis.

El déficit asciende ya a 1.000.000 bolívares.

En otros tiempos se alcanzaba la mayoría de edad a los 21 años, hoy en algunos países a los 18.

3.412.315.000 era la población mundial en 1967.

Esa fábrica de automóviles inglesa perdió 2.741.000 libras el año pasado.

Mi abuelo llegó a los 102 años, yo solo tengo 75.

Ordinales

Es un conjunto cada vez menos usado en español. Los diez primeros, todavía vivos, son así:

primero	*quinto*	*octavo*
segundo	*sexto*	*noveno*
tercero	*séptimo* o	*décimo*
cuarto	*sétimo*	

Tienen variación de género y de número. *Primero* y *último* admiten incluso el grado superlativo absoluto con **-ísimo**: *primerísimo, ultimísimo*. A partir de *once*, suelen emplearse en español los cardinales:

Primera fila, <u>séptimo</u> día, capítulo <u>décimo.</u>
Los <u>terceros</u> clasificados ex aequo fueron X, Y y Z.

Notas funcionales

1. Los ordinales pueden preceder, seguir o sustituir al sustantivo.

2. *Primero* y *tercero* se reducen a *primer* y *tercer*. No así sus femeninos, aunque se oye la incorrección *la primer/tercer noche*, que no se debe imitar.

3. Los ordinales se emplean preferentemente con las dinastías reales, con los papas de la iglesia católica y en la disposición de un libro en capítulos. Justamente, en estos casos es costumbre transcribirlos con la numeración llamada romana, a base de letras mayúsculas y que presentamos a continuación.

Apéndice: numeración romana

Símbolos	Sistemática
I = 1 V = 5 X = 10 L = 50 C = 100 D = 500 M = 1.000	a) Los valores iguales o menores a la derecha de un símbolo se suman a éste. b) Los valores menores a la izquierda de un símbolo se restan de éste. Esta operación prevalece sobre la anterior. c) Se evita, por innecesario, duplicar símbolos cuya suma ya está representada por otro (V, L, D) y repetir un símbolo cualquiera más de tres veces. d) Una raya horizontal sobre uno o varios símbolos multiplica por mil el valor que tenga debajo.

Ejercicio *(Transcriba a palabras los números romanos, ateniéndose a la costumbre actual de expresar cada uno de los casos ejemplificados.)*

El papa Juan Pablo II es de origen polaco.
Ha habido ya un papa Juan XXIII.
Carlos I de España y V de Alemania nació en Gante y murió en Yuste.

La reina Isabel II es la mujer más rica del mundo.

El siglo XX se está acabando y dentro de poco llegaremos al XXI.

La parte II del Quijote acaba con el capítulo LXXIV.

Inscripción del año MCMVC.

Fraccionarios

Como su nombre indica, sirven para referirse, igual que en matemáticas, a una de las partes iguales en que podemos dividir algo. El de 1 no existe, por lo tanto. El de 2 es **medio**, con variación de número y, excepcional, de género: **medio**, **media**, **medios**, **medias**:

Trabajé dos medios días y sólo comí media ración.

Los demás fraccionarios preceden siempre al sustantivo *parte* y por eso aparecen siempre en femenino con solo variación posible de número. De 3 a 10 tienen la misma forma que los ordinales.

> *una tercera parte*
> *dos cuartas partes*
> *etc.*

De 11 en adelante tienen forma derivada del numeral cardinal con el sufijo **-ava**:

> *una onceava* (u *onzava*) *parte*
> *dos doceavas* (o *dozavas*) *partes*
> *tres treceavas partes*
> *etc.*

Existen propiamente en nuestra lengua unos sustantivos de más uso que expresan lo mismo:

> *un medio*
> *dos tercios*
> *tres cuartos*
> *un onceavo* (u *onzavo*)
> *dos doceavos* (o *dozavos*)
> *etc.*

Obsérvese que están formados con el masculino del adjetivo, excepto **tercio**.

Ejercicio *(Transcriba a palabras los numeros fraccionarios y aun los sustantivos si los hay.)*

Partí las naranjas por la mitad y di 3/2 naranjas a cada niño.

Es lógico que de un pastel no puedes comerte 15/12 partes.

El día es 1/7 parte de la semana y 1/365 parte del año.
2/4 equivale a 1/2 y 2/10 equivale a 1/5.
Los socialistas obtuvieron 1/3 de escaños del senado.

Múltiplos

Serie exigua en miembros que marca los múltiplos de un posible núcleo sustantivo por

2	*doble* o *duplo*
3	*triple* o *triplo*
4	*cuádruple* o *cuádruplo*
5	*quíntuple* o *quíntuplo*
6	*séxtuplo*
7	*séptuplo*
8	*óctuple* u *óctuplo*
9	-
10	*décuplo*
100	*céntuplo*

Todos pueden variar de número y solo los acabados en **-o** cambian teóricamente en **-a** para el femenino. En general, apenas se usan más allá del 5, preferiblemente las formas de la primera columna. Ambas series indistintamente pueden sustantivarse.

*Ponme **triple** cantidad, que tengo mucha hambre.*
*Luisa ha tenido ya dos partos **quíntuples**.*
*Los precios han llegado al **décuplo** de como estaban en 1975.*

Ejercicio *(Rellenar los huecos con un numeral múltiplo o el correspondiente sustantivo.)*

Si 5x6=30 este resultado será una cantidad ... de 6.
Tú ganaste 500 y yo 1.500 (=3x500) o sea, que ganaste el ... 10 es el ... de 1.
Resultaría lo mismo cobrar ... (x4) sueldo una vez al año que ... (x2) sueldo dos veces al año.

Los indefinidos

Ya en el extremo de la gama posible de los adjetivos que califican o, como en este caso, determinan al sustantivo, los indefinidos añaden una nota vaga, que a pesar de todo, y dado su repertorio ciertamente limitado, podemos ofrecer al estudioso en tres grupos más o menos nocionales.

Cualitativos	Cuantitativos	Distributivos
1. cierto, -a, -os, -as	algún, -o, -a, -os, -as	cada
2. cualquier, cualesquier	bastante, -s	sendos, -as
3. cualquiera, cualesquiera	cuantioso, -a, -os, -as	etc.
4. demás	demasiado, -a, -os, -as	
5. determinado, -a, -os, -as	más	
6. diferentes	menos	
7. diversos, -as	mucho, -a, -os, -as	
8. mismo, -a, -os, -as	múltiples	
9. otro, -a, -os, -as	ningún, -o, -a, (-os, -as)	
10. etc.	numeroso, a, -os, -as	
11.	poco, -a, -os, -as	
12.	tanto, -a, -os, -as	
13.	todo, -a, -os, -as	
14.	unos, -as	
15.	varios, -as	
16.	etc.	

Esta limitación de repertorio al lado de la inmensidad de los calificativos no es óbice para su diversidad formal y funcional. Vale la pena conocer algunos detalles. Como observación general todos preceden a su núcleo sustantivo.

Notas sobre cualitativos

1 pospuesto al sustantivo es un calificativo: *cierta noticia ≠ noticia cierta*

2 y **3** tienen sus plurales muy poco usados. **2** precede al sustantivo y **3** le sigue, pero entonces el sustantivo lleva el artículo indeterminante: *cualquier día, un día cualquiera*.

4 es plural y lleva siempre el artículo determinante. También puede neutralizarse: *los demás alumnos, las demás personas y todo lo demás*.

5 equivale a *cierto* y detrás del sustantivo sería un calificativo: *determinados personajes ≠ personajes determinados*.

6 ídem: *diferentes asuntos ≠ asuntos diferentes*.

7 ídem: *diversas historias ≠ historias diversas*.

8 precisa un artículo: *un mismo individuo, los mismos cuentos de siempre*.

Notas sobre cuantitativos

1 emplea la forma *algún* delante del sustantivo. Pospuesto a éste es negativo: *tengo algún dinerillo, no tengo dinero alguno*.

2 antepuesto significa 'una cantidad considerable' y pospuesto significa 'suficiente'.

3 puede posponerse.

5 y **6** son invariables, pero susceptibles de acompañar a un núcleo sustantivo en cualquier género o número: ***más/menos dinero, fuerza, problemas, dificultades.***

8, 9 y **10** pueden posponerse. Las formas plurales de **9** no se usan y su forma *ningún* se usa delante del sustantivo.

13 va normalmente seguido del artículo determinante: ***todas las noches***. Pero en singular admite estilísticamente su ausencia y la posposición: ***todo*** hombre es mortal. *Ensangrentada la cara **toda**, se me acercó.*

14 precede siempre a la palabra *cuantos* o a un numeral cardinal: ***unos*** cuantos pesos, ***unos*** cien bolívares.

15 pospuesto es calificativo: ***varios*** cuadros ≠ cuadros varios.

Notas sobre distributivos

1 es singular invariable al género: ***cada*** hora, ***cada*** año.

2 es solo plural: *el día de la madre la obsequiaron sus tres hijos con **sendos** regalos* (uno cada uno).

Ejercicio *(Concuerde el adjetivo indefinido que se enuncia entre paréntesis con su núcleo sustantivo, colocándolo donde convenga y añadiendo algo si es necesario.)*

... tiempo ... pasado fue mejor (cualquier/cualquiera).

Que salgan de la clase ... alumnos ... (demás).

Han sido culpables ... chicas ... de siempre (mismo).

No tengo ... enemigo$_1$ ... es igual que no tengo ... enemigo$_2$ ... (ninguno$_1$, alguno$_2$).

... hermanos ... eran valientes (todo).

Posee ... dinero ... como ... vergüenza ...(tanto, poco).

... semanas ... transcurrieron antes de que regresara (varios).

Llegaron diez porteadores cargados con ... colmillos ... de elefante (sendos). Adivinanza: ¿cuántos elefantes se habían cazado?

SUSTITUYÉNDOLO POR UN PRONOMBRE SI PROCEDE

Pronombres			
personales			relativos/ interrogativos
per-sona	*caso*		
	sujeto	*objeto*	*término*
1ªp.	yo	me	mí, ~ conmigo	que/qué
2ªp.	tú, vos usted	te	ti, contigo usted	cual, -es/ cuál, -es quien, -es/ quién, -es
3ªp.	él, ella, ello	le, la, lo, se	él, ella, ello sí, consigo	cuyo, -a, -os, -as cuanto, -a, -os, -as/ cuánto, -a, -os, -as
1ªp.	nosotros, -as	nos	nosotros, -as	
2ªp.	vosotros, -as, ustedes	os	vosotros, -as, ustedes	
3ªp.	ellos, -as	les, las, los, se	ellos, -as, sí, consigo	

En efecto, puede muy bien suceder que deseemos evitar la repetición del sustantivo que está siendo centro de nuestro mensaje. Tenemos para ello los llamados *pronombres*, justamente así porque, en la mayoría de los casos, van en lugar del nombre, como fácilmente habremos deducido recordando el prefijo latino **pro-** de nuestra lista (*Prefijación*, pág. 8.):

*Juan y Luisa, **que** son chilenos, se van a casar. **Él** nació en Valparaíso, **ella** es santiaguina. No sé **quién** me lo dijo.*

Ya hemos visto que muchos adjetivos ofic?an a veces de pronombres y facilitan la supresión del sustantivo. Pero la mayoría de los pronombres que ahora vamos a estudiar no pueden, contrariamente a los adjetivos, acompañar nunca al sustantivo: resultan ser menos dúctiles, en cierto modo. Ya señalaremos oportunamente las excepciones.

Tal como ya se indica en el cuadro, dividiremos los pronombres en **personales**, **relativos** e **interrogativos**, valiéndonos de ciertas capacidades funcionales que los distinguen.

PRONOMBRES PERSONALES

Se denominan así porque hacen referencia a las personas gramaticales. Mencionamos ya este accidente (variación) gramatical cuando explicamos los adjetivos posesivos, a los que les afectaba. Valga, pues, todo lo dicho entonces.

Forma

Pero resulta ahora que estos pronombres son los auténticos representantes de esas personas gramaticales, por lo que asumen formas privativas de cada uno de ellos, como se puede apreciar en el cuadro.

Con diversa fortuna cambian de forma según los tres accidentes de persona, género y número. En efecto, observamos que **él** vale 3ª persona, masculino, singular frente, por ejemplo, a **ellas** 3ª persona, femenino, plural; pero esta polivalencia se trunca en la 1ª y 2ª persona del singular, donde **yo** y **tú** carecen de variación de género seguramente por la buena razón de que, representando a los dos interlocutores de una conversación, ya reconocen éstos *de visu* el sexo de su oponente. Parecidamente sucede con **usted/ustedes** y **vos**:

*Yo soy como me ves, pero **tú** no eres lo que pareces.*
*Veo que **ustedes**, las Trujillo, son un poco morenas.*
*Ya se ve que **vos** no sois de acá.*

1. **Vos** se aplica a la 2ª persona de singular, pero concuerda con la 2ª plural del verbo.

2. **Usted/ustedes**, incluidos en la 2ª persona del cuadro, representan a ésta en cuanto que se aplican a la que escucha, pero por razones históricas concuerdan en todo, gramaticalmente, con la 3ª:

*Usted **se** **sienta** ahí y me **hace** el favor de no obligarme a expulsar**le***.

*Son **ustedes** y no yo quienes **deben** sentir**se** avergonzados.*

3. El pronombre de 3ª persona neutro **ello** es uno de los pocos neutros que tenemos en español (haremos al llegar al último). Tiene cierto carácter culto, de tal modo que en la lengua coloquial se suele sustituir por un demostrativo neutro, normalmente **eso**:

*Ambición desmedida, envidia, afán de lucro: todo **ello** detestable.*

*Estudiar, trabajar, practicar: **eso** es lo que te conviene.*

4. Las formas **tú** y **vos** se emplean para dirigirse a personas de confianza (familiares, amigos, compañeros). Los jóvenes abusan de ellas en la actualidad. **Tú** es la más extendida en el dominio lingüístico hispánico, mientras que el uso de **vos**, conocido con el nombre de *voseo*, está localizado en Argentina, Uruguay, Paraguay y partes de América Central. Si se quiere mostrar respeto o distanciamiento se emplea la forma **usted**.

Las formas plurales **vosotros** y **ustedes** tienen distinta distribución geográfica y social. **Vosotros** es un plural de confianza en España (excepto en partes de Andalucía y en Canarias) y no se usa apenas en Latinoamérica. **Ustedes** es el plural de respeto entre los que emplean la forma **vosotros** y la única existente para la 2ª persona plural entre los demás (Latinoamérica, Andalucía, Canarias):

*Nosotros somos peninsulares y **vosotros** sois americanos.*

*Nosotros somos americanos y **ustedes** son peninsulares.*

Ejercicio *(Subraye los pronombres personales y analíce**los** indicando: a quién o qué se refieren o sustituyen, persona gramatical, género, número y caso. Ejemplo del pronombre subrayado en esta frase de nuestro paréntesis: sustituye a "los pronombres personales", 3ª persona, masculino, plural, objeto.)*

Yo vivo solo, en un cuarto piso de la calle Belgrano. Hará unos meses, al atardecer, oí un golpe en la puerta. Abrí y entró un desconocido. Era un hombre alto, de rasgos desdibujados. Acaso mi miopía los vio así. Todo su aspecto era de pobreza decente. Estaba de gris y traía una valija gris en la mano. En seguida sentí que era extranjero. Al principio lo creí viejo; luego advertí que me había engañado su escaso pelo rubio, casi blanco, a la manera escandinava. En el curso de nuestra conversación, que no duraría una hora, supe que procedía de las Órcadas.

Le señalé una silla. El hombre tardó un rato en hablar. Exhalaba melancolía, como yo [la exhalo] ahora.

- Vendo biblias -me dijo.

No sin pedantería le contesté . . . .

(El libro de arena, Jorge Luis Borges, Argentina)

Función

Hemos visto en lo que precede que el pronombre personal representa unas veces a los interlocutores de un diálogo entre dos, tú y yo, y otras sustituye al nombre de la persona, animal o cosa de que se está hablando. Ahora bien, sucede que estas personas gramaticales, 1ª, 2ª y 3ª, pueden asumir en el discurso distintos papeles: el de origen de los procesos o motor de las acciones que estamos comunicando *(sujeto)*; el de receptor o destino final de tales significaciones *(objeto)*; el de completar algún detalle o idea que queremos añadir a nuestro mensaje mediante un conector *(término)*:

Yo te estoy hablando de mí y tú me estás hablando de ti.
suj. obj.   tér.   suj. obj.   tér.

Estas funciones gramaticales se conocen con el nombre de *casos*. Pues bien, los pronombres personales son las únicas palabras de nuestra lengua que conservan este accidente (variación).

Se observará en el cuadro que, bajo el rótulo de caso encontramos las tres columnas de sujeto, objeto y término, y en ellas formas especiales de cada pronombre para cada caso. Es lo que llamamos *declinación*, hoy en día una pura reliquia en español (también en otras lenguas: inglés, francés, italiano).

Observaciones

a) Los pronombres <u>sujetivos</u> (de caso sujeto) se usan mínimamente en español porque, como veremos en el capítulo siguiente, el verbo nos marca a su manera de qué sujeto se trata.

Dos únicas ocasiones resultan castizas para mencionar estos pronombres, a saber:

1. Cuando se quiere hacer hincapié en el sujeto

– ¿Quién ha estornudado tan estrepitosamente?
*– He sido **yo**, perdón.*

2. Cuando hay contraste, oposición, entre dos sujetos

*El padre y la madre de Rómulo son centroamericanos: **él** es hondureño y **ella** es guatemalteca.*

*Acá **nosotros** seseamos, mientras que **ustedes** pronuncian la ce.*

Resulta así innecesariamente pesado el estilo anglicanizante de los presentadores de televisión cuando vociferan

*¡Y ahora les presentamos a la señorita Luci Luqui: **ella** es campeona mundial de matar moscas a papirotazos. Un fuerte aplauso!*

b) Los pronombres <u>objetivos</u> (de caso objeto) no ofrecen dificultad ninguna en las 1as y 2as personas, pero sí en las 3as. Precisa, ante todo, puntualizar que se distinguen dos objetos: el *directo* y el *indirecto*, distinción difícil de captar al principio, que iremos afinando con el estudio del verbo. Baste saber ahora que unos verbos no llevan ningún objeto, otros llevan objeto directo, otros llevan objeto indirecto y otros, en fin, llevan los dos:

Pepito duerme como una marmota. (no hay objeto)
*Pepito **nos** quiere.* (objeto directo)
*Pepito **te** está hablando en serio.* (objeto indirecto)
*Pepito **me lo** ha asegurado.* (objeto indirecto+objeto directo)

A diferencia de los pronombres objetivos de 1ª y 2ª persona, que sirven tanto para el objeto directo como para el indirecto, los de 3ª persona presentan una distribución más bien compleja. Veámosla:

1.	Objeto directo	masculino singular	**lo le**
2.	"	"	femenino	"	**la**
3.	"	"	neutro	"	**lo**
4.	"	"	masculino plural	**los les**
5.	"	"	femenino	"	**las**
6.	Objeto indirecto	masculino singular	**le se**
7.	"	"	femenino	"	**le se**
8.	"	"	neutro	"	**le se**
9.	"	"	masculino plural	**les se**
10.	"	"	femenino	"	**les se**

Se observa en la anterior enumeración que hay dobles formas en algunas líneas. No todas son equivalentes: **lo** y **le** de 1 y **los** y **les** de 4 son intercambiables, es decir, ambas igualmente correctas; usan **lo los** las zonas **loístas** (Latinoamérica y Andalucía) y usan **le les** las zonas **leístas** (resto de España), principalmente cuando se refieren a seres humanos. En cuanto a 6, 7, 8, 9 y 10, las formas con **s** sustituyen a las con **l** delante de cualquiera de las formas de objeto directo (1, 2, 3, 4 y 5); o sea, no puede haber dos pronombres con **l** seguidos.

Ejemplos

1. *Veo a tu hermano todos los días. **Lo/le** veo en el supermercado.*

2. *¿Has resuelto la ecuación? Si no, yo te ayudaré a resolver**la**.*

3. *Todo lo que hacen ustedes **lo** considero correcto.*

4. *Me he empeñado en educar a estos niños antes de que alguien **los** malee.*

5. *Cómpra**las**, si tanto te gustan esas botas.*

6. *Horacio **le** dijo que no a su padre. **Se lo** dijo, estoy seguro.*

7. *A Luisa no **le** sirvieron ron, prefirió el chapurrado. Cierto, no **se lo** sirvieron.*

8. *No **le** pongas peros a lo regalado. No **se los** pongas, hombre.*

9. ***Les** hicimos un favor a tus amigos no invitándoles a esta fiestecita. ¡Vaya si **se lo** hicimos!*

10. *Que no se pase más tiempo sin facilitar**les** víveres a esas pobres gentes. Hay que facilitár**selos** cueste lo que cueste.*

De la observación de todos nuestros ejemplos de este apartado b) se desprende que los pronombres objetivos preceden unas veces al verbo y otras le siguen. En el primer caso se escriben separados, en el segundo se unen al verbo, convención puramente ortográfica que no afecta a la pronunciación. Tal como veremos al estudiar el verbo, en el estado actual del español estos pronombres objetivos siguen al verbo en el infinitivo, en el gerundio y en el imperativo; en todos los demás tiempos le preceden. Esto no ha sucedido así siempre: antiguamente la colocación era justamente inversa, por lo que aún podemos encontrar algún caso anormal en escritores arcaizantes:

*Cuando cayó el Fort-Saint-Charles, dió**se** por terminada la campaña.*

(Frase de Alejo Carpentier, Cuba)

c) Los pronombres <u>terminales</u> (de caso término) aparecen siempre detrás de un conector, una palabra que sirve para juntar otras dos y que llamamos **preposición**. En su momento la estudiaremos. Llamemos la atención ahora tan solo sobre las formas del cuadro que empiezan precisamente por la sílaba **con**: como fácilmente puede suponerse, se trata de la propia preposición **con**, por lo que en este caso el pronombre terminal no simplemente sigue sino que va enganchado a la preposición y completado por la extraña sílaba final **go**:

*Sin **mí**, **conmigo**, contra **él**, a favor de **ustedes**, todo me da lo mismo.*

d) El pronombre neutro **lo** asume ocasionalmente una función especial conocida con el nombre de ***predicativo*** y de la que trataremos en la segunda parte de esta gramática. Apoyado en su naturaleza neutra puede sustituir a sustantivos y adjetivos de cualquier género y número, en combinación con los verbos **ser**, **estar** y **parecer**. Se trata de un rasgo estructural típico de la lengua española que conviene dominar:

*Algunas personas son <u>tontas</u> pero no **lo** parecen. Otras parecen <u>tontas</u> y no **lo** son.*

*– Están <u>locos</u> esos de la Fórmula 1. – **Lo** están, sí, a su modo.*

*– Havelange es <u>el presidente de la FIFA</u> ¿verdad? – Sí, **lo** es.*

*– Y su mujer es <u>aficionada al fútbol</u> ¿verdad? – Sí, **lo** es.*

e) La serie de pronombres **me, te, se, sí, consigo, nos, os, se, sí, consigo** se conoce también con el nombre de ***reflexivos*** porque pueden usarse para indicar que el propio autor de una acción es el receptor de ella, es decir, que el ente del que estamos hablando (la persona, animal o cosa centro de nuestro mensaje) es a un mismo tiempo sujeto y objeto. Esta apreciación es de consecuencia mínima en la lengua, pues solo puede distinguirse en la 3ª persona:

*Dice el niño: ¿**Me** lavo yo o **me** lavas tú, mamá?* (reflexivo=no reflexivo)

***Te** peinaré yo porque tú **te** peinas muy mal.* (reflexivo=no reflexivo)

*(!) **Le/la** viste su criada porque él/ella no **se** puede vestir.* (reflexivo≠no reflexivo)

*– Oye, hoy tendremos que afeitar**nos** con esta maquinilla eléctrica.*

*– Prefiero que **nos** afeite el barbero.* (reflexivo=no reflexivo)

*– Octavio **os** mira con buenos ojos mientras vosotras **os** miráis al espejo.* (reflexivo=no reflexivo)

(!) *Los/las egoístas **se** aman a sí mismos/mismas más de lo que **les/las** aman sus propios hijos.* (reflexivo≠no reflexivo)

La forma **se** de estos pronombres reflexivos, como la misma forma **se** de los objetivos, precede siempre a cualesquiera otros pronombres. Resultan así las combinaciones **se me, se te, se le, se la, se lo, se nos, se os, se les, se las, se los**, que son las correctas. Deben evitarse, pues, los solecismos (faltas de construcción gramatical) <u>me se</u>, <u>te se</u>.

f) Los pronombres personales, debido a su carácter sustantivo, pueden en alguna ocasión ir acompañados de un adjetivo:

*<u>Toda</u> **ella** se le había entregado, pero **él** <u>mismo</u> y nadie más se impuso el sacrificio de alejarse.*

Ejercicio *(Rellene los huecos poniendo el pronombre personal correspondiente a la persona gramatical que se indica –1ª, 2ª, 3ª– o al sustantivo sustituido, el cual lleva el mismo subíndice que hay en el hueco. Nosotros le facilitaremos los siguientes datos: verbo (v.) –solo si es infinitivo (inf), gerundio (ger) o imperativo (imp) se indicará aparte–, objeto directo (OD) o indirecto (OI), preposición (pre). Usted decida la forma del pronombre, según su persona, género (m./f./n.), número (s./p.) y caso; decida si los objetos van delante o detrás del verbo –recuerde la convención ortográfica.)*

Estoy proyectando hacer un viaje a Machu Picchu con mis
₁

nietos Alejandro y Sarita. ... haré ... con ... para que se
₂   ₃   v. OD 1   pre 2+3

acostumbren a ... acompañar ... ahora que puedo ... ayudar ...
          inf OD 1ªs.   inf OD 2+3

Son todavía pequeños, pero a Alejandro ... he enseñado ...
                            v. OD 2

ya a conducir moto y coche, pues ... hará ... a todos un gran
                        v. OI 1ªp.

favor ... llevando ... en su coche dentro de unos años. Sin ...
     ger OD 1ªp.   pre 1ªs.

poco puede hacer él ahora, sin ... quién sabe cómo se defen-
                   pre 2

dería su abuela cuando yo falte. De momento, ... ayuda...
₄   v. OD 4

Sarita, niña diligente a quien ... gusta hacer ... todo.

v. OI 3   inf OD 5 ´   5

Para ... no hay nada enojoso. ... encargas ... una cosa y ...

pre 3   v. OI 3   6

hace ... ... vuelves a encargar y ... vuelve a hacer. Un en-

v. OD 6   v. OI 3 /OD 6   v. OI 2ªs./OD 6

canto de niña. Con todo, tanto a ... como a su hermano ... doy

                              pre 3   v. OI 2+3

... alguna torta de vez en cuando. Pero ... doy ... cariñosa-

    7   v. OI 2+3/OD 7

mente. ... Crean ...

        imp OD 1ªs.

Ejercicio *(En este ejercicio aparece toda una serie de pronombres personales sujetivos necesarios unas veces y otras superfluos. Estudie cada caso y luego subraye los necesarios y tache los superfluos.)*

Salimos Juan y yo a reconocer el terreno. Él estaba animado, yo no. Como nosotros somos aficionados a la botánica, nosotros íbamos coleccionando hojas por el camino. Ellas eran hojas secas, nosotros no las arrancábamos de los árboles. Otros sí lo hacen, pero nosotros preferimos respetar las plantas vivas. ¿Recuerdas tú que ya te lo dije yo en una ocasión? Tú insistías en que ello era una tontería y yo te repliqué de pronto chillando. Entonces entró mi padre y él dijo: ¿Quién ha dado ese grito? He sido yo, papá, le contesté yo. Yo te pido perdón.

PRONOMBRES RELATIVOS

Estos pronombres relacionan dos fragmentos de un mismo mensaje (de ahí su nombre) sustituyendo en el segundo un sustantivo mencionado en el primero. Este sustantivo primeramente citado es el *antecedente* y el pronombre que le sustituye después es el *consecuente*. Se trata, como veremos en la segunda parte de este libro, de un sistema formidable de construir nuevas frases.

[*Compraremos todas las <u>casetes</u>*] - [*que tú quieras.*]

                    antecedente   consecuente

[*He consultado al <u>doctor</u>*] - [*de **quien** me hablaste.*]

              antecedente   consecuente

En el cuadro vemos que componen un grupo reducido. Pero, además, sus miembros presentan cierta heterogeneidad de formas y funciones.

Forma

que: es invariable. Puede ir precedido del artículo determinante, con cierta alteración de su funcionamiento.

cual/cuales: va siempre precedido del artículo determinante, de tal modo que el auténtico pronombre presenta estas cinco formas: el cual, la cual, lo cual, los cuales, las cuales.

quien/quienes: tiene variación de número pero no de género.

cuyo/-a/-os/-as: tiene variación de género y número.

cuanto/-a/-os/-as: tiene igualmente variación de género y número.

Función

Como los pronombres relativos sustituyen a su antecedente han de concordar con él en género y número. Escapan a este principio el invariable **que** y el anómalo **cuyo**:

que

Es el más proteico de los pronombres relativos, pues además de valer para todos los géneros y números, puede tener cualquier tipo de antecedente (personas, animales o cosas). Estructuralmente admite toda clase de funciones y combinaciones:

*La secretaria, el perro, los libros, todo lo bueno **que** tienes.*
  persona   animal   cosa   neutro

*La parsimonia con **que** trabajas y el dinero de **que** vives me*
           antecedente f.   antecedente m.
asombran.

Aparece a veces precedido del artículo determinante, como se dice más arriba, componiendo consecuentemente la serie el que, la que, lo que, los que, las que, serie usada más corrientemente como terminal, es decir, detrás de una preposición:

*María, a **la que** vi ayer, me preguntó por ti.*
*Pedro le devolvió el préstamo, con **lo que** se acabó la disputa.*
*Esfuerzos sin **los que** jamás habría acabado la obra.*

cual/cuales

Puede tener cualquier tipo de antecedente, con el cual concordará en género y número, dada su necesidad de ir precedido del artículo determinante:

*Saludé el otro día a tu primo Juan, **el cual** me resulta simpático.*
*Los padres de Alfonso, a **los cuales** traté mucho, murieron ya.*
*El condenado fue guillotinado, **lo cual** parece hoy horrible.*

quien/quienes

Solo puede tener antecedentes humanos. Su uso más frecuente es como terminal, aunque puede también aparecer como sujeto:

*El novelista de **quien** me hablaste es un fanfarrón.*
*He nombrado asesor a García & Cía., en **quienes** confío.*
*Y así acabó su carrera "Magic" Johnson, **quien** realmente no*
sujeto

lo esperaba.

cuyo/-a/-os/-as

Este pronombre tiene dos particularidades dignas de estudiarse atentamente: contiene una idea de posesión o relación, por lo que significa realmente 'de que' o 'de quien'; y funciona al mismo tiempo como un adjetivo, puesto que acompaña siempre al sustantivo poseído o relacionado con ese <u>que</u> o <u>quien</u>, sustantivo con el que concuerda en género y número.

*[Habían trabajado poco los estudiantes] - [**cuyos** exámenes*
antecedente   consecuente=de quienes
corregí] (o sea, «exámenes de los estudiantes»)

Obsérvese la concordancia de <u>cuyos</u> y <u>exámenes</u>.

*[Solución política] - [de **cuyo** buen resultado se duda en*
antecedente   consecuente=de que
general] (o sea, «buen resultado de la solución política»)

cuanto/-a/-os/-as

Este pronombre relativo solo puede tener como antecedente sustantivos precedidos de los adjetivos indefinidos **tanto** etc., **todo** etc., o estos mismos en función de pronombres por no ir acompañados de sustantivo alguno:

*Perdió <u>tanto</u> dinero en las carreras **cuanto** había ganado en su negocio.*
*Un Casanova: <u>tantas</u> amó **cuantas** conoció.*

Ejercicio *(Rellene los huecos con un pronombre relativo y ensaye todas las variantes posibles, cuidando la concordancia.)*
Entró en la clase el profesor y se sentó en una silla ... había en un rincón, ... estaba toda rota. Abrió una cartera en ... llevaba muchos papeles arrugados y de ... escogió uno y llamó a la señorita Fernández, ... no estaba presente. Otros alumnos a ... llamó tampoco estaban aquel dichoso día, alumnos ... pupitres se veían vacíos. Los pocos estudiantes para ... podría explicar la

lección nuestro profesor no sentían por él el respeto … se merecía. Al final sonó la campana, a … se recibió con algazara.

PRONOMBRES INTERROGATIVOS

Ya se ve en el cuadro que coinciden sensiblemente con los relativos. Desaparecido **cúyo** por arcaico, nos quedan **qué**, **cuál**, **quién** y **cuánto**, todos ellos tónicos (acentuados), por lo que se escriben con la tilde, como veremos en su momento. Veamos sus particularidades:

qué

Invariable. Puede funcionar como adjetivo acompañando al sustantivo. Como pronombre significa 'qué cosa', mientras que como adjetivo vale 'qué clase o tipo de':

*¿**Qué** me traes de regalo?* = qué cosa me traes
*¿**Qué** es tu hijo?* = qué oficio, profesión, religión tiene
*¿**Qué** novelas son esas?* = qué clase de novelas
*¿**Qué** trabajo te ha salido?* = qué tipo de trabajo

cuál/cuáles

Varía solo en número y, contrariamente al pronombre relativo homónimo, no puede ir precedido del artículo determinante. Pero sí puede ahora, como *qué*, acompañar a un sustantivo, funcionando, por lo tanto, como adjetivo. Significa distinción entre dos o más elementos:

*¿**Cuál** de esos coches te comprarías?*
*¿**Cuáles** son sus horas preferidas para leer?*
*¿**Cuál** día de la semana se descansa en Ruanda?*
*¿**Cuáles** animales son los que destrozan mi huerto?*

quién/quiénes

Varía en número y no admite compañía. Igual que el relativo homónimo solo se emplea para preguntar por la identidad de humanos.

*¿**Quiénes** habrán sido los secuestradores de Nuria?*
*¿Contra **quién** actúan los rebeldes sin causa?*

cuánto/-a/-os/-as

Varía en género y número. Puede ir solo o acompañando a sustantivos. Pregunta siempre por cantidad, como parece evidente.

*¿**Cuántos** votaron por Heliodoro?*
*¿**Cuánta** fuerza se necesitaría para eso?*

Nota

Estos cuatro pronombres interrogativos pueden oficiar de exclamativos con solo determinado cambio en la entonación, un mecanismo fonético, por lo tanto. Cambia el significado interrogativo por el exclamativo, pero perdura todo lo demás, incluso la ortografía con la tilde.

*¡**Qué** has hecho! ¡**Qué** lío has organizado!*
*¡**Cuál** no sería la sorpresa que tuvo!*
*¡A **quién** has ido a hablar!*
*¡**Cuánto** esfuerzo baldío!*

Ejercicio *(Transforme las frases siguientes en interrogativas empleando el pronombre interrogativo que proceda para preguntar por el sustantivo que vaya subrayado.)*
Ejemplo: Tienes frío. ¿**Qué** tienes? – Ha llamado Juan. ¿**Quién** ha llamado?

Ha escogido este regalo.
Prefiere una bicicleta.
Se la comprará su padre.
Le costará mil pesos.
Pepito paseó con sus amigos.
Las mejores son estas.
Los guerrilleros lucharon contra los carabineros.
Fatty pesaba 200 quilos.
Sienten desprecio por la vida de los demás.
Para atajar, tomó siempre los caminos de la derecha.

OTROS PRONOMBRES

Se ha visto en el estudio del adjetivo que muchos de ellos no solo acompañan al sustantivo sino que también pueden representarlo, actuando así como verdaderos pronombres. Ahora bien, resulta que hay algunos que solamente son pronombres, aunque pertenezcan orgánicamente a su conjunto de adjetivos. Repasémoslos brevemente:

Posesivos – Todas las formas neutras: **lo mío, lo tuyo, lo suyo, lo nuestro, lo vuestro, lo suyo**.

Demostrativos – Todas las formas neutras: **esto, eso, aquello**.

Indefinidos – Hay algunas formas sueltas que podemos dividir en dos pequeños grupos, según representen personas o no personas. Llamémoslos

a) *racionales*: **alguien, nadie, uno/una**.
b) *irracionales*: **algo, nada**.

Todos ellos son invariables al género (excepto **uno/una** cada vez menos según progresa el feminismo) y al número. **Alguien** y **algo** son afirmativos, mientras que **nadie** y **nada** son sus negativos correspondientes.

Ejemplos:

***Alguien** llama pero **nadie** responde.*
***Algo** sucedió sin que **nada** se resolviese.*
***Uno/una** sabe exactamente lo que ha de hacer.*

CONJUGANDO BIEN
EL VERBO

Verbos
conjugaciones
1ª en -ar   2ª en -er   3ª en -ir

Regulares	Irregulares		
		sistemáticos	*asistemáticos*
1ª *cantar,*	1.	**e>i** *medir...*	*haber*
amar,	2.	**o>ue** *acordar...*	*ser*
parar...	3.	**i>ie** *adquirir...*	*ir*
2ª *temer,*	4.	**u>ue** *jugar...*	
correr,	5.	**e>ie** *alentar...*	
beber...	6.	**o>u, ue** *morir...*	
3ª *partir,*	7.	**e>i, ie** *dormir...*	
vivir,	8.	**c>g** *hacer...*	
subir...	9a.	**c>zc** *nacer...*	
	b.	**c>zg** *yacer...*	
	c.	**l>lg** *salir...*	
	d.	**n>ng** *poner...*	
	e.	**s>sg** *asir...*	
	f.	**o>oy** *oír...*	
	g.	**u>uy** *concluir...*	
	10.	**ab>ep** *caber...*	
	11.	**ec>ig** *decir...*	
	12.	**a>aig** *traer...*	
	13.	**e>d** *poner...*	
	14.	**i>d** *salir...*	
	15.	**+y** *dar...*	
	16a.	**-e** *ver...*	
	b.	**-e** *caber...*	
	c.	**-e** *hacer...*	
	17.	**-i** *reír...*	
	18.	**-i** *bullir/teñir...*	
	19.	mixtos *hacer/decir...*	
	20.	perfectos *andar...*	
	21.	participios *abrir...*	

En nuestro mensaje siempre diremos algo de alguna persona, de algún animal o de alguna cosa: esa persona, animal o cosa la nombramos, según ya hemos visto, con un sustantivo. Lo que decimos de tales entidades se expresa normalmente con un verbo. Así pues, sustantivo y verbo son los dos pilares de nuestro mensaje. Se dice en gramática que predicamos algo de un sustantivo mediante un verbo. Todo lo demás va alrededor de ese sustantivo y de ese verbo. La segunda parte de esta gramática tratará de la combinación de tales elementos en ciertos mínimos periodos de nuestro mensaje que empezaremos a conocer con el nombre de *oraciones*.

Este <u>libro</u> de gramática / <u>enseña</u> prácticamente.
     sustantivo   verbo

FORMA

Con el verbo hemos llegado a la palabra más compleja de la lengua española. En el sustantivo hemos encontrado cuatro variantes posibles como máximo (*alumno, alumna, alumnos, alumnas*), en el adjetivo hemos llegado a cinco (*aplicado, aplicada, aplicados, aplicadas, aplicadísimo)* y parecidamente en el artículo y en el pronombre. Pues bien, un verbo español de la primera conjugación tiene 101 formas distintas y uno de la segunda o tercera llega a 102. Piénsese que un verbo inglés tiene regularmente solo 20 formas distintas. Poseer esas 101-102 formas del verbo español por simple herencia genética debe considerarse una fortuna preciosa.

El conjunto de todas esas formas emparentadas de cada verbo se conoce con el nombre de *paradigma verbal*. Se producen esas 101-102 formas distintas mediante la combinación de una raíz (**enseñ-**) con las desinencias de los cuatro accidentes gramaticales (variaciones) que afectan al verbo, a saber: persona, número, tiempo y modo (**-a**, 3ª persona del número singular del tiempo presente del modo indicativo).

Persona

Ya se habló de este accidente en nuestro estudio de los adjetivos posesivos (pág. 45) y se insistió más tarde en los pronombres personales (págs. 59-61). Vuelve a aparecer aquí con clara preeminencia para indicarnos de cuál persona predicamos el proceso verbal: 1ª, 2ª o 3ª.

Yo <u>enseño</u> con esta gramática práctica.
Tú <u>enseñas</u> también a tu hermanito.
Él <u>enseña</u> en la escuela local.

Número

También lo conocemos desde nuestro primer contacto con el sustantivo. Afecta al verbo para señalarnos de cuántas personas gramaticales estamos predicando: singular, de una; plural, de varias.

Usted se __aplica__ a estudiar la lengua española.
Ustedes se __aplican__ a dominar las conjugaciones.

Tiempo

Un accidente nuevo para nosotros. Como su nombre parece indicar señala el momento en que se desarrolla el proceso verbal: pasado, presente, futuro. Pero no solo eso, pues a esa idea de zona temporal se une un cierto señalamiento sobre la forma de presentarse el tal proceso: acabado o inacabado, anterior o no a otro.

Esa complejidad ha hecho que a lo largo de los siglos los tratadistas hayan buscado –en vano– denominaciones que para los distintos tiempos reflejaran esas diversas nociones. Nosotros seguiremos la terminología de la Academia Española y añadiremos entre paréntesis la del insigne gramático venezolano Andrés Bello (1781-1865), altamente ilustrativa. En principio, los tiempos se dividen en dos grupos, según estén constituidos por una sola base (*simples*) o por dos (*compuestos*). Estos últimos se forman con el llamado *participio* precedido de la correspondiente forma del verbo auxiliar haber.

Tiempos simples	**Tiempos compuestos**
presente *(presente)*	*pretérito perfecto* *(antepresente)*
pretérito imperfecto *(copretérito)*	*pretérito pluscuamperfecto* *(antecopretérito)*
pretérito indefinido *(pretérito)*	*pretérito anterior* *(antepretérito)*
futuro imperfecto *(futuro)*	*futuro perfecto* *(antefuturo)*
condicional imperfecto *(pospretérito)*	*condicional perfecto* *(antepospretérito)*

Modo

El último accidente del verbo. Trata de indicar la actitud mental del que habla con respecto al proceso verbal: *indicativo*, cuando lo considera real; *subjuntivo*, cuando lo presenta como algo meramente imaginario o eventual; *imperativo*, cuando implica un mandato.

Les aseguro que Juan estudia con ahínco.
indicativo

Deseo sinceramente que Juan estudie con ahínco.
subjuntivo

Juan, por favor, estudia con ahínco.
imperativo

Clases formales de los verbos

Iremos descubriendo que hay múltiples puntos de vista para clasificar los verbos. Pero ahora nos interesa contemplar las clases que se derivan de ordenarlos según los diferentes modelos que denominamos *conjugaciones*.

En efecto, hay unos verbos cuyo paradigma se atiene a unas pautas sistemáticas, a unas reglas fijas, por lo que los llamamos *regulares*, mientras que otros escapan a los tales modelos y se denominan, en consecuencia, *irregulares*. Tanto los unos como los otros se subdividen formalmente en tres conjugaciones: **-ar, -er, -ir**. Estas desinencias corresponden al presente de infinitivo, o simplemente *infinitivo*, forma que tradicionalmente se toma para citar al verbo y con la que es entrado en los diccionarios. Resulta curioso comprobar que esta forma representante de cada verbo no es auténticamente verbal: en lo antiguo se la incluía en un llamado «modo infinitivo», que hoy se prefiere, más científicamente, denominar *formas no personales*, porque no señalan a ninguna persona gramatical, y que nosotros estudiaremos más adelante.

En cuanto a los verbos irregulares, podemos todavía subdividirlos en dos grupos, que vamos a llamar *sistemáticos* cuando observan siquiera, como veremos, cierta coherencia formal, y *asistemáticos* cuando su paradigma ofrece un aspecto caótico a los ojos del estudioso.

regulares	
irregulares	sistemáticos
	asistemáticos

Verbos regulares

Paradigmas de los verbos regulares

	1ª conjugación	2ª conjugación	3ª conjugación
Modo indicativo			
Presente	canto	temo	parto
	cantas	temes	partes
	canta	teme	parte
	cantamos	tememos	partimos
	cantáis	teméis	partís
	cantan	temen	parten
Pretérito perfecto	he cantado	he temido	he partido
	has cantado	has temido	has partido
	ha cantado	ha temido	ha partido
	hemos cantado	hemos temido	hemos partido
	habéis cantado	habéis temido	habéis partido
	han cantado	han temido	han partido
Pretérito imperfecto	cantaba	temía	partía
	cantabas	temías	partías
	cantaba	temía	partía
	cantábamos	temíamos	partíamos
	cantabais	temíais	partíais
	cantaban	temían	partían
Pretérito pluscuamperfecto	había cantado	había temido	había partido
	habías cantado	habías temido	habías partido
	había cantado	había temido	había partido
	habíamos cant.	habíamos tem.	habíamos part.
	habíais cant.	habíais tem.	habíais part.
	habían cantado	habían temido	habían partido
Pretérito indefinido	canté	temí	partí
	cantaste	temiste	partiste
	cantó	temió	partió
	cantamos	temimos	partimos
	cantasteis	temisteis	partisteis
	cantaron	temieron	partieron

Pretérito	hube cantado	hube temido	hube partido
anterior	hubiste cant.	hubiste temido	hubiste partido
	hubo cantado	hubo temido	hubo partido
	hubimos cant.	hubimos tem.	hubimos part.
	hubisteis cant.	hubisteis tem.	hubisteis part.
	hubieron cant.	hubieron tem.	hubieron part.

Futuro	cantaré	temeré	partiré
imperfecto	cantarás	temerás	partirás
	cantará	temerá	partirá
	cantaremos	temeremos	partiremos
	cantaréis	temeréis	partiréis
	cantarán	temerán	partirán

Futuro	habré cantado	habré temido	habré partido
perfecto	habrás cantado	habrás temido	habrás partido
	habrá cantado	habrá temido	habrá partido
	habremos cant.	habremos tem.	habremos part.
	habréis cant.	habréis temido	habréis partido
	habrán cantado	habrán temido	habrán partido

Condicional	cantaría	temería	partiría
imperfecto	cantarías	temerías	partirías
	cantaría	temería	partiría
	cantaríamos	temeríamos	partiríamos
	cantaríais	temeríais	partiríais
	cantarían	temerían	partirían

Condicional	habría cantado	habría temido	habría partido
perfecto	habrías cant.	habrías temido	habrías partido
	habría cantado	habría temido	habría partido
	habríamos cant.	habríamos tem.	habríamos part.
	habríais cant.	habríais tem.	habríais part.
	habrían cant.	habrían temido	habrían partido

Modo subjuntivo

Presente	cante	tema	parta
	cantes	temas	partas
	cante	tema	parta
	cantemos	temamos	partamos
	cantéis	temáis	partáis
	canten	teman	partan

Pretérito	haya cantado	haya temido	haya partido
perfecto	hayas cantado	hayas temido	hayas partido
	haya cantado	haya temido	haya partido
	hayamos cantado	hayamos temido	hayamos partido
	hayáis cantado	hayáis temido	hayáis partido
	hayan cantado	hayan temido	hayan partido

Pretérito	cantara/	temiera/	partiera/
imperfecto	cantase	temiese	partiese
	cantaras/	temieras/	partieras/
	cantases	temieses	partieses
	cantara/	temiera/	partiera/
	cantase	temiese	partiese
	cantáramos/	temiéramos/	partiéramos/
	cantásemos	temiésemos	partiésemos
	cantarais/	temierais/	partierais/
	cantaseis	temieseis	partieseis
	cantaran/	temieran/	partieran/
	cantasen	temiesen	partiesen

Pretérito	hubiera/	hubiera/	hubiera/
pluscuam-	hubiese	hubiese	hubiese
perfecto	cantado	temido	partido
	hubieras/	hubieras/	hubieras/
	hubieses	hubieses	hubieses
	cantado	temido	partido
	hubiera/	hubiera/	hubiera/
	hubiese cant.	hubiese tem.	hubiese part.
	hubiéramos/	hubiéramos/	hubiéramos/
	hubiésemos	hubiésemos	hubiésemos
	cantado	temido	partido
	hubierais/	hubierais/	hubierais/
	hubieseis cant.	hubieseis tem.	hubieseis part.
	hubieran/	hubieran/	hubieran/
	hubiesen cant.	hubiesen tem.	hubiesen part.

Futuro	cantare	temiere	partiere
imperfecto	cantares	temieres	partieres
	cantare	temiere	partiere
	cantáremos	temiéremos	partiéremos
	cantareis	temiereis	partiereis
	cantaren	temieren	partieren

Futuro perfecto	hubiere cantado	hubiere temido	hubiere partido
	hubieres cantado	hubieres temido	hubieres partido
	hubiere cantado	hubiere temido	hubiere partido
	hubiéremos cantado	hubiéremos temido	hubiéremos partido
	hubiereis cantado	hubiereis temido	hubiereis partido
	hubieren cantado	hubieren temido	hubieren partido

Modo imperativo

Presente	–	–	–
	canta	teme	parte
	(cante)	(tema)	(parta)
	(cantemos)	(temamos)	(partamos)
	cantad	temed	partid
	(canten)	(teman)	(partan)

Formas no personales

Infinitivo simple	cantar	temer	partir
Infinitivo compuesto	haber cantado	haber temido	haber partido
Gerundio simple	cantando	temiendo	partiendo
Gerundio compuesto	habiendo cant.	habiendo tem.	habiendo part.
Participio	cantado	temido	partido

Observaciones

<u>En general</u>. Para conjugar correctamente cualquier verbo regular bastará con seguir fielmente el modelo que le corresponda según acabe su infinitivo simple en **-ar, -er** o **-ir.**

Con pocas excepciones (el imperativo y el participio), todos los tiempos simples se corresponden con uno compuesto con

ese mismo tiempo simple del verbo auxiliar **haber** y su propio participio:

cantaba/había cantado
pr.imp.   pr.imp.

temería/habría temido
con.imp. con.imp.

partiendo/habiendo partido
ger.   ger.

El imperativo solo tiene en rigor 2ᵃˢ personas. Carece en absoluto de la 1ª de singular (pues parece inútil mandarse a uno mismo) y toma las demás del presente de subjuntivo, razón por la que las presentamos entre paréntesis.

Sobre la 1ª conjugación. Tenemos algunas formas que solo se distinguen por su acentuación (**canto/cantó**, **cante/canté**), lo que ya nos advierte de la conveniencia de pronunciarlas bien.

La forma **cantamos** es ambigua pues lo mismo vale presente que pretérito indefinido. Se ha de evitar el error de emplear **cantemos** (a imitación de **canté**) para significar pretérito indefinido. Veamos lo correcto:

*Ayer **acabamos** el estudio del pronombre.*
*El jueves pasado **regresamos** de Acapulco.*

La forma **cantemos** existe pero es presente de subjuntivo:

*Cuando **acabemos** el estudio del verbo veremos el adverbio.*
*Antes de que **regresemos** no hagáis nada de eso.*

Sobre la 2ª y 3ª conjugaciones. Estas dos conjugaciones se parecen mucho. Tienen en común todo el modo subjuntivo y el imperativo a excepción de la 2ª persona plural; y en el modo indicativo coinciden en el pretérito imperfecto, pretérito indefinido y 1ª y 2ª personas del singular y 3ᵃˢ de singular y plural del presente.

Ejercicio *(Analice los verbos subrayados indicando sus accidentes en el orden empleado más arriba para su explicación: persona, número, tiempo y modo. Luego añada la forma del infinitivo y su conjugación.)*

Ejemplo tomado de nuestro paréntesis: "analice", 3ª persona del singular del presente de imperativo del verbo *analizar*, 1ª conjugación.

Pronto <u>acabaremos</u> la primera parte de nuestro estudio.

Francisco pidió al profesor que le <u>ayudase</u>.

Madonna <u>bailaría</u> en Tegucigalpa si pudiera.

<u>Vendieron</u> todo lo que tenían para poder subsistir.

Si no <u>hubieran existido</u> los dinosaurios no se encontrarían fósiles suyos.

Cuando <u>hubo comido</u>, D. Juan se <u>dirigió</u> a su aposento.

En aquella ocasión no nos <u>portamos</u> bien.

<u>Habrían vencido</u> pero les <u>faltó</u> coraje.

Ejercicio *(Ponga los verbos entre paréntesis en alguna forma que vaya bien a la frase con arreglo a su texto y a la indicación, si la hay.)*

Fuimos al campo y nos (llenar) los bolsillos de bellotas que (encontrar).

No sé si ustedes (terminar, futuro perfecto) este ejercicio antes de las 12.

A doña Cecilia le gustaría que su hijo (vencer, pretérito imperfecto) al campeón de los pesos pesados.

En el examen de teoría del año pasado el tribunal (exigir) mucho.

Antes de morir, Ramón (resistir, pretérito pluscuamperfecto) valientemente los dolores de la enfermedad.

Muchachos, no (hablar, imperativo) nunca de lo que no saben.

Pepito (ceder, condicional perfecto) su parte sí se la hubieran pedido.

Rosita (resistir) lo que pudo, pero al fin (aceptar).

Verbos irregulares sistemáticos

Esta clase de verbos no sigue plenamente los modelos que hemos expuesto más arriba. Discrepa en ocasiones (solo en algunos tiempos y en algunas personas), por razones históricas, aunque tales discrepancias guardan cierta sistematicidad que nos permite subagruparlos justamente según el tipo de irregularidad que presenten.

Trataremos primero aquellos cuya anomalía se da en la raíz verbal, los cuales son los más, y dejaremos para el final los afectados en la desinencia. Se trata de que el estudioso pueda también almacenarlos en su cerebro ordenadamente, lo que facilitará su memorización.

Llamamos finalmente la atención sobre el hecho (esperable y feliz en este enojoso asunto de los verbos irregulares del español) de que solo ciertos tiempos simples se ven afectados por estas irregularidades sistemáticas, ya que los compuestos quedan exentos de ellas y sí solo afectados por las aberrantes del verbo auxiliar **haber**.

Se considera tradicionalmente como forma básica del verbo su infinitivo, cuya raíz (**cant-, tem-, part-**) será la que pueda presentar la irregularidad que, por lo mismo, llamaremos *radical* (adjetivo culto de <u>raíz</u>).

Grupos de verbos con irregularidad radical

1. Cambian **e** por **i**.
Ejemplo: medir.

Presente de indicativo	mido
	mides
	mide
	medimos
	medís
	miden
Pretérito indefinido	medí
	mediste
	midió
	medimos
	medisteis
	midieron
Presente de imperativo	mide
	medid
Presente de subjuntivo (todo)	mida, etc.
Pret. imp. de subjuntivo (todo)	midiera/midiese, etc.
Fut. imp. de subjuntivo (todo)	midiere, etc.
Gerundio	midiendo

Otros verbos corrientes de este grupo son **pedir**, **elegir**, **corregir**, **seguir**, **rendir**, **vestir**, **decir**, etc., y sus posibles compuestos (**despedir**, **conseguir**, etc.).

2. Cambian **o** por **ue**.
Ejemplo: acordar.

Presente de indicativo	acuerdo
	acuerdas
	acuerda
	acordamos
	acordáis
	acuerdan

Presente de subjuntivo	ac**ue**rde
	ac**ue**rdes
	ac**ue**rde
	acordemos
	acordéis
	ac**ue**rden
Presente de imperativo	ac**ue**rda
	acordad

Otros verbos corrientes de este grupo son **acostar**, **almorzar**, **avergonzar**, **consolar**, **contar**, **costar**, **forzar**, **mostrar**, **probar**, **recordar**, **rodar**, **soltar**, **sonar**, **soñar**, **volar**, **volcar**, **colgar**, **encontrar**, **cocer**, **oler**, **doler**, **volver**, **torcer**, **morder**, **llover**, **mover**, etc., y sus posibles compuestos (**comprobar**, **demostrar**, etc.).

3. Cambian **i** por **ie**.
Ejemplo: *adquirir*.

Presente de indicativo	adqu**ie**ro
	adqu**ie**res
	adqu**ie**re
	adquirimos
	adquirís
	adqu**ie**ren
Presente de subjuntivo	adqu**ie**ra
	adqu**ie**ras
	adqu**ie**ra
	adquiramos
	adquiráis
	adqu**ie**ran
Presente de imperativo	adqu**ie**re
	adquirid

Otro verbo corriente de este grupo es **inquirir**, únicamente.

4. Cambian **u** por **ue**.
Ejemplo único: *jugar*.

Presente de indicativo	j**ue**go
	j**ue**gas
	j**ue**ga
	jugamos
	jugáis
	j**ue**gan

Presente de subjuntivo	**jue**gue
	juegues
	juegue
	juguemos
	juguéis
	jueguen
Presente de imperativo	**jue**ga
	jugad

5. Cambian **e** por **ie**.
Ejemplo: alentar.

Presente de indicativo	al**ie**nto
	al**ie**ntas
	al**ie**nta
	alentamos
	alentáis
	al**ie**ntan
Presente de subjuntivo	al**ie**nte
	al**ie**ntes
	al**ie**nte
	alentemos
	alentéis
	al**ie**nten
Presente de imperativo	al**ie**nta
	alentad

Otros verbos corrientes de este grupo son **acertar**, **apretar**, **atravesar**, **calentar**, **cerrar**, **comenzar**, **confesar**, **despertar**, **empezar**, **fregar**, **gobernar**, **helar**, **merendar**, **negar**, **nevar**, **pensar**, **regar**, **segar**, **sembrar**, **sentar**, **serrar**, **tropezar**, **temblar**, **defender**, **encender**, **tender**, **perder**, **verter**, **cernir**, etc., y sus compuestos (**recalentar**, **encerrar**, **entender**, etc.).

6. Cambian **o** por **u** en unas formas y por **ue** en otras.

Ejemplo: morir.

Presente de indicativo	m**ue**ro
	m**ue**res
	m**ue**re
	morimos
	morís
	m**ue**ren

Pretérito indefinido	morí
	moriste
	murió
	morimos
	moristeis
	murieron
Presente de subjuntivo	**mue**ra
	mueras
	muera
	muramos
	muráis
	mueran
Presente de imperativo	**mue**re
	morid
Pret. imp. de subjuntivo (todo)	**mu**riera/**mu**riese, etc.
Fut. imp. de subjuntivo (todo)	**mu**riere, etc.
Gerundio	**mu**riendo

Otro verbo corriente de este grupo es **dormir**, únicamente.

7. Cambian **e** por **i** en unas formas y por **ie** en otras.
Ejemplo: *mentir*.

Presente de indicativo	m**ie**nto
	m**ie**ntes
	m**ie**nte
	mentimos
	mentís
	m**ie**nten
Pretérito indefinido	mentí
	mentiste
	m**i**ntió
	mentimos
	mentisteis
	m**i**ntieron
Presente de imperativo	m**ie**nte
	mentid
Presente de subjuntivo	m**ie**nta
	m**ie**ntas
	m**ie**nta
	m**i**ntamos
	m**i**ntáis
	m**ie**ntan

| *Pret. imp. de subjuntivo* (todo) | mintiera/mintiese, etc. |
| *Fut. imp. de subjuntivo* (todo) | mintiere, etc. |

Otros verbos corrientes de este grupo son **sentir**, **hervir**, **arrepentirse**, **digerir**, **preferir**, **requerir**, **advertir**, **convertir**, **erguir**, etc., y sus posibles compuestos (**presentir**, **desmentir**, etc.).

8. Cambian **c** por **g**.
Ejemplo: *hacer*.

Presente de indicativo	hago
	haces
	hace
	hacemos
	hacéis
	hacen
Presente de subjuntivo (todo)	haga, etc.

Otros verbos corrientes de este grupo son **satisfacer**, **yacer** y sus posibles compuestos (**contrahacer**, **deshacer** y **rehacer**, únicamente).

9. Añaden una consonante. Hay varios casos:
a) c>zc. *Ejemplo*: *nacer*.

Presente de indicativo	nazco
	naces
	nace
	nacemos
	nacéis
	nacen
Presente de subjuntivo (todo)	nazca, etc.

Otros verbos corrientes de este grupo son **pacer**, **conocer**, **lucir**, **placer** y sus posibles compuestos (**renacer**, **desconocer**, etc.). Además, **yacer** y todos los verbos acabados en **-ecer** (excepto **mecer**) y en **-ducir** (ejs.: *amanecer, parecer; conducir, introducir*).

b) c>zg. *Ejemplo* único: *yacer*.

Presente de indicativo	yazgo
	yaces
	yace
	yacemos
	yacéis
	yacen
Presente de subjuntivo (todo)	yazga, etc.

c) **l>lg**. _Ejemplo_ único: _salir_ (y sus compuestos _resalir_ y _sobresalir_).

Presente de indicativo	salgo
	sales
	sale
	salimos
	salís
	salen
Presente de subjuntivo (todo)	salga, etc.

d) **n>ng**. _Ejemplo_: _poner_.

Presente de indicativo	pongo
	pones
	pone
	ponemos
	ponéis
	ponen
Presente de subjuntivo (todo)	ponga, etc.

Otros verbos corrientes de este grupo son **tener**, **venir** y sus posibles compuestos (**componer**, **retener**, **subvenir**, etc.).

e) **s>sg.** _Ejemplo_ único: _asir_ (y su compuesto _desasir_).

Presente de indicativo	asgo
	ases
	ase
	asimos
	asís
	asen
Presente de subjuntivo (todo)	asga, etc.

Estos dos verbos apenas se usan; tal vez solo en las formas con **-i-**.

f) **o>oy**. _Ejemplo_ único: _oír_ (y sus compuestos _desoír_, etc.).

Presente de indicativo	(oigo) otra irregularidad
	(nº12 b)
	oyes
	oye
	oímos
	oís
	oyen

Presente de imperativo	**oye**
	oíd

g) u>uy. *Ejemplo*: *concluir*.

Presente de indicativo	concl**uyo**
	concl**uyes**
	concl**uye**
	concluimos
	concluís
	concl**uyen**

Presente de imperativo	concl**uye**
	concluid

Presente de subjuntivo (todo)	concl**uy**a, etc.

Otros verbos corrientes de este grupo son todos los acabados en **-uir** (**huir**, **constituir**, **construir**, **diluir**, **disminuir**, **atribuir**, etc.).

10. Cambian **ab** por **ep**.

Ejemplo: *caber*.

Presente de indicativo	qu**epo**
	cabes
	cabe
	cabemos
	cabéis
	caben

Presente de subjuntivo (todo)	qu**ep**a, etc.

Otro verbo corriente de este grupo es **saber**, único y afectado tan solo en el presente de subjuntivo (s**ep**a, etc.).

11. Cambian **ec** por **ig**.

Ejemplo único: *decir* (y sus compuestos *maldecir*, etc.)

Presente de indicativo	d**ig**o
	(dices) otra irregularidad
	(nº1)
	(dice) " "
	decimos
	decid
	(dicen) " "

Presente de subjuntivo (todo)	d**ig**a, etc.

12. Añaden una vocal y una consonante. Hay dos casos:

a) a>aig. *Ejemplo*: *traer*.

Presente de indicativo	tra**ig**o
	traes
	trae
	traemos
	traéis
	traen

Presente de subjuntivo (todo)   tra**ig**a, etc.

Otros verbos corrientes de este grupo son **caer**, **raer** y sus posibles compuestos (**recaer**, **decaer**, etc.).

b) o>oig. *Ejemplo*: *roer*.

Presente de indicativo	r**oig**o
	roes
	roe
	roemos
	roéis
	roen

Presente de subjuntivo (todo)   r**oig**a, etc.

Otros verbos corrientes de este tipo son **oír** y sus compuestos, los cuales participan también de la irregularidad nº 9 f.

Grupos de verbos con irregularidad desinencial

13. Cambian **e** por **d** en todo el futuro y el condicional. *Ejemplo*: *poner*.

Fut. imp. de indicativo (todo)   pon**d**ré, etc. (en vez de <u>poneré</u>)

Condicional imperfecto (todo)   pon**d**ría, etc. (en vez de <u>ponería</u>)

Otros verbos corrientes de este grupo son **tener**, **valer** y sus posibles compuestos (**proponer**, **retener**, **prevaler**, etc.).

14. Cambian **i** por **d** en todo el futuro y el condicional. *Ejemplo*: *salir*.

Fut. imp. de indicativo (todo)   sal**d**ré, (en vez de <u>saliré</u>)

Condicional imperfecto (todo)   sal**d**ría, (en vez de <u>saliría</u>)

Otros verbos corrientes de este grupo son **venir** y sus compuestos (**provenir**, **prevenir**, etc.).

15. Añaden **-y** a la 1ª persona singular del presente de indicativo.

Ejemplo: dar.

Presente de indicativo doy (en vez de <u>do</u>)
das
da

damos
dais
dan

Otros verbos corrientes de este grupo son **estar**, **ser**, **ir**.

16. Pierden una **-e-**. Hay varios casos:

a) **-e-** se contrae con otra **e** en algunas formas.

Ejemplo: ver (comparado con <u>proveer</u>)

Presente de indicativo veo   (=proveo)
ves   (≠provees)
ve   (≠provee)

vemos (≠proveemos)
veis   (≠proveéis)
ven   (≠proveen)

Presente de imperativo ve   (≠provee)
ved   (≠proveed)

Otro verbo corriente de este grupo es **ser**, únicamente y tan solo en el presente de imperativo (**sé**, **sed**, comparado con <u>posee</u>, <u>poseed</u>).

b) **-e-** desaparece históricamente en futuro y condicional.

Ejemplo: caber.

Futuro de indicativo (todo) cabré, etc. (en vez de
<u>caberé</u>)

Condicional imperfecto (todo) cabría, etc. (en vez de
<u>cabería</u>)

Otros verbos corrientes de este grupo son **haber**, **querer**, **saber**.

c) **-e-** desaparece históricamente en algunos imperativos.

Ejemplo: hacer.

Presente de imperativo haz (en vez de <u>hace</u>)
haced

Otros verbos corrientes de este grupo son **poner**, **salir**, **tener**, **venir**.

17. Pierden una **-i-**, que se contrae con otra **i** en algunas formas.
Ejemplo: *reír*.

Pretérito indefinido	reí
	reíste
	rió (en vez de <u>riió</u>)
	reímos
	reíste
	rieron
	(en vez de <u>riieron</u>)
Pret. imp. de subjuntivo (todo)	riera/riese, etc. (en vez de <u>riiera</u>)
Fut. imp. de subjuntivo (todo)	riere, etc.(en vez de <u>riiere</u>)
Gerundio	riendo (en vez de <u>riiendo</u>)

De este grupo son los verbos acabados en **-eír** (**freír**, **desleír**, etc.).

18. Pierden una **-i-** absorbida por las consonantes **ll ñ** (fonéticamente palatales).
Ejemplos: *bullir*, *teñir*.

Pretérito indefinido	bullí	teñí
	bulliste	teñiste
	bulló	tiñó
		(por <u>bullió</u>, <u>tiñió</u>)
	bullimos	teñimos
	bullisteis	teñisteis
	bulleron	tiñeron (por <u>bullieron</u>, <u>tiñieron</u>)
Pret. imp. de subj. (todo)	bullera	tiñera (por <u>bulliera</u>, <u>tiñiera</u>)
	bullese	tiñese (por <u>bulliese</u>, <u>tiñiese</u>)
	etc.	etc.
Fut. imp. de subj. (todo)	bullere	tiñere (por <u>bulliere</u>, <u>tiñiere</u>)
	etc.	etc.
Gerundio	bullendo	tiñendo (por <u>bulliendo</u>, <u>tiñiendo</u>)

De este grupo son los verbos acabados en **-ullir**, **-añer**, **-añir**, **-eñir**, **-iñir**, **-uñir** (**tañer**, **ceñir**, **gruñir**, etc.).

Casos de irregularidad mixta

19. Pierden una consonante radical y una vocal desinencial. Hay dos casos:

a) En el verbo **hacer**:

Futuro de indicativo (todo)	haré, etc. (en vez de <u>haceré</u>)
Condicional imperfecto (todo)	haría, etc. (en vez de <u>hacería</u>)

b) En el verbo **decir**:

Futuro de indicativo (todo)	diré, etc. (en vez de <u>deciré</u>)
Condicional imperfecto (todo)	diría, etc. (en vez de <u>deciría</u>)
Presente de imperativo	di (en vez de <u>dice</u>) decid (obsérvese la irregularidad nº 1 en las demás formas)

20. Presentan irregularidades simultáneas en la raíz y desinencia de las seis formas de los pretéritos indefinidos de indicativo. Se trata del caso conocido con el nombre de «perfectos fuertes», a causa de su especial estructura tónica. Damos la lista de los verbos afectados:

andar	and**uve**	
caber	c**upe**	
conducir	cond**uje**	(más todos los acabados en **-ducir**)
decir	d**ije**	
estar	est**uve**	
hacer	h**ice**	
haber	h**ube**	
placer	pl**ugo**	(solo la 3ª persona singular, que tiene además variante regular: *plació*)
poder	p**ude**	
poner	p**use**	
querer	qu**ise**	
responder	rep**use**	(tiene variante regular: *respondí*)
saber	s**upe**	
satisfacer	satis**fice**	
tener	t**uve**	
traer	tra**je**	
venir	v**ine**	

Otros verbos corrientes de este grupo son todos los compuestos de los citados (**desdecir**, **bendecir**, **rehacer**, **componer**, **retener**, **contravenir**, etc.) excepto **corresponder**, que es regular.

21. Finalmente, presentan también irregularidades simultáneas en raíz y desinencia algunos participios. Veamos la lista completa:

abrir	ab**ierto**	
absolver	abs**uelto**	
cubrir	cub**ierto**	
decir	d**icho**	
escribir	escr**ito**	
freír	fr**ito**	(hay también un regular *freído*)
hacer	h**echo**	
imprimir	impr**eso**	(hay también un regular *imprimido*)
morir	m**uerto**	
poner	p**uesto**	
prender	pr**eso**	(solo se usa como adjetivo o sustantivo)
romper	r**oto**	
ver	v**isto**	
volver	v**uelto**	

Otros verbos corrientes de este grupo son todos los compuestos de los citados (**entreabrir**, **descubrir**, **describir**, **deshacer**, **reponer**, **revolver**, etc.) excepto **bendecir** y **maldecir**, y los del verbo **prender**, que son regulares. Precisa incluir asimismo todos los verbos acabados en **-solver**, que emparentados con **absolver** tienen su misma irregularidad (**disolver**/di**suelto**, etc.).

Verbos irregulares asistemáticos

Llamados también <u>aberrantes</u>, estos verbos presentan, por razones históricas diversas, paradigmas realmente caóticos. Unas formas resultan ser regulares, otras pertenecen a alguno de los grupos de irregularidad sistemática y otras, en fin, aparecen como inclasificables. Solo tres verbos españoles entran en esta categoría: **haber**, **ser**, **ir**. Los tres importantes, como se ve, tal vez por ese orden, ya que el primero nos sirve para la formación de los tiempos compuestos expuestos más arriba. Por mor de la brevedad, en los paradigmas que van a continuación damos completos solo los tiempos aberrantes. Tampoco incluimos los tiempos compuestos por ser absolutamente regulares desde el punto de vista de su estructuración.

	Haber	**Ser**	**Ir**
Modo indicativo			
Presente	he	soy	voy
	has	eres	vas
	ha, hay	es	va
	hemos	somos	vamos
	habéis	sois	vais
	han	son	van
Pretérito imperfecto	había, etc.	era	iba
		eras	ibas
		era	iba
		éramos	íbamos
		erais	ibais
		eran	iban
Pretérito indefinido	hube	fui	fui
	hubiste	fuiste	fuiste
	hubo	fue	fue
	hubimos	fuimos	fuimos
	hubisteis	fuisteis	fuisteis
	hubieron	fueron	fueron
Futuro imperfecto	habré, étc.	seré, etc.	iré, etc.
Condicional imperfecto	habría, etc.	sería, etc.	iría, etc.
Modo subjuntivo			
Presente	haya	sea	vaya
	hayas	seas	vayas
	haya	sea	vaya
	hayamos	seamos	vayamos
	hayáis	seáis	vayáis
	hayan	sean	vayan

Pretérito imperfecto	hubiera/ hubiese, etc.	fuera/ fuese	fuera/ fuese
		fueras/ fueses	fueras/ fueses
		fuera/ fuese	fuera/ fuese
		fuéramos/ fuésemos	fuéramos/ fuésemos
		fuerais/ fueseis	fuerais/ fueseis
		fueran/ fuesen	fueran/ fuesen
Futuro imperfecto	hubiere, etc.	fuere	fuere
		fueres	fueres
		fuere	fuere
		fuéremos	fuéremos
		fuereis	fuereis
		fueren	fueren

Modo imperativo

Presente	–	sé	ve
	–	sed	id

Formas no personales

Infinitivo simple	haber	ser	ir
Gerundio simple	habiendo	siendo	yendo
Participio	habido	sido	ido

Observaciones

<u>Sobre las irregularidades sistemáticas.</u> A lo largo del estudio de cada grupo se observa que la mayor parte de irregularidades afecta a los presentes, no siempre a los tres pero sí las más de las veces. Menos ya, otras irregularidades afectan al pretérito indefinido y tiempos emparentados con él (pretérito imperfecto y futuro imperfecto de subjuntivo). El pretérito imperfecto de in-

dicativo es siempre regular, con la única excepción del verbo **ir** (**iba** por **ía**). El futuro imperfecto y el condicional imperfecto de indicativo presentan irregularidades en contados verbos.

En cuanto a las formas no personales, solo son irregulares los gerundios de los grupos 1 y 6, y los pocos participios de irregularidad mixta.

<u>Sobre las irregularidades asistemáticas.</u> Son espectaculares las anomalías del verbo **haber** en el presente de indicativo, debidas a su tremendo desgaste como verbo auxiliar. En cuanto a **ser** e **ir**, sus anomalías derivan del hecho de que ambos verbos proceden a su vez de otros dos verbos latinos, razón por la que se les conoce también con el adjetivo de *polirrizos* (varias raíces).

Ejercicio *(Analice las formas verbales subrayadas indicando, como en el ejercicio anterior semejante, persona, número, tiempo, modo y verbo irregular del grupo que sea.)*

Ejemplo tomado de nuestro paréntesis: «sea», 3ª persona del singular del presente de subjuntivo del verbo *ser*, irregular asistemático.

<u>Pidamos</u> si queremos que nos den.

Me aconsejaron que no <u>sintiera</u> vergüenza por aquello.

Les <u>dije</u> que <u>habría</u> más nieve de la que nos imaginábamos.

<u>Vinieron</u> las lluvias; me <u>pondré</u> el impermeable.

<u>Estoy</u> harto. Lo <u>haré</u> <u>caiga</u> quien caiga.

<u>Quisiste</u> que <u>condujera</u> Juanito y así <u>van</u> las cosas.

<u>Di</u>: ¿<u>parezco</u> lo que realmente <u>soy</u>?

No le <u>cupo</u> la menor duda: le habían <u>roto</u> la cerradura para robarle.

¿<u>Piensas</u> que <u>tienes</u> razón? Pues yo no lo <u>entiendo</u>, para que lo <u>sepas.</u>

Ejercicio *(Ponga los verbos irregulares que van entre paréntesis en alguna forma acorde con el contexto de la frase y la indicación que haya.)*

Palmira espera que su futuro hijo (nacer) para la primavera.

A la vista de las huellas dactilares (deducir, pret. indefinido) la policía que J.B. no (ser, pret. imp. de indicativo) el culpable.

El antídoto (servir, pret. indefinido) para que no (morir, pret. imp. de subjuntivo) envenenado el pobre rapaz.

(Recordar, imperativo) que tienes que ir (corregir, gerundio) los ejercicios.

Me (sugerir, pret. indefinido) Eduvigis que te (venir, pret. imp. de subjuntivo) a ver y aquí (estar, presente de indicativo).

(Ir, pret. imp. de indicativo) como un loco y le han (volver, participio) a recluir.

FUNCIÓN

Con el verbo predicamos algo de un sustantivo (o del pronombre que le haya sustituido) al cual vamos ya a empezar a nombrar con la denominación funcional de *sujeto*. No nos puede, por tanto, extrañar que lo que se predica del ese sujeto sea llamado *predicado*. El verbo, pues, es el centro del predicado. El sustantivo sujeto y el verbo predicado han de concordar en persona y número. Como lo primero que surge en nuestra mente es la persona, animal o cosa de los que queremos decir algo, parece lógico pensar que es el verbo el que se adapta a la persona y número del sustantivo:

Los dinosaurios existieron hace ya milenios.
       3ªp.pl   3ªp.pl

Él opina así; nosotros disentimos.
3ªp.sing. 3ªp.sing.   1ªp.pl.   1ªp.pl.

SIGNIFICADO Y USO
DE LOS TIEMPOS Y MODOS VERBALES

Sabemos ya distinguir y usar los accidentes de persona y número por haberlos encontrado antes en sustantivos, adjetivos y pronombres. Pero tiempo y modo son exclusivos del verbo y es preciso explicar su contenido después de haber contemplado su representación formal en los paradigmas. Igual que tiempo y modo van entrelazados en las desinencias, también es en conjunto como significan algo, por lo que daremos nuestras especificaciones siguiendo el mismo orden de presentación empleado en los paradigmas. Recordemos que la terminología de tiempos y modos refleja pobremente el verdadero valor de cada uno de los tiempos verbales y ello principalmente porque en muchos casos no se corresponden éstos con el tiempo real, como comprobaremos inmediatamente.

<u>Presente de indicativo</u>. Puede significar un proceso real en cualquier tiempo, ya sea pasado, presente o futuro; o incluso en tiempo continuo:

*Colón **llega** a América en 1492 y **desembarca** en Guanahaní.* (pasado)
*Querido lector: te **saludo** ahora que **estás** ahí leyéndome.* (presente)

97

*Este fin de semana que viene me **voy** a la montaña.* (futuro)
*El hombre **es** mortal.* (continuo)

<u>Pretérito imperfecto de indicativo</u>. Significa un proceso pasado durativo e inacabado, corrientemente en relación con otro proceso simultáneo:

***Vivía** yo por aquel entonces en Arequipa.*
*Oímos la noticia en el momento en que **entrábamos**.*

Puede llegar hasta el momento presente:

***Venía** a verle a usted para pedirle un favor.* (ahora)

<u>Pretérito indefinido de indicativo</u>. Indica un proceso absolutamente pasado más bien puntualmente. Su uso está muy extendido en América, donde va poco a poco invadiendo el campo del pretérito perfecto:

*La semana pasada **hubo** dos atentados.*
*En 1939 **empezó** la segunda guerra mundial.*

<u>Futuro imperfecto de indicativo</u>. Marca un proceso futuro sin indicar cuándo termina. Coloquialmente puede asumir cierto matiz imperativo:

*No **volveré** a hacerlo.* (futuridad)
*Pues **saldrás** de aquí antes de que te lo repita.* (mandato)

Por su propio carácter eventual tiene un uso interesantísimo en español que consiste en trasladar el tiempo del proceso al presente, lo que le confiere un claro matiz de probabilidad:

*Aún no ha llegado Clarita. **Estará** de camino.* (probablemente)
*¿Qué hora tienes? –No llevo reloj. **Serán** las dos.* (suposición)

<u>Condicional imperfecto de indicativo</u>. Indica un proceso futuro en relación con otro ya pasado. Esa futurición relativa puede coincidir con cualquier tiempo absoluto (pasado, presente, futuro). Véase:

*Los secuestradores le aseguraron que la **soltarían** ayer, quizá hoy, tal vez mañana.*

En las oraciones condicionales que estudiaremos en la segunda parte de nuestra gramática, puede significar un proceso presente o futuro:

*Si tuviera dinero, me **compraría** ahora mismo un Cadillac o, mejor, me lo **compraría** el verano próximo para presumir.*

Asimismo puede marcar la probabilidad en relación con un proceso pasado y simultáneo:

*Cuando no se casó es porque **estaría** desilusionado.*

<u>Presente de subjuntivo</u>. Marca simultaneidad o posterioridad con respecto al tiempo presente o futuro:

*No creo que tu padre **venga** ya de camino.* (simultaneidad con presente)
*No creo que tu padre **venga** ni siquiera mañana.* (posterioridad)
*Cuando vuelva, le diré que se **quede**.* (simultaneidad con futuro)
*Cuando vuelva, le diré que en adelante no se **marche**.* (posterioridad)

<u>Pretérito imperfecto de subjuntivo</u>. Indica un proceso irreal en tiempo pasado, presente o futuro. Así, puede marcar anterioridad con respecto al tiempo presente o futuro:

*No estoy de acuerdo con que **sucediese** así.* (anterioridad con presente)
*Si **muriera** Juan, le heredaría su nieto.* (con futuro)

O bien, simultaneidad con respecto al tiempo pasado o futuro:

*Confiaba yo en que me **comprendiera**.* (simultaneidad con pasado)
*Más adelante consentiría que le **criticasen**.* (con futuro)

O posterioridad también con respecto a los mismos:

*Le pidieron que **tocase** algo de Chopin.* (posterioridad con pasado)
*En caso de necesidad, aceptaríamos que nos **ayudase**.* (con futuro)

<u>Futuro imperfecto de subjuntivo</u>. No se usa ya en la lengua hablada y muy poco en la escrita. Tal vez solo en la jerga legal y bandos oficiales. Significa eventualidad anterior o simultánea al futuro cronológico:

*Se aplicará el art. 4º a quienes no se **presentaren**.* (anterior a futuro)
*Serán reclutados si se **presentaren** sin demora.* (simultáneo)

Hoy se emplean en su lugar el presente o el pretérito imperfecto:

*Se aplicará el art. 4º a quienes no se **presenten**.*
*Serán reclutados si se **presentaran** sin demora.*

<u>Presente de imperativo</u>. Significa un mandato en tiempo presente o futuro cronológicos:

Pega, pero escucha. (frase histórica)
Adiós. Cuando llegues allí, telefonea.

Por su especial contenido este tiempo carece de forma negativa, la cual es suplida en nuestra lengua con la del presente de subjuntivo:

No pegues. No escuches. No telefonees.

<u>Pretérito perfecto de indicativo</u>. Significa un proceso pasado en cualquier periodo de tiempo que incluya el día de hoy:

Este año ha habido muchos atentados.

y, por supuesto, lo sucedido hoy:

Esta tarde ha llovido un poco.

y lo pasado que se prolonga hasta el presente:

Sólo sé lo que he aprendido.

En Latinoamérica este tiempo es frecuentemente sustituido por el pretérito indefinido, modo y moda que se va extendiendo a través de los medios de comunicación orales.

<u>Pretérito pluscuamperfecto de indicativo</u>. Significa un proceso pasado anterior a otro también pasado. Aparece así con anterioridad a un imperfecto o a un indefinido:

Ernesto pensaba que se lo habían dicho para asustarle.
Comimos tarde, pero antes habíamos tomado el aperitivo.

<u>Pretérito anterior de indicativo</u>. Es un tiempo que no se usa en la lengua hablada y poco en la escrita. Marca un proceso pasado inmediatamente a otro proceso también pasado:

En cuanto hubo bebido la pócima, se desplomó.

Se emplea corrientemente en su lugar el pretérito indefinido:

En cuanto bebió la pócima, se desplomó.

<u>Futuro perfecto de indicativo</u>. Significa un proceso futuro acabado antes que otro proceso también futuro:

Acabará el curso en junio, pero en mayo ya habremos visto el verbo.

y, correspondiéndose con el futuro imperfecto de probabilidad, puede también marcarla para un tiempo pasado próximo:

*¿Dónde estarán los alumnos que faltan? –Se **habrán ido** a su casa.*

Condicional perfecto de indicativo. Con respecto a un proceso pasado marca otro proceso futuro que aparece acabado antes de un tercer momento. Así pues, se trata de un tiempo doblemente relativo:

*En Navidad aseguró que para Reyes lo **habría conseguido**.*

En las oraciones condicionales indica tiempo pasado:

*Si hubiera podido, lo **habría hecho** ya.*

Y, finalmente, en correspondencia con el condicional imperfecto, marca la probabilidad pasada anterior a otro pasado:

*El campeón luchó sin fuerzas. **Habría estado** de juerga la noche antes.*

Pretérito perfecto de subjuntivo. Marca un proceso anterior a un presente o a un futuro:

*La mamá confía en que su hijo **haya triunfado**.* (anterior a presente)
*Te daré el premio cuando **hayas sacado** buenas notas.* (a futuro)

Pretérito pluscuamperfecto de subjuntivo. Significa proceso eventual anterior a otro proceso ya pasado:

*El cuidador no aceptó que el campeón **hubiera estado** de juerga.*

En las oraciones condicionales marca anterioridad al tiempo futuro:

*Me gustaría ir allá en junio, si antes **hubiese acabado** este libro.*

o al tiempo presente, retrotrayendo entonces la hipótesis al pasado cronológico de tal modo que cae en la irrealidad:

*Te pagaría con un cheque, si **hubiera traído** el talonario.* (pero no lo he traído)

Futuro perfecto de subjuntivo. Tiempo obsoleto como el simple correspondiente. Indica proceso anterior al futuro imperfecto:

*Quienes no se presentaren antes de que **hubiere caducado** el plazo, serán penalizados con la mayor severidad.*

Se sustituye hoy día con el pretérito perfecto:

*Quienes no se presentaren antes de que **haya caducado** el plazo, etc.*

Ejercicio *(En las frases se proponen opciones entre dos formas verbales. Tache la que considere inadecuada.)*

González nos sugeriría/sugirió ayer que confiemos/confiamos en el futuro.

Los países vecinos aceptaron/han aceptado esa solución en 1990.

Supongo que Juan habría/habrá hecho lo que le he dicho/diré.

Si pudiera/podría, iría/fuera al lago Titicaca.

Mañana nieva/nevará seguro en Nueva York.

La historia del cristianismo dio/ha dado muchos santos.

Me figuro que Hernández estaría/estará ahora en Santo Domingo.

Haz lo que podrás/puedas y todos estaríamos/estaremos contentos.

Los mamíferos se llamaban/llaman así porque mamarán/maman.

Le alegró saber que tendrá/tendría un hijo.

SIGNIFICADO Y USO
DE LAS FORMAS NO PERSONALES

Estas formas verbales solo tienen en común con las otras ya estudiadas la raíz y cierta capacidad de rodearse de adjuntos que veremos en la segunda parte de nuestra gramática. Por lo demás, carecen de los cuatro accidentes típicos del verbo, o sea, los ya vistos persona (por eso se llaman «no personales»), número, tiempo y modo.

Disfrutan, por el contrario, de una doble naturaleza gramatical que los acerca al sustantivo (el infinitivo), al adjetivo (el participio) y al adverbio (el gerundio). Veámoslo.

Infinitivo. Asume, como veremos más adelante, las funciones gramaticales propias del sustantivo (sujeto, etc.) y puede incluso acompañarse del artículo determinante masculino singular:

*No **comer** por **haber comido** no es enfermedad de peligro.* (refrán)

***El tratar** mal a los animales es signo de incivilidad.*

El compuesto marca anterioridad con respecto al simple.

<u>Gerundio</u>. Lo volveremos a encontrar en funciones propias de los adverbios:

*Me la encontré **llorando** como una Magdalena.*
Habiendo observado** algo anormal, el pobre Albertito vino a casa **corriendo.

El compuesto marca anterioridad con respecto al simple. Contrariamente a otras lenguas (inglés, francés, etc.) no tiene naturaleza adjetiva, por lo que son incorrectas frases como la siguiente:

*La policía descubrió un paquete **conteniendo** una bomba de relojería.*

<u>Participio</u>. Tiene funciones adjetivas y llega incluso a admitir las variaciones de género, número y grado, cuando no acompaña, por supuesto, al verbo auxiliar **haber** en la formación de los tiempos compuestos:

*Ayer se debatieron **discutidísimas** cuestiones.*
fem.,pl.,sup.abs.

*Este neumático está **más usado** que ese.*
masc.,sing.,comp.+

Ejercicio *(Rellene los espacios ocupados por la forma no personal. Para los casos de gerundio y participio señalamos el infinitivo que representa al verbo correspondiente; para el propio caso del infinitivo ponemos un sustantivo de la misma familia léxica.)*
Ejemplo:
Es importante inf.comprensión a los niños. Solución: comprender.
Tras años de espera tuvieron el hijo tan part.desear
Disfruto ger.trabajar cuando trabajo ger.enseñar.
Antes de inf.conducción una moto pesada precisa inf.comp.conducción una ligera.
Obra part.empezar, medio part.acabar.
No es lo peor inf.la muerte sino inf.la vida ger.sufrir.

LAS PERÍFRASIS VERBALES

Llamamos así a la unión de dos verbos, el segundo en forma no personal, el primero con carácter auxiliar y significado más o menos distinto del que le es propio. Las hay, pues, de infinitivo, gerundio o participio.

Damos seguidamente relación de las más usadas:

De infinitivo	De gerundio	De participio
Acabar de *hacer*	Acabar *haciendo*	Considerar *hecho*
Deber	Andar	Dar por
Deber de	Continuar	Haber
Dejar	Disfrutar	Ir
Dejar de	Estar	Llevar
Echarse a	Ir	Quedar
Empezar a	Llevar	Seguir
Haber de	Quedarse	Tener
Haber que	Salir	Traer
(unipersonal)	Seguir	
Intentar	Venir	
Ir a		
Llegar a		
Pensar		
Poder		
Ponerse a		
Pretender		
Sentir		
Soler		
Tener que		
Venir a		
Volver a		

Ejemplos

Tuve que salir. Se echó a llorar. Empezamos a rezar. Pudieron escapar.

Continúo haciendo lo mismo. Llevaba trabajando dos horas. Acabó aceptando.

Tengo escritos otros libros. Dio por perdidas las elecciones. Considero acabado este capítulo.

PUNTUALIZÁNDOLO CON UN ADVERBIO CONVENIENTE

Adverbios			
variables		*invariables*	
En -mente	Otros	Simples	Compuestos (locuciones)
(base+des. de grado+mente)	(base+des. de grado+termi-nación)	(base)	(base+base+...)
estupendamente/ estupendísima-mente	cerca/ cerquísima	aquí	a sabiendas
primeramente/ primerísima-mente	lejos/ lejísimos	ahora	poco a poco
etc.	etc.	etc.	etc.
Clasificación nocional			
Lugar Orden	Tiempo Afirmación	Modo Negación	Cantidad Duda

Así como habíamos completado nuestro sustantivo con algún adjetivo, podemos hacer algo parecido con el verbo completándolo con un adverbio. De este modo puntualizaremos el proceso verbal añadiendo alguna de las circunstancias en que se desarrolla:

Un trabajo placentero.
    sus.   adj.

Yo trabajo placenteramente.
    ver.   adv.

Pero aunque la palabra «adverbio» significa 'junto al verbo', su facultad de modificar se extiende al adjetivo y aun a otro adverbio:

Un trabajo muy placentero.
　　　　　 adv.　　　 adj.

Yo trabajo muy placenteramente.
　　　　　 adv.　　　 adv.

☞　Existe, pues, un gran paralelo entre los dos sistemas, paralelo que se extenderá a la capacidad de muchos adverbios de variar en grado como lo hacen en general los adjetivos. Precisamente en esa capacidad accidental (de variación) nos basaremos para hacer una primera clasificación de este heterogéneo grupo de palabras gramaticales, que se encuentra ya en el extremo de las que pueden variar de forma. Tal como se aprecia en el cuadro, dividimos los adverbios en las dos grandes clases de <u>variables</u> e <u>invariables</u>.

ADVERBIOS VARIABLES

Ahora hemos de hacer una nueva partición de estos adverbios, dividiéndolos en dos grupos según su constitución, pues los hay que tienen una forma *sui géneris* (<u>cerca</u>, <u>lejos</u>, etc.) y otros que resultan de la composición de un adjetivo con el sustantivo *mente* (<u>perfectamente</u>, <u>placenteramente</u>, etc.). Como sea que tal sustantivo es femenino singular, el adjetivo concuerda con él en la composición.

La caracterización de los adverbios variables es, por supuesto, formal. Son susceptibles de variar solo en grado, presentando los cuatro niveles que ya se vieron en el adjetivo (*Forma, pág. 32.*): *positivo, comparativo, superlativo relativo* y *superlativo absoluto*.

Veamos cuáles son los cuatro niveles de grado del adverbio:

1. <u>Grado positivo</u>: es la forma normal; así encontraremos el adverbio en el diccionario.

*Los Andes están **cerca**. Lo sé **perfectamente**.*

2. <u>Grado comparativo</u>: se expresa también con los adverbios **más** (superioridad) o **menos** (inferioridad).

*Los Andes están **más cerca** que el Himalaya.*
*Sé la tabla de multiplicar **menos perfectamente** que la de sumar.*

3. <u>Grado superlativo relativo</u>: como el adverbio carece de género y número este superlativo se forma añadiendo el artículo determinante neutro a los comparativos anteriores.

Los Andes están __lo más cerca__ que te puedas imaginar.
Sé la tabla de multiplicar __lo menos perfectamente__ posible.

4. <u>Grado superlativo absoluto</u>: en los adverbios en **-mente** la misma presencia del adjetivo condiciona la formación del grado del adverbio, coincidiendo ambos, como era de esperar. Recordemos que el superlativo absoluto se expresa con las desinencias **-ísimo** y **-érrimo** o con el adverbio **muy**.

Lo sé <u>perfectísimamente</u>: <u>muy perfectamente</u> obró.

Por la misma razón tendremos las formas cultas ya relacionadas en el adjetivo, a cuyas listas nos remitimos: *amabilísimamente, acérrimamente*, etc.

El segundo grupo de adverbios variables, los no compuestos con **-mente**, forman el superlativo absoluto exactamente del mismo modo.

Los Andes están <u>muy cerca</u>; sí, <u>cerquísima</u>.

Notas

Aquí encontramos también algunos heterónimos más o menos emparentados con los de los adjetivos citados en su capítulo:

	Positivo	Comparativo	Superlativo
1	mucho	más	(muchísimo)
2	poco	menos	(poquísimo)
3	bien	mejor	óptimamente
4	mal	peor	pésimamente
5	grandemente	mayormente	máximamente, máxime
6	pequeñamente	–	mínimamente
7	altamente	superiormente	supremamente, sumamente
8	bajamente	inferiormente	ínfimamente
9	externamente	exteriormente	extremamente
10	internamente	interiormente	íntimamente

Los positivos de 1 y 2 coinciden con los adjetivos homónimos. Los de 5, 6, 7 y 8 se usan poco.

Los comparativos de 1 y 2 coinciden igualmente con los de los adjetivos homónimos. Los de 3 y 4 coinciden con los de los adjetivos **bueno** y **malo**.

El de 6 no existe.

Los superlativos de 1 y 2 no son heterónimos. Los de 5 y 7 reseñados en primer lugar y el de 9 se usan poco. No así **máxime** y **sumamente,** que son muy populares. Con estos heterónimos compiten algunas formas populares, como **buenísimamente** y **malísimamente**.

Ejercicio *(Ponga el adverbio subrayado de la frase en el grado que pide el paréntesis correspondiente. Marcaremos superioridad con + e inferioridad con –.)*

Juanito estudia algo el inglés, pero su hermana sí que lo estudia (sup. abs. de <u>concienzudamente</u>).

Prefiero comer <u>poco</u>, beber (comp.) y dormir (sup. abs.)

Desde Yucatán hasta la Patagonia todos nos trataron (sup. abs. de <u>amablemente)</u> y nosotros correspondimos (sup. rel.+ de <u>cariñosamente</u>) posible.

Jaime llegó <u>tarde</u> a clase, Julio llegó (comp.+) aún y María llegó (sup.abs.) posible. Se vengó <u>crudelísimamente</u> de quienes le habían torturado (positivo).

Vivir peligrosamente: un lema que ayuda a morir (sup. abs. de <u>desastrosamente)</u>.

Pórtate <u>bien</u> y te sentirás (comp.). Quisiera que te sintieses (sup. rel.) posible. Pero te estás portando (sup. abs. de <u>mal</u>).

ADVERBIOS INVARIABLES

Este otro grupo de adverbios no reacciona ya a ningún accidente gramatical, por lo que sus miembros están estructuralmente más cerca de las llamadas tradicionalmente «partes invariables de la oración», a saber, preposición, conjunción e interjección, las cuales nos ocuparán en los capítulos siguientes.

Dicho lo cual, no nos detendremos apenas en el estudio de su forma, que es completamente arbitraria y fija por definición, ni en el de su función, que no difiere de la descrita más arriba para los adverbios variables. Es este aspecto, el funcional, el que hermana a estos dos grupos. Recordemos que consiste en modificar a verbos, adjetivos e incluso a otros adverbios.

Tal como se desprende del cuadro, podemos también aquí considerar dos clases de adverbios invariables, si tenemos en cuenta su constitución léxica: los simples y los compuestos, es decir, los que consisten en una sola palabra, y los que tienen varias y que se conocen con el nombre de **locuciones adverbiales**.

> *Rosita está **allí** saltando **a pie juntillas**.*
> simple   locución

> ***De cuando en cuando** suceden cosas que **no** comprendemos.*
> locución   simple

Repertorio

Concluimos el estudio del adverbio facilitando la relación de los principales y añadiendo alguna nota explicativa. Es inútil aspirar a ofrecer un catálogo de los variables en **-mente** como lo sería de los adjetivos que sirven de base a su formación: nos limitaremos a dar algunas muestras de este tipo, pero explotaremos los otros tres grupos (resto de los variables, invariables simples y locuciones), los cuales presentan elencos ciertamente reducidos que reuniremos y redistribuiremos con un criterio nocional en adverbios de lugar, tiempo, modo, cantidad, orden, afirmación, negación y duda, si bien cada columna los presentará por bloques estructurados y siguiendo el orden que hemos seguido en este mismo párrafo.

De lugar	De tiempo	De modo	De cantidad
abajo	primeramente	buenamente	bastante
adelante	últimamente	malamente	demasiado
adentro	....	....	harto
afuera	antes	adrede	medio
arriba	después	aprisa	mucho, muy
atrás	enseguida	bien	poco
cerca	incontinenti	deprisa	tanto, tan
debajo	tarde	despacio	casi
delante	temprano	inclusive	cuánto, cuán
dentro	....	mal	algo
detrás	anoche	expreso	etc.
encima	antaño	inclusive	
enfrente	ayer	incluso	
fuera	entonces	presto	
lejos	hogaño	solo	
....	hoy	tal	

acá	mañana	así
aquí	siempre	cómo
ahí	aún	como quiera
allá	mientras	aun
allí	todavía	apenas
adónde	ya	aposta
dónde	cuándo	alto
donde-	cuando	bajo
quiera	quiera	gratis
etc.	ahora	máxime
	pronto	etc.
	anteayer	
	pasado	
	mañana	
	etc.	

De orden	De afirmación	De negación	De duda
primera-	ciertamente	no	acaso
mente	verdadera-	nunca	quizá, quizás
sucesiva-	mente	jamás	etc.
mente	....	tampoco	
última-	sí	nada	
mente	cierto	ni siquiera	
....	también	nunca jamás	
antes	siquiera	etc.	
después	siempre		
etc.	etc.		

Nota

De los adverbios de cantidad, las formas **mucho**, **tanto** y **cuánto** se emplean con el verbo, y sus apócopes (reducciones) **muy**, **tan** y **cuán**, con adjetivos y adverbios. El adverbio de duda **quizá** tiene la doble grafía **quizás** de uso indistinto.

*Los quiero **mucho**, porque son **muy** simpáticos y se portan **muy** bien.*

*El campeón corre **tanto**, vuelve **tan** eufórico y descansa **tan** plácidamente que da gusto verle.*

*¡**Cuánto** disfrutamos aquel día, **cuán** felices nos sentimos y **cuán** presto llegó la hora de marcharse!*

LOCUCIONES ADVERBIALES

Con *a*	Con *de*	Con *por*	Otras
a veces	de pronto	por ahora	cada vez más
a menudo	de repente	por si acaso	más bien
a lo mejor	de seguida	por de pronto	así mismo
al buen	de momento	por lo pronto	frente a frente
tuntún	de cara	por fin	con mucho
a la francesa,	de perfil	por último	en el acto
etc.	de frente	por alto	en efecto
a cada paso	de través	por mayor	en resumen
a sabiendas	de golpe	por junto	en fin
a hurtadillas	de nuevo	etc.	sin más ni más
a diestro	de cuando		sin ton ni son
y siniestro	en cuando		tal vez
a ciegas	de vez		etc.
a la moda	en cuando		
a la chita	etc.		
callando			
a pie juntillas			
a oscuras			
a tientas			
a tontas			
y a locas			
a troche			
y moche			
al revés			
etc.			

Latinizantes

---

a priori, a posteriori, ad líbitum, in fraganti, ex profeso, motu proprio, ipso facto, de visu, etc.

Ejercicio *(Ponga en el lugar de los paréntesis un adverbio del tipo nocional allí mismo indicado.)*

Decía un portorriqueño: «(de lugar), en España, hablan con un acento un poco rudo».

Eran las tres de la madrugada y Eloísa no había regresado (de tiempo).

Me vestiré (de modo), porque me sobra tiempo.

Antonio comió en la cantina. (de orden) le dieron una sopa, (de orden) un bife.

Ha muerto de cirrosis; (de duda) bebía (de cantidad).

Carlos Gardel era argentino. El futbolista Maradona (de afirmación) lo es.

Los españoles han navegado (de cantidad) pero (de negación) han estado (de negación) en la Luna.

Ejercicio *(Sustituya la locución adverbial subrayada por un adverbio sinónimo.)*

Ejemplo: Lo hice a sabiendas = Lo hice conscientemente.

Voy <u>a menudo</u> al cine =

<u>A lo mejor</u> estudiaré francés cuando domine mejor el inglés =

A Mario le entraron ganas <u>de repente</u> de comerse un buen pastel =

Ese chico lo hace todo <u>a tontas y a locas</u> =

Me encuentro <u>a cada paso</u> con tu hermano =

Se marcharon los huéspedes sin decir ni pío, <u>a la chita callando</u> =

Estimado colega: te envío <u>ex profeso</u> mi declaración de guerra =

Apreciado compañero: rechazo <u>motu proprio</u> tu amable obsequio =

Después de tantos años, él y ella se casaron <u>por fin</u> =

El gamberro propinó un puñetazo <u>sin más ni más</u> al pobre vagabundo =

CONECTANDO LAS PALABRAS CON LAS PREPOSICIONES JUSTAS

Preposiciones		
Simples	*Agrupadas*	*Locuciones*
a	a por	encima de
ante	bajo de	debajo de
bajo	de a	delante de
cabe (obsoleta)	de entre	detrás de
con	desde por	al lado de
contra	hasta sobre	junto a
de	para con	conforme a
desde	para entre	acerca de
durante	por entre	alrededor de
en	tras de	frente a
entre		enfrente de
hacia		por encima de
para		por debajo de
por		
pro		
según		
sin		
so (limitada)		
sobre		
tras		

Comenzamos nuestro mensaje con un sustantivo que últimamente hemos relacionado con un verbo. Es decir, hemos predicado algo de un sujeto. Habíamos arropado el sustantivo con artículo y adjetivos y luego también hemos completado el verbo con algún adverbio:

El estudiante americano lee atentamente.
art.　　sus.　　　adj.　　verbo　　adv.

Con ello podemos asegurar que ya tenemos un pequeño mensaje expresado en español. Ahora bien, esos sustantivos, adjetivos, verbos y adverbios pueden llevar aditamentos unidos a ellos directamente en unas ocasiones o mediante un conector en otras:

buen estudiante	*estudiante **con** beca*
americano auténtico	*americano **de** Nicaragua*
lee libros	*lee **a** Rubén Darío*
muy atentamente	*atentamente **de** verdad*

Esos conectores que hemos destacado en la segunda columna son las *preposiciones*, llamadas así porque siempre preceden (recordemos el valor del prefijo latino **pre-**) a la palabra que conectan con aquel sustantivo, adjetivo, verbo o adverbio. De esto inferimos ya algo que nos será útil más tarde: que en español, contrariamente al inglés, no se da el caso de una preposición que no vaya seguida de alguna palabra. Esta palabra, que será un sustantivo, un pronombre o algo (locución, frase) equivalente, recibe el nombre de *término* de la preposición.

*Simpatizo **con** Abelardo y Eloísa.*
*Simpatizo **con** ellos.*
*Simpatizo **con** los que han sed de justicia.*

FORMA

Las seis clases de palabras gramaticales estudiadas en los capítulos anteriores variaban según ciertos accidentes, comunes unas veces, privativos otras. Las preposiciones, con las conjunciones y las interjecciones que se estudian en los capítulos siguientes, son partes invariables de la oración. La forma de las preposiciones es, por lo tanto, fija. Por lo demás, siendo su repertorio limitado, resulta fácil su memorización y reconocimiento.

Veamos las hoy día aceptadas como tales por la Academia Española:

a	**hacia**
ante	**hasta**
bajo	**mediante**
cabe (obsoleta)	**para**
con	**por**
contra	**pro**
de	**según**
desde	**sin**
durante	**so** (limitada)
en	**sobre**
entre	**tras**

SIGNIFICADO Y USO

a –Muy usada, pues tiene múltiples significaciones: lugar, tiempo, modo, distancia, precio, dirección, etc:

*Iré **a** Roma, saldré **a** las seis, lo haré **a** tu gusto, está **a** cinco quilómetros.*

ante –Sinónimo de *delante de*, pero de uso más elevado y figurado:

***Ante** Dios y **ante** los hombres, **ante** la justicia, **ante** el mundo.*

bajo –Sinónimo de *debajo de,* pero también más elevado y metafórico:

***Bajo** las estrellas, **bajo** la capa del cielo, **bajo** cero, **bajo** mínimos.*

cabe –Arcaísmo. Significaba *junto a.*
con –Muy usada. Significa compañía, instrumento, modo, etc:

*Trabajan **con** Pérez, lo hacen **con** un cuchillo y, por supuesto, **con** alegría.*

contra –Indica oposición real o figurada:

*Navegó **contra** el viento, luchó **contra** sus enemigos y **contra** la adversidad.*

de –Posiblemente la preposición más frecuente en español por sus muy variados usos: relación de propiedad, origen, modo, materia, cualidad, etc.:

*Aspecto **de** profesor, café **de** Colombia, rezar **de** rodillas, figura **de** marfil.*

desde –Indica lugar o tiempo a partir de un punto determinado. Se combina corrientemente con *hasta*:

***Desde** río Grande hasta cabo de Hornos, **desde** este mismo momento.*

durante –Significa simultaneidad y duración:

*No salió **durante** toda la semana, **durante** el concierto sí que salió.*

en –Indica lugar, tiempo, modo. Es otra de las más frecuentes:

*No está **en** casa, **en** dos horas lo hice, lloras **en** vano.*

Es la única preposición española que puede tener un gerundio como término, construcción que está en franca decadencia:

¡Pero mal rayo me parta
si, <u>en concluyendo</u> la carta,
no pagan caros sus gritos!

(*Don Juan Tenorio*, José Zorrilla, España)

entre –Indica situación limitada por dos términos o en medio de varios. También puede significar coparticipación:

*Córdoba está **entre** San Juan y Santa Fe, **entre** ayer y hoy, **entre** tú y yo lo haremos, **entre** todos ganaremos las elecciones.*

hacia –Marca dirección y también una situación vaga en el espacio o en el tiempo:

*Íbamos caminando **hacia** Oaxaca, tiraron **hacia** la derecha, **hacia** allá está lloviendo, Francisca regresó **hacia** las diez de la noche.*

hasta –Significa límite de espacio, tiempo, cantidad. Se combina muchas veces con *desde:*

*Baltasar llegó **hasta** aquí, **hasta** ahora no le he visto, vivió **hasta** los cien años, desde París **hasta** Dakar, desde hoy **hasta** el lunes próximo.*

mediante –Indica medio empleado, ayuda recibida:

*Lo resolvió **mediante** un sistema de su invención, **mediante** un préstamo.*

para –Valores múltiples: objetivo, destino, dirección, uso, etc.:

*Enseño **para** quien me lea, Juan va ya **para** casa, buen libro **para** consultar.*

por –Valores múltiples también, que solo el uso constante va fijando en nuestro idiolecto (lengua individual de cada uno de nosotros): duración, causa o motivo, precio, favor, cambio, etc.:

*¿Lo hiciste **por** mí? Compré un coche usado **por** poco dinero, no lo tendré **por** mucho tiempo, ¿**por** quién votarán ustedes? Contéstame **por** télex.*

pro - Preposición latinizante (recuérdese el prefijo de nuestra lista) usada ocasionalmente en eslóganes, instituciones, etc., con su sentido original de «en favor de»:

*Comité **pro** amnistía, colecta **pro** víctimas de la guerra, campaña **pro** paz.*

según –Significa conformidad con opiniones, dictámenes, etc.:

*Según usted, la política es una farsa. Actuaron **según** órdenes recibidas.*

sin –Indica carencia:

*Libros de gramática **sin** ejercicios, rebeldes **sin** causa, estoy **sin** blanca.*

so –Limitada a las locuciones **so capa de**, **so color de** (ambas en desuso) y **so pena de**, **so pretexto de** (aún vivas). La primera tiene carácter conminatorio y la segunda es más bien exculpatoria:

*Y Juan hubo de hacer lo que le mandaban **so pena de** caer en desgracia.*

*No se presentó a la convocatoria **so pretexto de** encontrarse enfermo.*

sobre –Equivale a **encima de** y significa superioridad tanto real como figurada. Ademas indica asunto, aproximación, etc.:

*Poner las cartas **sobre** la mesa, el grado de capitán está **sobre** el de teniente, una tesis doctoral **sobre** la cultura maya, costará **sobre** mil pesos.*

tras –Equivale a **detrás de** en un estilo más elevado o lapidario:

*Tras la tempestad viene la calma, uno **tras** otro, corren **tras** lo imposible.*

PREPOSICIONES AGRUPADAS Y LOCUCIONES PREPOSITIVAS

Nos quedan por ver dos conjuntos de palabras equivalentes ambos a preposiciones simples pero constituidos diferentemente.

El primero, las preposiciones agrupadas, comprende varias combinaciones posibles de dos preposiciones simples. El segundo, las locuciones prepositivas, mucho más importante por cierto, reúne gran variedad de combinaciones de adverbio principalmente más preposición, adjetivo más preposición, etc.

Damos a continuación sendas listas sin pretensión de que incluyan todos los casos posibles:

Preposiciones agrupadas	Locuciones prepositivas
a por (vulgar)	**encima de**
bajo de	**debajo de**
de a	**delante de**
de entre	**detrás de**
desde por	**al lado de**
hasta sobre	**junto a**
para con	**conforme a**
para entre	**acerca de**
por entre	**alrededor de**
tras de	**frente a**
	enfrente de
	por encima de
	por debajo de

Ejercicio *(De las opciones que se ofrecen tache la preposición que considere errónea y subraye la correcta.)*
Juan vive a/en Santo Domingo.
Saldremos de la oficina por/a las cinco.
No pretendo actuar contra/de mis difamadores.
Trabajo en este libro mediante/durante horas.
En/con habiéndose confesado murió.
Por/hacia la mitad de su vida decidió casarse.
Este libro trata con/sobre gramática.
El mozalbete iba bajo/tras el perro, persiguiéndolo.
Me dieron una resma de papel por/para cien dólares.
Los puentes que hay entre/sobre el río Amazonas.

Ejercicio *(Rellene los espacios ocupados por la letra pequeña con una preposición, un grupo de preposiciones o una locución prepositiva que corresponda al significado subindicado.)*
Les dijo el padre: «Vivo y trabajo sólo *causa* ustedes y *destino* ustedes. No me importa vender mis esfuerzos *precio* mucho o poco dinero. Pero quiero verlos *situación* mí sanos y contentos. Viviendo *lugar* familia estamos protegidos: *coparticipación* unos y otros construiremos nuestro común futuro. Y así, *simultaneidad* años y años, *inicio* el nacimiento *término* la tumba, habremos mirado siempre *dirección* la felicidad».

ENLAZANDO FRASES Y FRASES CON LAS CONJUNCIONES DE RIGOR

Conjunciones

Coordinantes

Copulativas	*Distributivas*	*Disyuntivas*	*Adversativas*
y	que ... que	o	pero
e	bien … que	u	mas
ni	ora … ora	o ... o	sino
ni ... ni	(literaria)	o bien	aunque
entre ... y	sea … sea		etc.
	ya … ya		

Subordinantes

De lugar	*De tiempo*	*De modo*
donde	cuando	como
adonde	mientras	conforme
a donde	cuanto	según
en donde	conforme	como para
etc.	etc.	etc.

De comparación	*Finales*	*Causales*
como	a que	que
cual	para que	pues
así como	a fin de que	porque
como ...	etc.	como
etc.		etc.

Consecutivas	*Condicionales*	*Concesivas*
pues	si	aunque
luego	cuando	así
conque	como	siquiera
por consiguiente	donde no	como
etc.	etc.	etc.

Después de unir sustantivos, adjetivos, verbos y adverbios con otros sustantivos mediante esas partículas ya vistas (desde antiguo se conoce a preposiciones, conjunciones e interjecciones con el nombre de partículas gramaticales a causa de su normal pequeñez) que son las preposiciones, nos toca ahora estudiar cómo enlazamos oraciones con oraciones sirviéndonos de las conjunciones. Sin olvidar que éstas también unen, más o menos ocasionalmente, pequeñas frases (o sea, segmentos de oraciones) y aun simples palabras.

Yo les enseño gramática y *ustedes la aprenden.*
     oración   oración

Por la mañana y *por la tarde* nos persigue incansablemente.
    frase   frase

Tú y *yo somos dos.*
palabra palabra

FORMA Y FUNCIÓN

Las conjunciones, como invariables que son, no se ven afectadas por accidente gramatical ninguno. Pueden, a semejanza de las preposiciones, presentar formas simples, formas de dos conjunciones agrupadas y formas de varios componentes (adverbio y conjunción, preposición y conjunción, incluso sustantivo o adjetivo más conjunción) es decir, locuciones conjuntivas.

La función conectora de las conjunciones facilita la organización de nuestros mensajes uniendo unas veces miembros del mismo nivel sintáctico según el sistema que llamamos *coordinación* y otras veces miembros de distinto nivel, miembros que dependen el uno del otro, según el sistema de la *subordinación.* Insistiremos puntualmente en estos conceptos en la segunda parte de esta gramática.

CLASES

Así, tal como indica el cuadro, las conjunciones se dividen en principio en *coordinantes* y *subordinantes,* división de carácter sintáctico sobre la que volveremos en su momento. Estas dos clases se subdividen en subgrupos de tipo semántico, es decir, basados en el matiz nocional (tiempo, modo, condición, etc.) que transmiten al mensaje a la vez que contribuyen a estructurarlo. Sigue coincidiendo ahora la terminología empleada para distinguir las oraciones con la de las conjunciones.

Damos a continuación repertorios prácticamente completos de los distintos tipos, incluyendo en cada uno de ellos tanto las conjunciones simples como las agrupadas y las locuciones conjuntivas para evitar así una inútil atomización expositiva.

Conjunciones coordinantes

Copulativas	Distributivas	Disyuntivas	Adversativas
y	que ... que	o	pero
e	bien ... que	u	mas
ni	ora ... ora	o ... o	sino
ni ... ni	(literaria)	o bien	aunque
entre ... y	sea ... sea		empero
	ya ... ya		(obsoleta)
			sino que
			antes bien
			con todo
			fuera de
			más bien
			más que
			no obstante
			que no
			sin embargo

Notas

e sustituye a **y** delante de palabras que empiecen por **i- hi-** excepto si se trata de un diptongo (dos vocales en la misma sílaba):

Isabel y Fernando, Fernando e Isabel, los Reyes Católicos de España.
Nieve y hielo, un grave peligro para los coches.

u sustituye a **o** delante de palabra que empiece por **o- ho-**:

Puedes elegir entre Héctor u Horacio.
No sé si ese metal es platino u oro blanco.

sino que sustituye a **sino** delante de un verbo:

Esa bicicleta no es tuya sino de tu hermano.
No se la compré yo sino que se la regaló su padrino.

Conjunciones subordinantes

De lugar	De tiempo	De modo	De comparación
donde	cuando	como	como
adonde	mientras	según	cual (literario)
a donde	cuanto	conforme	así como ... así
en donde	conforme	como que	como ... así también
apenas	no	como si	
	como	como para	como ... así bien
	que	según que	así como ... así también
	mientras que	según y como	
	mientras tanto		tal ... cual
	en tanto que	según y conforme	tanto ... cuanto
	tanto ... cuanto		igual ... que
	en cuanto		lo mismo que
	entre tanto que		más ... que
	apenas ... cuando		más ... que de
	aun apenas		menos ... que
	aun no		menos ... que de
	no bien		tanto más... cuanto que
	ya que		
	luego que		tanto más ... cuanto más
	así como		
	tan pronto como		
	primero que		
	antes que		
	antes de que		
	después que		
	después de que		
	desde que		
	hasta que		

Finales	Causales	Consecutivas
a que	que	pues
para que	pues	luego
afin de que	porque	conque
	como	por consiguiente
	pues que	por tanto
	puesto que	por lo tanto
	supuesto que	por esto
	de que	por eso
	ya que	así que
	como que	así pues
	como quiera que	tan(to) ... que
	por razón de que	tal ... que
	en vista de que	así ... que
	visto que	tan(to) es así, que
	por cuanto	de modo que
	a causa de que	de manera que

Condicionales	Concesivas
si	aunque
cuando	así
como	siquiera
donde no	como
cuando no	si bien
siempre que	aun cuando
ya que	ya que
caso que	a pesar de que
caso de que	bien que
con tal que	mal que
con solo que	por ... que
con que	

Adonde se escribe **a donde** cuando no se menciona el antecedente de lugar:

*Jefe, iremos **a donde** tú vayas.*
*Jefe, iremos a cualquier sitio **adonde** tú vayas.*

Obsérvese que muchas de las conjunciones relacionadas son propiamente adverbios en función conjuntiva. A esta flexibilidad sintáctica (estructural) se une la de tipo semántico (significativa) que permite a una misma conjunción aparecer en distintos subgrupos (**que**, **como**, **cuando**, etc.).

Ejercicio *(En las opciones que se dan tache la conjunción que considere incorrecta y subraye la adecuada.)*

Juan y Hortensia fueron a bailar en donde/a donde quisieron.

Mientras/cuando lo vea, le ajustaré las cuentas.

En cuanto/hasta que le fusilaron, le enterraron.

Nicomedes se portó cuando/como todo el mundo esperaba que se portara.

Irán aprendiendo gramática según/cuando la vayan practicando.

De los dos hermanos gemelos, uno no era tan rubio que/como el otro.

Francamente, yo no soy igual como/que tú.

Muchachos, respeten a sus padres, que trabajan para que/porque puedan ustedes vivir bien y estudiar una carrera.

Bello era venezolano, entre tanto/por lo tanto era sudamericano.

Aunque/conque estudiaba mucho, no progresaba lo suficiente.

Su madre le prometió una motocicleta porque/con tal que sacara un excelente.

A pesar de que/porque García es riquísimo no ayuda a la comunidad.

Ejercicio *(Ponga en los espacios ocupados por la letra pequeña alguna conjunción, grupo de conjunciones o locución conjuntiva del grupo subindicado que vaya bien con el contexto.)*

Simeón es un maestro entregado a sus alumnos: todo lo hace *final* aprendan mucho. Llega a clase jadeando *causal* vive lejos de la escuela y *causal* no tiene medio de transporte ha de ir andando forzosamente. *consecutiva* está pensando en pedir un traslado *adversativa* le duele abandonar a sus chicos. No lo hará *condicional* puede aguantar, *concesiva* le compadezcan todas las viejas del lugar. Éstas, *final* el maestro no caiga un día desmayado, proyectan comprarle no un coche *adversativa* un burro *disyuntiva* una mula a lo sumo, que resultan más económicos.

ADORNÁNDOLO TODO CON LAS INTERJECCIONES PRECISAS

Las interjecciones, últimas de las tres partículas invariables, eran consideradas por la gramática tradicional parte de la oración, que así reunía las nueve clásicas: sustantivo, artículo, adjetivo, pronombre, verbo, adverbio, preposición, conjunción e interjección, orden en el que las hemos venido estudiando. Ahora bien, resulta que la interjección no es, en rigor, parte de la oración, carece de relación sintáctica con el resto del mensaje, del discurso. Se trata de un aditamento significativo independiente, diminuto por lo demás (recuérdese el sobrenombre de «partícula») y equivalente *per se* a toda una oración. Tiene, pues, un mínimo interés gramatical, casi diríamos lingüístico, ya que las más de las veces la interjección va acompañada de gestos e inflexiones de la voz sin los cuales seguramente resultaría pálida y ambigua.

¡Ojalá me toque la lotería!
¡Oiga, no me busque pelea!

Así, su forma es absolutamente fija y su función, inexistente. Carece de clases, por lo que solo podemos dar una reducida lista de las interjecciones más usadas y añadir alguna nota sobre su posible mensaje, muy frecuentemente manifestación de algún sentimiento.

¡ah!	asombro, sorpresa
¡ay!	dolor, pena, reconvención
¡bah!	desprecio, repugnancia
¡ca!	incredulidad, negación
¡caramba!	asombro
¡ea!	para animar
¡eh!	para llamar, represión, aviso
¡hola!	saludo, extrañeza
¡huy!	dolor, disgusto
¡oh!	pena, contrariedad, admiración
¡ojalá!	deseo
¡puf!	asco
¡quia!	negación, incredulidad
¡tate!	sorpresa, descubrimiento

| ¡uf! | cansancio, sofoco, repugnancia |
| ¡zape! | para espantar |

Observaciones

Además de estas interjecciones propias se emplean a veces otras palabras (sustantivos, verbos, etc.) con igual intención: *¡bravo!*, *¡diablo!*, *¡venga!*, *¡vamos!*, etc.

En ocasiones se repiten algunas interjecciones, con ligero cambio de matiz:

¡ay, ay, ay!	reconvención.
¡eh, eh!	para atajar.
¡ya, ya!	incredulidad.

En otras, pueden llevar algún adjunto que las complemente:

¡Ay de los vencidos! ¡Caramba con la moza!

Ejercicio *(Rellene los huecos con una interjección que subraye el mensaje.)*

¡. . . , llévate eso, que apesta!
¡. . . , me ha pisado usted un juanete!
¡No llego a comprender tus razones, . . . !
¡. . . , no te lo creas!
¡. . . , ahora veo claro el asunto!
¡. . . , cuánto lo siento!
¡. . . , que no me gustan a mí los chamacos embusteros!
¡. . . , tú por aquí a estas horas!
¡. . . , no haga usted caso a los politicastros!
¡Perico ha ganado otra vez la vuelta a Francia, . . . !

Aprendamos a
ESCRIBIR
CORRECTAMENTE

ESCRIBIR CORRECTAMENTE

2

¿CÓMO?

Ya hemos dicho anteriormente que el lenguaje escrito no es más que un sustituto del hablado. También es verdad que, si bien hablamos hasta por los codos, solo de vez en cuando escribimos. Con todo, y mientras no existían los magnetófonos, el lenguaje escrito servía para fijar en soportes diversos (piedra, papiro, papel, pizarra, etc.) ciertos mensajes que al hombre le placía o precisaba registrar. Tal fijación, desde el punto de vista de su fidelidad, es, repetimos, imperfecta, pero se muestra suficiente en lo que se refiere a su contenido esencial. El hombre lleva seis milenios sirviéndose de la escritura, sin duda cada vez más perfeccionada, sobre todo a partir de la invención de la imprenta (1440), momento en que entramos en la llamada era Gutenberg.

Nosotros no contemplamos hacer literatos. Pero sí ayudar al estudiante a escribir cada día mejor que el anterior. Todo lo aprendido en la primera parte sigue siendo válido y aun imprescindible. ¿Cómo vamos ahora a prolongar esas adquisiciones? Pondremos especial cuidado en afianzar la ortografía, ya que antes siquiera de captar un mensaje escrito nos salta a la vista el acento que falta en la palabra inicial o la hache que sobra en la siguiente. Un gesto de contrariedad se dibuja en el lector, quien seguidamente agudiza su crítica no solo sobre la forma incorrecta del mensaje sino también sobre el mensaje mismo: hay que evitar tales fracasos. También, y muy especialmente, estudiaremos con cariño cómo se ordenan las palabras dentro del armónico desorden de la sintaxis española, cómo se enlazan y se suceden las frases completando unas con las otras, cómo se presenta todo ese mosaico de diminutas letras concertado de tal modo que consiga atraer la atención del lector.

Los sonidos del lenguaje hablado son representados imperfectamente por unos símbolos que llamamos letras. El conjunto de esas letras de cada idioma se conoce con el nombre de **alfabeto** o **abecedario**. El alfabeto español consta de 30 letras.

2

CONTENIDOS

Respetando las grafías aceptadas históricamente	Las vocales Las consonantes
Silabeando bien para bien dividir las palabras	Esquemas silábicos posibles División silábica Aplicación de la división silábica a la escritura
Acentuando según las normas de la Real Academia	Clasificación de las palabras según el acento tónico
Prestando atención a las modalidades de los verbos	Clases funcionales de los verbos
Construyendo las oraciones coherentemente	Forma y función Núcleo y adjuntos Las funciones sintácticas
Buscando la mejor cohesión de sus partes	El sustantivo y sus adjuntos El adjetivo y sus adjuntos El adverbio y sus adjuntos El verbo y sus adjuntos
Enriqueciendo la frase básica con otras frases	Clasificación de las oraciones según el número de sus miembros Clasificación de las oraciones según la estructura de su predicado Clasificación de las oraciones según la actitud del hablante Clasificación de las oraciones según su contenido en proposiciones

	Sistemas de integración de las proposiciones en las oraciones
	Funciones de las proposiciones subordinadas
Utilizando una puntuación clarificadora	Signos de puntuación relacionados con los sonidos
	Signos de puntuación relacionados con la entonación
	Signos de puntuación relacionados con el ritmo
	Otros signos
	Empleo de las letras mayúsculas
	Lista de abreviaturas y siglas más comunes
Sirviéndose de un estilo llano y convincente	Aspectos gramaticales que tener en cuenta
	Aspectos léxicos que tener en cuenta
	Aspectos estilísticos que tener en cuenta
	Algunos consejos finales

2

Coincidencias	*Símbolo*	*Nombre*
	a	a
	b	be
	c	ce
	ch	che
	d	de
	e	e
	f	efe
	g	ge
b/v/w	h	hache
	i	i
	j	jota
c/k/q	k	ka
s/x/z	l	ele
	ll	elle
g/j	m	eme
	n	ene
ll/y/i	ñ	eñe
	o	o
m/n	p	pe
	q	cu
r/rr	r	ere (erre simple)
	rr	erre (o erre doble)
	s	ese
	t	te
	u	u
	v	uve (o ve)
	w	uve doble (o ve doble)
	x	equis
	y	i griega (o ye)
	z	zeta (o zeda)

Observaciones

1. El nombre de algunas letras no contiene precisamente esa letra *(cu, uve doble, equis, i griega).*

2. La letra **h** no representa ningún sonido.

3. Las letras **ch**, **ll** y **rr** son dobles, aunque representan un solo sonido.

4. La letra **q** es doble de hecho (**qu** siempre, como se verá en su momento) y representa también un solo sonido, coincidente con el de la letra **k** y el de la letra **c** en **ca**, **co**, **cu**.

5. Las letras **c** y **g** representan dos sonidos *(ca, co, cu/ce, ci; ga, go, gu/ge, gi)*. Parecidamente ocurre con la **y**, que además de representar un sonido consonántico *(ya)* representa otro vocálico coincidente con el de la **i** *(ay)*.

6. La letra **x** representa unas veces un solo sonido (delante de consonante, *extra* pronunciado *estra*) y otras veces dos (delante de vocal, *examen* pronunciado *egsamen*). Lo mismo sucede con la **r**, la cual en principio de palabra y detrás de **l**, **n**, **s** *(roto, alrededor, honra, Israel)* representa un sonido coincidente con el de **rr** y en las demás posiciones representa otro.

7. Las letras **b**, **v**, **w** representan siempre un mismo sonido. Y otro tanto sucede con **z** y **c** o con **j** y **g** ante **e**, **i** *(ze, zi/ce, ci; je, ji/ge, gi)*.

8. La letra **k** representa el mismo sonido de la **q** y, por lo tanto, de la **c** en *ca, co, cu*.

9. En Latinoamérica y parte de España, **s**, **z** y **c** delante de **e**, **i** *(ce, ci)* representan un mismo sonido. Igualmente sucede con la **ll** y la **y** consonánticas, las cuales se confunden. Ambas confluencias implican una grave dificultad ortográfica, que trataremos debidamente en su lugar.

Este pequeño mare mágnum introduce dificultades en la correcta escritura de las palabras (ortografía). La ortografía española es en parte fonética, pero también trata de conservar algunos rasgos históricos en buena medida absurdos (como la permanencia de la **h**). Los especialistas hemos convenido en respetar todas esas anomalías de la ortografía española y lo más prudente es aceptarlas, seguirlas. Dedicaremos un espacio de tiempo suficiente a esbozar las pocas reglas de ortografía que se pueden dar.

De todos modos cualquier progreso en esta materia se basa principalmente en la lectura frecuente de buenos escritores. Y luego, en la práctica del dictado.

Nosotros los hemos preparado de forma que pueda el estudiante servirse de ellos incluso si carece de algún familiar o amigo que tenga tiempo para dictarle.

LAS VOCALES

Una división muy antigua de las letras las agrupa en *vocales* y *consonantes*. Son vocales **a e i o u** y consonantes todas las demás, aunque hayamos ya visto la incongruencia de que **y** pueda representar un sonido vocálico o uno consonántico.

Pocas dificultades encierran las vocales desde el punto de vista ortográfico, pero sí nos va a interesar dividirlas desde ahora en *abiertas* y *cerradas* porque esto nos ayudará más tarde en los problemas de la acentuación.

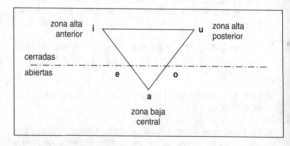

Este triángulo representa la boca esquemáticamente.

Las vocales cerradas (**i**, **u**) se pronuncian con la boca casi cerrada y las abiertas (**o**, **e**, **a**) con la boca cada vez más abierta. Ya veremos, en el estudio de la sílaba, que su comportamiento es distinto cuando se encuentran dos vocales en posición contigua, es decir, una al lado de la otra.

Aunque fáciles de escribir, las cinco vocales españolas son importantísimas en nuestra lengua. Constituyen siempre el nú-

---

**Breve lista de algunas de las pocas palabras
que acaban en i/u**

i (acentuada)	*pirulí*	*bantú, zulú*
ahí, allí, aquí,	*sí (adverbio)*	*(gentilicios*
así	*zahorí*	*negroafricanos)*
ajojolí	*zaquizamí*	*canesú*
alhelí	*zaragocí*	*curucú*
barí		*cururú*
cañí	**i** (inacentuada)	*iglú*
colibrí	*casi*	*tabú*
cují	*cursi*	*tutú*
cutí	*hindi*	*vudú*
esquí	*si (conjunción)*	
magrebí,	*trimurti*	**u** (inacentuada)
marroquí		*ímpetu*
irakí, iraní	**u** (acentuada)	*tribu*
(gentilicios	*ambigú*	*urdu*
árabes)		

cleo de las sílabas, lo que da una especial claridad al español, y
son ellas las que reciben precisamente el acento de la pronunciación (acento tónico) y, por consiguiente, el de la ortografía
(acento gráfico), si procede escribirlo, problema que estudiaremos en la acentuación.

Pasemos revista a nuestras cinco vocales:

- **a** Frecuentísima por cuanto además de aparecer en montones
  de raíces (cuerpo de la palabra) sirve, como ya hemos
  visto en la primera parte de este libro, para marcar el femenino.
- **e** Otra de las vocales típicas del español, aunque no aparece
  tanto en posición final como **a** y **o**.
- **o** Muy frecuente también, muy española, pues aparece, como la **a**, en muchas raíces y sirve para marcar el masculino.
- **i** Menos frecuente. Aparece poco en posición final y aun así
  casi nunca es átona (inacentuada). Pero va a ser constitu-
  yente de ciertas agrupaciones vocálicas típicamente españolas, que estudiaremos en el capítulo dedicado a la sílaba.
- **u** Se repite exactamente lo afirmado para la **i**; con ello, esta
  breve revista ya confirma la distinta naturaleza de **i u** por
  una parte y **a e o** por otra.

	a	**e**	**i**	**o**	**u**
En la raíz	*mano* *padre*	*pesado* *real*	*cinco* *grito*	*podar* *loba*	*curioso* *truco*
En terminación acentuada	*quizá* *será*	*tupé* *hincapié*	*serví* *zahorí*	*salió* *dominó*	*tabú* *ambigú*
En terminación inacentuada	*cosa* *cerilla*	*torpe* *doble*	*casi* *cursi*	*careo* *pepino*	*ímpetu* *tribu*

LAS CONSONANTES

Las 25 consonantes de nuestro alfabeto son importantísimas en conjunto, pero disfrutan de esa importancia en grado muy diferente. Al lado de unas que son frecuentísimas (**b c ch d f g h j l m n p r rr s t v y z**) otras comparecen mucho menos (**ll ñ q x**) y algunas confirman su origen foráneo mostrándose solo tímidamente de tarde en tarde (**k w**).

Veamos ahora las particularidades de cada una de ellas, aunque agrupándolas según sus afinidades y, más que nada, de su común dificultad ortográfica. Trataremos de sistematizar estas dificultades con el fin de contribuir a su mejor memorización. Con todo, no hay que hacerse muchas ilusiones: el dominio de la ortografía descansa sobre todo en una buena memoria visual. Hay que leer y leer, fijándose bien en la fisonomía de las palabras, y luego escribir y escribir para practicar sin descanso ese ejercicio de reprografía.

Por lo demás, como preludio a las reglas que formularemos seguidamente valga este principio: <u>todas las palabras compuestas y derivadas de una misma raíz tienen igual ortografía que la palabra primitiva</u>. De modo que si *hijo* se escribe con **h** igual lo hacen *hijastro*, *hijuela*, *prohijar*, etc. Si buscar lleva **b** también la llevan *búsqueda*, *buscona*, *rebuscar*, etc. Un caso particular de este axioma son las familias verbales *(paradigmas)*: cada vez que ejemplifiquemos un verbo con su infinitivo estaremos implicando que todas las formas de ese verbo que entren en el caso comentado representan ese sonido con la misma letra. Si *vivir* lleva esas dos **v**, otro tanto sucede con *vivo*, *vivía*, *viví*, *viviré*, *viviría*, etc.

Estudiamos a continuación las diversas coincidencias que presentan las letras españolas y que constituyen dificultades, a veces algo enojosas, para la consecución de una buena ortografía. Se tratará de saber elegir en cada caso el símbolo convenido por la tradición histórica y por eso las hemos denominado "opciones".

Éstas son:

1. **b/v/w**	6. **g/j**
2. **c/k/q**	7. **h/ø**
3. **c/s/z**	8. **m/n**
4. **d/ø**	9. **r/rr**
5. **g/gu/gü**	10. **x/s**
	11. **y/ll/i**

Cómo practicar la opción b/v/w

Ya hemos hecho notar que estas tres letras representan un mismo sonido.

¿Cómo diferenciarlas? Vamos a verlo sistematizado.

Primera etapa

b Muy frecuente, aparece

1, **sí**, en principio de palabra + vocal: *burro, bonito, banderillear.*
2, **sí**, en principio de palabra + consonante: *bruto, blanco, brazalete.*
3, **sí**, entre vocales: *caber, adobo, calabaza.*
4, **sí**, entre vocal y consonante: *libro, roble, obturar.*
5, **sí**, entre consonante y vocal: *árbol, silbar, imbécil.*
6, **sí**, entre consonantes: *timbre, rambla, acostumbrar.*
7, **no**, final de palabra (excepto en algún extranjerismo: *nabab, baobab, club, pub, esnob*).

v Muy frecuente, recuerdo del latín, lengua hoy muerta de la que deriva el español. Aparece

1, **sí**, en principio de palabra + vocal: *vino, varita, voluntad.*
2, **no**, en principio de palabra + consonante.
3, **sí**, entre vocales: *cavar, avaro, ovoide.*
4, **no**, entre vocal y consonante.
5, **sí**, entre consonante y vocal: *perverso, invento, olvido.*
6, **no**, entre consonantes.
7, **no**, final de palabra (excepto en la transcripción de nombres rusos (*Gorbachev, Godunov*).

w Aparece únicamente en unas cuantas palabras de origen godo (*Witiza*, *Wamba*), alemán (*Wágner*, *wólfram*) o inglés (*washingtoniano*, *water-polo*), principalmente nombres propios. En las de origen inglés suele representar el sonido *gu*, de tal modo que la Real Academia admite a veces una dobre grafía (*whisky* o *güisqui*).

De lo que acabamos de especificar se deduce que, descartando **w** por su rareza y origen extranjero, nos quedan **b** y **v** confundiéndose solo

> 1, en principio de palabra + vocal
> 3, entre vocales
> 5, entre consonante y vocal

Así, en adelante, haremos caso omiso de 2, 4 y 6 porque en ellos prevalece siempre **b** y de 7 porque allí **b v** no se dan prácticamente. Con lo que ya dispondremos de una buena plataforma para entrenarnos en esta primera etapa del problema. Pero antes, proponemos dos dictados en los que la elección de **b/v** no es dudosa con solo aplicar la casuística (conjunto de casos) vista hasta ahora.

Hágansen en días distintos para comprobar que se recuerda cada caso. Sírvanse preferiblemente de alguien que dicte (quien deberá hacerlo pronunciando en los huecos el sonido de **b/v**) y si no, copien las frases en un cuaderno (observando siempre cómo se escriben las demás palabras del dictado) y escojan la opción **b/v** que corresponda. Más adelante (pág. 343) encontrarán la solución.

Dictado-ejercicio *b/v* *(Práctica de situaciones)*

Tengo un amigo ...ritánico que ha...la español bastante bien. Tiene la costum...re de a...rir cuentas bancarias en todas las po...laciones donde o...tiene crédito. Con ese dinero su...viene a las necesidades de su familia. La su...sistencia es esencial. Le es posi...le co...rar cada mes si se a...stiene de exigir intereses. Su mujer redo...la de día en día cierta o...strucción porque quiere li...rar a su marido de esa o...sesión.

Dictado-ejercicio *b/v* *(Práctica de situaciones)*

...runo fue ayer a una fá...rica de mue...les que consume mucha madera de ro...le. Haciendo a...stracción de pequeños detalles, nada interesante descu...rió: paredes ...lancas por aquí, muchos ca...les por allá y poco estilo. Pero posi...lemente o...cecado, se empeñó en su...rayar la importancia de unos ca...restantes que ha...ía en un hangar y renunció a la o...tención de garantías fácilmente alcanza...les.

Segunda etapa

Para el asalto a las dificultades de los casos 1, 3 y 5 facilitamos algunas pequeñas reglas un tanto vacilantes, por cierto:

En principio de palabra + vocal (situación 1) se escriben con

b

- las palabras que empiezan por **bibl-**, **bu-**, **bur-**, **bus-**: *bíblico, búho, burlón, buscar*
- los prefijos **bi-**, **bis-**, **biz-**, significando '2, 2 veces': *bifurcación, bisabuelo, biznieto*
- los prefijos **bien-**, **ben-**, **bene-**, que significan 'bien': *bienhechor, bendecir, beneplácito*
- el verbo **beber** (que también entra en la situación 2)

v

- las palabras que empiezan por **vi-**, **vice-**, **viz-**, significando 'en el puesto de': *virrey, vicepresidente, vizconde*
- el verbo **ir** (menos en el pretérito imperfecto de indicativo)
- el verbo **vivir** (que también entra en la situación 2)

Entre vocales (situación 3) se escriben con

b

- los verbos acabados en vocal + **bir** (excepto el verbo **vivir**) o en **-buir**: *percibir, distribuir*
- los verbos **beber**, **caber**, **deber**, **haber**, **saber**
- los pretéritos imperfectos de indicativo de los verbos en **-ar**, más el del verbo **ir**
- las palabras acabadas en **-bilidad** (excepto **civilidad**, **movilidad**) o que llevan el infijo **-bund-**: *probabilidad, meditabundo, abundoso*
- el prefijo **sub-**: *subestimación, subordinación*

v

- la mayoría de las palabras llanas (generalmente adjetivos) acabadas en
  -ava, **-ave**, **-avo**: *esclava, enclave, esclavo*
  -eva, **-eve**, **-evo**: *longeva, leve, malevo*
  -iva, **-ive**, **-ivo**: *perspectiva, proclive, cautivo*
- los verbos **andar**, **estar**, **tener** (menos en el pretérito imperfecto de indicativo los dos primeros)
- los adjetivos acabados en **-ívoro**, **-ívora**: *carnívoro, frugívora, rugívora*

Entre consonante y vocal (situación 5) se escriben con

b

- las palabras que empiezan con la sílaba **al-** seguida de este sonido (excepto **Álvaro**, **álveo**, **alvéolo**): *albañil, alborada*

v

- los verbos **hervir**, **servir**
- las palabras que empiezan con el prefijo **ad-** seguido de ese sonido: *advertir, advocación*
- las palabras que tienen este sonido duplicado (o sea **bv**): *obviar, subvención*

Ahora practiquemos estas adquisiciones en un dictado concebido exclusivamente para ellas.

Dictado-ejercicio *b/v* (Práctica de reglas)

Esta mañana, al rayar el al...a, me he ...e...ido un buen tazón de leche her...ida con a...undantes ...izcochos, pero sin la ...endición de mi acti...a mujer, que la guarda...a para nuestro hijo Ál...aro. Estu...e reci...iendo recon...enciones todo el día, lo que no contri...uyó, ni mucho menos, a la más le...e armonía precisa para ...i...ir en comunidad sin su...estimarse. No me ca...e la posi...ilidad de refugiarme en mi ...i...lioteca, pues tal cosa solo lo ser...iría de ...urla al resto de mi familia, que perci...e claramente el ...eneficio de mostrar una postura afecti...a hacia su treme...unda mamá.

Tercera etapa

Agotadas todas las posibilidades de sistematización solo nos queda el recurso a la ya mencionada memoria visual. Ayudémosla, sin embargo, y ayudemos nosotros al estudiante con un buen repertorio de parejas de palabras en todo iguales salvo en la oposición **b/v**, que las cambia de significado *(homófonos)* y otro de parejas de palabras que con significados distintos se escriben parecidamente *(parónimos)* y también presentan la oposición **b/v**.

Dictado-ejercicio *b/v* (Homófonos y parónimos)

Mi a...uelo participa en un campeonato de ...illar para la tercera edad. Por la mañana se a...ía en un dos por tres sin descuidar su higiene ...ucal y se encamina hacia la ...illa, pues residimos en una casa de campo rodeada de hier...a y flores y, por lo tanto, frecuentada por a...ejas, a...ejorros e incluso a...ispas. Cuando llegamos nos pareció que ha...ía allí muchos a...echuchos: a...u...illas, a...utardas, a...ejarucos, pero luego, los

Homófonos b/v

abocar 'verter'	*cabila* 'aldea'
avocar 'tecnicismo'	*cavila* verbo 'cavilar'
albino 'color'	*había* verbo 'haber'
alvino 'tecnicismo'	*avía* verbo 'aviar'
baca 'dispositivo'	*hierba* 'vegetal'
vaca 'animal'	*hierva* verbo 'hervir'
bacante 'persona'	*hube* verbo 'haber'
vacante 'sin ocupar'	*uve* 'letra'
bacía 'objeto'	*iba* verbo 'ir'
vacía 'sin nada'	*iva* 'impuesto'
basar 'fundar'	*óbolo* 'donativo'
vasar 'poyo'	*óvolo* 'adorno'
billa 'jugada'	*rebelar* 'sublevar'
villa 'población'	*revelar* 'descubrir'
billar 'juego'	*serbo* 'árbol'
villar 'población'	*servo* 'tecnicismo'
bis 'repetición'	*tubo* 'dispositivo'
vis 'fuerza'	*tuvo* verbo 'tener'
cabe verbo 'caber'	
cave verbo 'cavar'	

Parónimos b/v

abeja/arveja	*bucal/vocal*
abeja/oveja	*caber/precaver*
abejaruco/avechucho	*embocar/invocar*
abierto/advierto	*endibia/envidia*
abocar/evocar	*garbanzo/agavanzo*
absorber/observar	*habano/avena*
abubilla/avutarda	*hebilla/ovillo*
abuelo/vuelo	*lobatón/leviatán*
abuso/aviso	*mobiliario/movilización*
acabar/cavar	*morbilidad/movilidad*
alabar/lavar	*morbo/torvo*
alabado/elevado	*nubio/novio*
base/vaso	*obispo/avispa*
beso/viso	*recabar/cavar*
biznieto/vizconde	*serbio/siervo*

143

animales de la granja, ...acas, o...ejas, los han espantado. Si se ca...ila acerca de las delicias del campo, se aca...a reconociendo que nos da éste algo más que a...ena y gar...anzos.

Y nos despediremos del problema **b/v** formulando, como recordatorio, las pocas reglas de oro (¡reglas sin excepciones!) que se pueden deducir de todo lo expuesto

- nunca **v** ante consonante
- nunca **v** en terminación del pretérito imperfecto de indicativo
- siempre **b** en los prefijos **ab-**, **ob-**, **sub-**
- siempre **b** en los verbos terminados en **-buir** y palabras con infijo **-bund-**
- siempre **v** tras los prefijos **ad-**, **ob-**, **sub-**
- siempre **v** en los verbos **hervir**, **servir**, **vivir**
- nunca **bb** duplicado
- nunca **vv** duplicado

y ofreciendo como dictado-ejercicio un pasaje del gran premio Nobel latinoamericano Gabriel García Márquez.

Dictado-ejercicio *b/v* *(Misceláneo)*

Muchos años después, frente al pelotón de fusilamiento, el coronel Aureliano ...uendía ha...ía de recordar aquella tarde remota en que su padre lo lle...ó a conocer el hielo. Macondo era entonces una aldea de ...einte casas de ...arro y caña...ra...a construidas a la orilla de un río de aguas diáfanas que se precipita...an por un lecho de piedras pulidas, ...lancas y enormes como hue...os prehistóricos. El mundo era tan reciente, que muchas cosas carecían de nom...re, y para mencionarlas ha...ía que señalarlas con el dedo. Todos los años, por el mes de marzo, una familia de gitanos desarrapados planta...a su carpa cerca de la aldea, y con un grande al...oroto de pitos y tim...ales da...an a conocer los nue...os in...entos.

(*Cien años de soledad*, Gabriel García Márquez, Colombia.)

Cómo practicar la opción c/k/q

La complejidad de esta triple opción nos lleva a comenzar su estudio por el miembro más simple:

k

Se trata de letra escasamente española que solo aparece en extranjerismos, algunos de ellos ya castellanizados y que, por lo mismo, disfrutan de doble grafía.

Ejemplos

káiser	*karateka*	*kéfir*	*kiwi*
kamikaze	*karma*	*kibutz*	*krausismo*
kantiano	*katiuska*	*kirguís*	*Kruchev*
karate	*kayac*	*kirsch*	*sake*

Dobles grafías (precede la más usual)

caqui/kaki	*kilo/quilo*
caolín/kaolín	*komintern/comintern*
carabao/karabao	*kopec/copec*
coiné/koiné	*kurdo/curdo*
coque/cok	*quimono/kimono*
kan/can	*quiosco/kiosco*

q

Recuerdo del latín, aparece hoy siempre acompañada de una **u** puramente testimonial delante de las vocales **e i** y coincidiendo exactamente en el sonido con la **k** en igual situación. De modo que resulta **que qui = ke ki** y como veremos seguidamente sirve para complementar la letra **c**.

c

De los dos sonidos que representa la letra **c** uno es velar (se articula con el velo del paladar en el fondo de la boca) y el otro es dental (se articula en diversas zonas de los dientes incisivos). **c** representa el sonido velar delante de las vocales **a o u**, delante de las consonantes y en final de palabra; y representa el sonido dental delante de **e i**.

c velar. Este sonido que tiene **c** en **ca co cu**, **c** + consonante y **-c** final, coincide con el que representan las letras **k** y **q**. Surge aquí, pues, cierta dificultad ortográfica en la opción **c/k/q**. Resulta clara la oposición **c/q**, pues esta última, escrita siempre convencionalmente **qu**, como ya se advertía más arriba, y ello por herencia latina, solo aparece delante de **e i**, complementando así a aquélla **ca que qui co cu**.

Ejemplos

cara	*queso*	*quitar*	*cosa*	*cuchillo*
pecado	*Roque*	*quien*	*perico*	*discurso*
arcabuz	*raqueta*	*alquimia*	*arcón*	*acueducto*

Algunos ejemplos de las otras posiciones de **c velar**:

c + consonante	*c final*
acceso	*cinc*
acné	*coñac*
clavo	*copec*
fucsia	*frac*
ictiología	*tic*
pulcro	*tictac*

Dictado-ejercicio *c velar/k/qu* (*Todos los huecos tienen el mismo sonido. Escoja el símbolo correspondiente a cada caso.*)

...uando se pone uno a pensar en los atra...tivos ...ios...os japoneses no ...eda otro remedio ...e re...onocer la razón de ...ienes es...ogen To...io ...omo lugar de re...reo durante sus va...aciones. ...laro ...e afe...ta algo saber ...e es la ...apital del país de los ...ami...azes y también de los ...imonos, pero ...ual...iera ...e me ...rea puede tran...ilamente ir allá en la a...tualidad a ...omer pes...ado ...rudo y beber el típi...o sa...e.

Cómo practicar la opción c/s/z

La aun mayor complejidad de esta opción nos aconseja empezar por los miembros más simples:

s

Representa un sonido frecuentísimo en español (pues entre otros usos sirve para marcar el plural, como ya se ha visto en la primera parte). Aparece en todas las posiciones: principio y final de palabra, o en medio de ella.

Ejemplos

saco	*coser*	*recurso*	*diéresis*
serio	*permiso*	*este*	*zonas*
siempre	*acaso*	*cascar*	*tienes*

z

Representa un sonido coincidente con el de **s** en Latinoamérica y parte de España, pero diferente en el resto del dominio lingüístico español. Aparece en las mismas posiciones que **s**, lo que para los más implica la nueva oposición **s/z**. Con todo, no son muchas sus ocurrencias salvo delante de **a o u**, casos en los que, como enseguida veremos, complementa a la letra **c**.

Algunos ejemplos de las otras posiciones:

z + consonante

bizma	crezco	osezno
biznieto	diezmo	pazguato
brizna	lezna	verduzco

z final

arcabuz	haz	matiz
coz	lápiz	perdiz
emperatriz	luz	vejez

La grave opción que ofrece la coincidencia **s/z** y que vendrá a complicarse seguidamente con la de **c dental**, no tiene otra base de trabajo que la memorización visual. Como ayuda ofrecemos una lista de homófonos y otra de parónimos.

Homófonos

asada	de 'asar'		losa	'piedra'
azada	'instrumento'		loza	'cerámica'
asar	'cocina'		paso	'andadura'
azar	'casualidad'		pazo	'casa'
casar	'matrimonio'		poso	'sedimento'
cazar	'animales'		pozo	'hoyo'
caso	'suceso'			
cazo	'utensilio'			

Parónimos

acusar/azuzar	payaso/pedazo
osa/orza	pesca/pizca
piensa/pinza	pis/pez
pisón/pezón	

Dictado-ejercicio *s/z (s=z para Latinoamérica y parte de España; s≠z para el resto. Rellene los huecos con el símbolo correspondiente.)*

Todo... ...abemo... la labor de ...apa que reali...an alguno... e...píritu... envidio...o... de la gran ...abiduría de nue...tro pre...idente. Inútil re...ulta a...ucarar el lenguaje cuando lo que procede e... ...errar la boca. ...e ve al tra...lu... la intención de

...aherir, de cau...ar la inevitable ...o...obra que debe de ...entir el hombre público aco...ado por el ...en...acionali...mo perio-dí...tico de moda hoy en día tanto en Vene...uela como en Nueva ...elanda.

c dental. Este otro sonido de **c** delante de **e i** viene a coincidir con el de **z** en ciertas zonas de España y con el de **s/z** en la inmensa mayor parte del dominio hispanohablante. En el primer caso, **ce ci** compite con **ze zi** y tenemos la opción **c/z**.

O sea, que así como la gama de **c velar** se complementa con **qu** y coincide con la de **k**

ca	que	qui	co	cu
ka	ke	ki	ko	ku

la gama de **c dental** se complementa con **z** y coincide con la de esta misma letra

za	ce	ci	zo	zu
za	ze	zi	zo	zu

Lo que sucede es que la gama de **k** es mucho menos rica (tiene menos ocurrencias) que la de **c/q**, lo mismo que la gama de **z** con respecto a la de **z/c** en los dos únicos casos optativos **ze zi/ce ci**. Veamos algunos ejemplos de las pocas ocurrencias **ze zi** y de dobles grafías.

Ejemplos de ze zi

ázimo	zigzag
azimut	zis, zas
zeugma	enzima 'substancia'
Zeus	encima 'adverbio'

Dobles grafías (precede la más usual)

cebra/zebra	zeta/ceta
ceda/zeda	cigoto/zigoto
cedilla/zedilla	cinc/zinc
cenit/zenit	circón/zircón
zeda/ceda	

Nota. Los verbos que tienen este sonido dental al final de su raíz lo escriben necesariamente con **z** delante de las desinencias que empiezan por **a o**, pero ponen **c** delante de las que empiezan por **e i**:

cazar, cazo, cazas, cazamos ... pero *cace, caces, cacemos*
esparcir, esparces, esparcimos ... pero *esparzo, esparzamos*.

Dictado-ejercicio *c*/*z* *(Todos los huecos tienen el mismo sonido. Escoja el símbolo correspondiente a cada caso.)*

...erca de mi casa hay una ...ona atravesada por un camino que hace ...ig...ag pero sin anun...ios ni avisos de tráfico. En una revuelta hay una cru... a mano derecha y un campo de ...ana-horias a la i...quierda. A lo lejos se distingue una ha...ienda de difí...il ac...eso, con una espe...ie de coberti...o construido con plancha de ...inc. A ve...es, cuando voy de ca...a, entro allí, es-par...o unas cuantas hojas y me duermo de cansan...io soñan-do en lo que no ca...é.

Ahora bien, en el segundo caso (Latinoamérica, etc.), la unificación del sonido de **c dental** con el **s/z** (seseo) ha au-mentado considerablemente la dificultad ortográfica que implica la coincidencia **c/z/s** al producir **ce ci = ze zi = se si**.

Ejemplos

cerco	zéjel	pase
cárcel	zelandés	servir
caricia	zinnia	asiento
circo	zipizape	insidia

Aquí podemos dar algún pequeño repertorio de reglas para distinguir **ce ci / se si**. Así, se escriben con

c
- los verbos que acaban en **-cer**, **-cir**: *hacer, pacer, torcer,* etc. (excepto los verbos *coser, ser, toser*); *conducir, decir, es-parcir,* etc. (excepto el verbo *asir*)
- los verbos acabados en **-ciar**: *acuciar, ensuciar,* etc.
- las palabras acabadas en
  -áceo: *herbáceo, solanácea*
  -acia: *gracia, falacia*
  -icia, **-icie**, **-icio**: *pericia, superficie, beneficio* (excepto la palabra *alisio*)
  -encia, **-ancia**: *ciencia, prestancia* (excepto la palabra *an-sia*);

s
- las palabras que acaban en
  -ísimo: *buenísimo*
  -sivo: *alusivo, intensivo* (excepto las palabras *lascivo, no-civo*)
  -ulsión: *propulsión, repulsión*

• los gentilicios acabados en -**ense**: *rioplatense, conquense* (excepto el gentilicio *vascuence*).

Homófonos			
ceda	'letra'	*encima*	adverbio
seda	'materia'	*en sima*	'cavidad'
cegar	'vista'	*ciento*	'número'
segar	'agrícola'	*siento*	verbo 'sentir'
cocer	'cocina'	*paces*	de 'paz'
coser	'costura'	*pases*	de 'paso'

Dictado-ejercicio *c dental/s/z* (*Todos los huecos tienen el mismo sonido. Escoja el símbolo que corresponda.*)

No ...e...ó el ruido dentro de la cla...e a pe...ar de la llegada del profe...or. Todo lo que ...u...edía era que Gar...ía ...e había metido un hue...o de ...ere...a en el ...apato para ...imular que era ...opo. Pero en...eguida ...e tranquili...aron lo... ánimo... y don ...é...ar pudo empe...ar ...u di...erta...ión. Ca...i nadie le e...cuchaba, ...in embargo, ob...e...ionado... como e...taban lo... cur...illi...ta... con lo acae...ido.

En conclusión, la ambivalencia (doble capacidad representativa) de la letra **c** y su coincidencia con **q** por una parte y **z s** por otra entrañan una de las mayores dificultades ortográficas de nuestra lengua. Cerramos este capítulo con un dictado-ejercicio misceláneo del insigne ya fallecido escritor argentino Julio Cortázar.

Dictado-ejercicio *c/k/q/z/s* (*Misceláneo*)

(Tú) iba... allí a jugar ...on un gato, y el viejo te dejaba entrar y no te ha...ía pregunta..., ...ontento de ...e a ve...es le al...an...ara... algún libro de lo... e...tante... má... alto... Y te ...alentaba... en ...ue e...tufa de gran ...año negro y no te gu...taba ...e yo ...upiera ...e iba... a ponerte al lado de e...a e...tufa.

Pero todo e...to había ...e de...irlo en ...u momento, ...ólo ...e era difí...il pre...i...ar el momento de una co...a, y aún ahora, aco-dado en el puente, viendo pa...ar una pina...a color borravino, hermo...í...ima como una gran ...u...aracha relu...iente de lim-pie...a.

(*Rayuela*, Julio Cortázar, Argentina.)

Cómo practicar la opción d/ø

d

El sonido representado por esta letra está desapareciendo en algunas de sus posiciones, aunque la letra se sigue escribiendo rigurosamente. Tal fenómeno se da principalmente en final de palabra, igual que ha tenido lugar en otras lenguas:

> *bondad* (fr. *bonté*, it. *bontà*)
> *La Libertad*
> *usted*
> *Valladolid*
> *virtud* (fr. *vertu*, it. *virtù*)

y también en las terminaciones de los participios de la conjugación en -**ar**. En algunas regiones llega a suceder esto aun en las otras dos conjugaciones (-**er**, -**ir**)

> *canta(**d**)o*   *teni(**d**)o*
> *habla(**d**)o*   *sali(**d**)o*
> *termina(**d**)o*

La terminación -**ao** que se origina es correcta en algunas palabras:

> *Agesilao*
> *bacalao*
> *Callao*
> *carabao*

Dictado-ejercicio *d*/ø *(Unos huecos piden **d** decadente y otros no tienen nada. Ponga **d** en donde proceda.)*

En virtu... de lo que ya he anticipa...o, declaro tabú... ese tema; así que tenga la bonda... de traerme un ramo de abacá..., el cual debidamente corta...o y coloca...o nos servirá para adornar ese bacala...o al pilpil estilo Bilba...o que tanto nos ha gusta...o cuando lo hemos comido en Madri... por menos dinero de lo que cuesta un pirulí... en Valladoli... Uste... sabrá mejor que yo si lo prefiere a un buen bisté...

Cómo practicar la opción g/gu/gü

g

Según lo ya explicado (pág. 135), la letra **g** representa dos sonidos: uno de ellos es *velar* (se articula con el velo del paladar en el fondo de la boca) y el otro es *uvular* (la úvula vibra más o menos, según los casos). **g** representa el sonido velar delante de las vocales **a o u**, delante de las consonantes y en final de palabra;

y representa el sonido uvular delante de **e i**. Presenta, pues, una sistemática similar a la de **c**.

Ejemplos de g velar

ganar	*agnóstico*	*gag*
pegote	*estigma*	*gulag*
guardar	*ignominia*	*Gog*
	ignorar	*Magog*
	progreso	
	regla	

Ahora bien, como aquí no tenemos otra letra que represente el sonido de **g velar** delante de **e i** igual que **q** y **k** representan el sonido de **c velar** delante de esas vocales, la lengua española se sirve del remedio de representar ese sonido con el digrama (letra compuesta de dos símbolos) **gu** exclusivamente para este caso, en el que **u** no es una vocal sino una mera marca muda como la de la letra **qu**.

ga gue gui go gu

Ejemplos

carguero	*guisar*
doblegue	*inguinal*
guerra	*seguir*

Una vez más se complica el sistema, pues lo anterior ha obligado a buscar una fórmula para escribir las combinaciones **g velar**+vocal **u+e**, **g velar**+vocal **u+i**, fórmula que consiste en añadir una diéresis a la **u**:

agüero, degüello, pedigüeño, argüir, güito, pingüino

Dictado-ejercicio *g velar/gu/gü* (*Todos los huecos tienen el mismo sonido. Escoja la simbología que convenga a cada caso.*)

Qué ...anas ten...o de que se acaben las ...erras, ...ritaba un ...uapo montañero. Y le ar...ía otro que le hacía de ...ía: Sí, pero ¿de qué vivirían los ...uardianes de la paz? Pues que rie...en los campos con a...ua en vez de impre...narlos de san...re, a la mayor ...loria de los a...ricultores, quienes se podrían meter entonces a para...eros, ...itarristas o a...oreros insi...nes.

Cómo practicar la opción g/j

Cierta nueva complicación introducida en la ortografía española por esta opción nos obliga a explicar primero lo referente a **j**, letra que representa un sonido característico del español (y de alguna otra lengua europea, como el alemán y el ruso) que aparece en principio de palabra, en medio y rara vez al final.

Ejemplos

jamón	caja	carcaj
jefe	corrijo	herraj
juez	tejedor	borraj

g *uvular*

g/j

Parecidamente a la oposición **c dental/z/s**, aquí **g uvular** compite con **j** en representar el mismo sonido delante de **e** i. O sea que así como la gama de **g velar** se complementa con el digrama **gu**

$$\text{ga} \quad \text{gue} \quad \text{gui} \quad \text{go} \quad \text{gu}$$

la gama de **g uvular** se complementa con **j** y coincide con la de esta misma letra

$$\text{ja} \quad \text{ge} \quad \text{gi} \quad \text{jo} \quad \text{ju}$$
$$\text{ja} \quad \text{je} \quad \text{ji} \quad \text{jo} \quad \text{ju}$$

Ejemplos

jamás	ambages	ágil	cajón	corajudo
hoja	argentino	regio	dijo	hijuela
rajar	género	urgir	joroba	judío

Tal coincidencia pone una nueva y grave dificultad en la oposición **ge gi / je ji**. Véanse algunas reglas de posible utilidad y pocas excepciones notables. Se escriben con

g
- el prefijo **geo-**: *geología, geodésico*;
- la sílaba final -**gen**: *origen, virgen*;
- las terminaciones siguientes:
  -**gélico**: *evangélico*
  -**genario**: *nonagenario*
  -**géneo**: *heterogéneo*
  -**génico**: *fotogénico*
  -**genio**: *ingenio*
  -**génito**: *primogénito*
  -**gesimal**: *sexagesimal*
  -**gésimo**: *nonagésimo*

-**gético**: *energético*
           -**giénico**: *higiénico*
           -**ginoso**: *ferruginoso*
           -**gismo**: *neologismo*
           -**gia**: *demagogia*
           -**gio**: *litigio, frigio*
           -**gión**: *región, religión*
           -**gírico**: *panegírico*
           -**logía**: *teología, anfibología*
           -**ígena**: *alienígena*
           -**geno**: *oxígeno, hidrógeno* (excepto la palabra *ajeno*);
   • los verbos acabados en
           -**igerar**: *aligerar, morigerar*
           -**ger**: *proteger, acoger* (excepto el verbo *tejer*)
           -**gir**: *fingir, infringir* (excepto el verbo *crujir*);
   • las palabras siguientes: *ambages, enálage, esfinge, falange, faringe, laringe.*

j
   • la terminación -**je**: *garaje, coraje, encaje* (excepciones en el último punto del apartado anterior);
   • la terminación -**jería**: *cerrajería, consejería, conserjería;*
   • el pretérito indefinido de indicativo y el pretérito imperfecto y el futuro simple de subjuntivo de los verbos irregulares que no tienen este sonido en la raíz: *(conducir) conduje, condujera, condujese, condujere; (decir) dije, dijera, dijese, dijere.*

Recordatorio

    Todos los miembros de una misma familia de palabras tienen la misma ortografía. Por lo tanto,
si *virgen: vírgenes, virginal, virgíneo, virginia, virginiano, virginidad;*
si *región: regiones, regional, regionalismo, regionalista, regionario;*
si *hereje: herejes, herejía;*
si *cerrajero: cerrajería, cerrajear.*
    Pero particular atención merecen los verbos con **g**, pues siguen este principio sólo hasta donde pueden:
proteger: proteges, protege, protegemos, protegéis, protegen, etc., pero *protejo, proteja,* etc.,
que no podrían escribirse de otro modo para representar ante **a** o **o** el sonido de **g** uvular. Los verbos con **j** la mantienen, lógicamente, en todo su paradigma
        tejer: tejo, tejes, etc., *teja, tejas,* etc.

Si la palabra primitiva lleva necesariamente **j** por ir delante de **a o u**, las derivadas siguen con ella:

rojo, rojizo, enrojecer
ventaja, ventajear, ventajero, ventajista

Dictado-ejercicio g uvular/j *(Todos los huecos tienen este sonido. Escoja el símbolo correspondiente).*

...amás volveré a prote...er a esa ...entuza. Me di...eron que les habían atacado unos ...inetes que se diri...ían a ...inebra, me su...irieron que les condu...era a la ...efatura de policía y luego me de...aron abandonado en aquella re...ión. No crean que he te...ido esta historia para fin...ir abnegación. Hay que ayudar al pró...imo, hay que mostrar cora...e, pero también hay que exi...ir reciprocidad sin amba...es ni rodeos. De lo contrario, la solidaridad acaba en ignominia.

Concluimos aquí también que la ambivalencia de la letra **g** coincidiendo por una parte con **j** y paliándose con el recurso **gu** por otra, introduce otra seria dificultad ortográfica. Nos despedimos de este obstáculo con un dictado-ejercicio misceláneo de otro gran escritor latinoamericano, el peruano Mario Vargas Llosa.

Dictado-ejercicio g/gu/gü/j *(Misceláneo)*

El hombre, bruscamente, pareció desinteresarse de su propia cólera. Trastabilleó hacia sus compañeros, quienes lo su...etaron para que no se desmoronara. Le alcanzaron la cerveza. Bebió a pico de botella un lar...o tra...o. Lituma advirtió que sus o...itos relampa...eaban y que, al pasar el líquido, la nuez se movía en su ...ar...anta de arriba a aba...o, como un animalito en...aulado. El cabo fue a apoyarse también en el mostrador, frente al cantinero y su mu...er.

(*Lituma en los Andes*, Mario Vargas Llosa, Perú.)

Cómo practicar la opción h/ø

Como **h** no representa, curiosamente, ningún sonido, la vamos a oponer a cero (símbolo ø).

Esta oposición se da eminentemente en principio de palabra ante vocal, pero también en el interior de los compuestos de palabras que empiecen por **h** (*hijo*: *prohijar*; *hueco*: *ahuecar*) y de algunas pocas palabras como *ahogar, buhardilla, búho, cohorte, zanahoria*, etc., así como al final de algunas interjecciones (*ah, bah, eh, oh*).

La ortografía de **h/ø** se basa en razones históricas, por lo que pocas reglas se pueden dar. Aquí priva la memoria visual, ejercitada con la lectura y escritura atentas. Veamos algunas reglas:

Se escriben con **h** inicial

- los prefijos griegos
  hidr- (agua): *hidráulico*
  hiper- (superior): *hipermercado*
  hipo- (inferior): *hipodérmico*
       (caballo): *hipódromo*
  homo- (igual): *homosexual* (excepto *omóplato*)
  hetero- (diferente): *heterodoxo* (excepto *eteromanía*)
  holo- (total): *holocausto* (excepto *ológrafo*, *olor*)
- las palabras que empiezan por los diptongos
  ue: *hueco, hueso, huevo*
  ui: *huir, huilte*
  ua: *huachar, huaquero*
  ie: *hiedra, hierba, hierro*
- las palabras que empiezan por
  horm-: *horma* (excepto *ormesí, ormino*)
  horn-: *horno* (excepto el prefijo **ornito**- y la familia de *ornar*)
  horr-: *horror*
  hort-: *hortelano* (excepto el prefijo **orto**- = recto)
  hosp-: *hospital*
  huma-: *humano*
  hume-: *húmedo*
  humi-: *humillar*
  humo-: *humor*
  humu-: *humus*

Nota 1. Debido a razones históricas se quiebra aquí la regla ya dada anteriormente de que todos los miembros de una familia léxica siguen igual ortografía.

Así tenemos

> **aldehuela**, pero *aldea, aldeano*, etc.
> *hueco*, pero *oquedad, oquedal*, etc.
> *hueso*, pero *óseo, osamenta, osario*, etc.
> *huevo*, pero *ovoide, ovíparo, óvulo*, etc.
> *huele*, pero *oler, olor*, etc.
> *huérfano*, pero *orfandad, orfanato,* etc.
> *Orihuela*, pero *oriolano*, etc.

Nota 2. Añadimos un repertorio de homófonos y dobles grafías que pueden ayudar al esfuerzo nemotécnico (memorístico).

		Homófonos	
a	preposición	*errar*	de 'error'
ha	verbo 'haber'	*herrar*	de 'herradura'
acedera	'planta'	*ético*	'moral'
hacedera	de 'hacer'	*hético*	'enfermo'
ala	'miembro'	*ojear*	de 'ojo'
hala	interjección	*hojear*	de 'hoja'
amo	'persona'	*ola*	del 'mar'
hamo	'anzuelo'	*hola*	interjección
asta	'cuerno'	*onda*	'curva'
hasta	preposición	*honda*	'profunda'
atajo	'camino'	*opa*	'finanzas'
hatajo	'grupo'	*hopa*	'vestido'
avía	verbo 'aviar'	*ora*	verbo 'orar'
había	verbo 'haber'	*hora*	'tiempo'
aya	'persona'	*orca*	'cetáceo'
haya	'árbol'	*horca*	'instrumento'
e	conjunción	*ostia*	'molusco'
he	verbo 'haber'	*hostia*	'oblea'
echo	verbo 'echar'	*uno*	'número'
hecho	verbo 'hacer'	*huno*	'pueblo'
era	del 'campo'	*uso*	de 'usar'
Hera	'diosa'	*huso*	'instrumento'

Dobles grafías

(las formas sin **h** son más corrientes)

acera/hacera
armonía/harmonía
arpa/harpa
arpía/harpía
arpillera/harpillera
arrapo/harrapo
arrear/harrear
erraj/herraj
iguana/higuana
ológrafo/hológrafo
ujier/hujier

Dictado-ejercicio *h/ø* (*Unos huecos piden* **h** *y otros no tienen nada. Rellene con* **h** *los que corresponda.*)

Se comprende que si ...ovario se relaciona con ...uevos, ...osario se relaciona con ...uesos, es decir, el principio y el fin de la trayectoria ...umana. ...oy en día vamos del ...ospital ...obstétrico al ...ospedaje ...eterno trazando ...una gran curva ...elemental de composición ...eterogénea (...escuelas, ...iglesias, ...ipermercados, ...oficinas, ...acontecimientos, muchas ...oras de ...actividades ...orribles que ...a veces ...a de ...acer ...uno).

Cómo practicar la opción **m/n**

m/n

Estas letras representan cada una su particular sonido. Pero conviene saber que:

1º **m** no aparece en posición final de palabras propiamente españolas y sí solo en latinismos o extranjerismos, casos en los cuales se pronuncia corrientemente como **n**

memorándum	*Amsterdam*
referéndum	*Rotterdam*
súmmum	*Vietnam*

2º delante de **p** y **b** se escribe siempre **m**

ambos	*romper*
timbre	*comprar*
temblor	*cumplir*

3º delante de **m** se escribe **n** (contrariamente al francés y al inglés) y lo mismo delante de **v**, aunque se pronuncia como **m**

inmoral	*convento*
conmoción	*envidia*
inmutarse	*tranvía*

Así, no existe en español el grupo **mm** (sólo en latinismos y extranjerismos), pero sí el **nn**

innato
innovación
connotación

Dictado-ejercicio *m/n* (*Se confunden delante de* **b/v**, **m**, **p** *y en final de palabra. Ponga en los huecos la opción correspondiente.*)

Aquel programa de televisió... e...pezó bien y, aunque no era el sú...mu... de la i...ventiva ta...poco pecaba de i...becilidad. Pero poco a poco cayó en lo i...moral y la familia decidió que no co...venía a nuestros muchachos todavía i...berbes. La visió... del programita, co...binació... de aventuras en Vietna... y espionaje en Saigó..., fue i...pedida por a...bos cónyuges.

Cómo practicar la opción r/rr

r/rr

Ya se ha advertido que no siempre representan sonidos distintos. **r** (simple) representa el sonido de **rr** (múltiple) en principio de palabra y después de **l n s**.

Ejemplos

radio	alrededor	honra	Asrafil
remo	malrotar	Enrique	Israel
rito	alrota	inri	
roble			
rudo			

Únicamente se escribirá **rr** doble cuando el sonido múltiple que representa aparece entre vocales: *carro, entierro, arrancar.*

Dictado-ejercicio r/rr (*Se confunden en principio de palabra y detrás de l n s. Ponga en los huecos el símbolo que proceda.*)

Me dive...tía ...ogando a los no...teame...icanos que tenía a mi al...ededo... en aquella playa de Califo...nia que p...onunciasen la palab...a "gua...o", pe...o sin insulta... Uno de ellos log...ó a...anca... un buen sonido y ...esultó se... de p...ocedencia is...aelí y ascendencia sefa...dita. En...ique, que así se llamaba, p...onunció bien "gua...o" po...que en ...ealidad e...a un ma...ano (judío converso). Y a mucha hon...a, me dijo.

Cómo practicar la oposición x/s

X

En principio de palabra (en algunos helenismos), en final de palabra y delante de consonante se pronuncia corrientemente esta letra como **s**, lo cual induce a errores ortográficos. Solo la memoria visual puede ayudarnos a decidir en esos casos sobre la oposición **x/s**.

Ejemplos

xerografía	*serología*
Félix	*melis*
exporta	*espuerta*

Hay un gran campo de posibles errores en el hecho de que muchas palabras llevan los prefijos latinos **ex-** y **extr-**, y otras muchas empiezan precisamente por las sílabas **es-** y **estr-**:

Ejemplos

exceso	*escena*	*extrañamiento*	*estreñimiento*
expectativa	*espectador*	*extravío*	*estrabismo*
externo	*esternón*	*extrínseco*	*estricto*

Homófonos

contexto	'orden'		*extracto*	'resumen'
contesto	verbo 'contestar'		*estrato*	'nube'
expiar	'purificar'		*texto*	'obra'
espiar	de 'espía'		*testo*	verbo 'testar'

Dictado-ejercicio *x/s* (*Se confunden en principio y final de palabra y delante de consonante. Ponga en los huecos lo que corresponda.*)

Hay mucha e...pectación ante la ine...perada noticia de la reacción ...enófoba de ciertos e...píritus e...traños. Féli..., e...presidente de una secta e...tranjera, e... uno de ellos: e...cluye de su mente todo lo que no tenga a...pecto bien ca...tizo, e...pantoso e...tremi...mo ine...plicable en nuestro siglo XX. Como no hay prete...to para el raci...mo, prote...temos contra él.

Cómo practicar la opción *y/ll/i*

y

Esta letra representa dos sonidos, uno consonántico y otro vocálico. El primero, que aparece en principio e interior de palabra, se confunde con el de **ll** en la mayor parte del dominio hispanohablante y provoca así la oposición **y/ll**.

Ejemplos

yerba	*llanto*	*payaso*	*callar*
yerro	*llovizna*	*reyerta*	*conllevar*

Podemos dar algunas reglas de la aparición de
ll

• en las terminaciones
 -**illo**: *cigarrillo, cuchillo*,
 -**illa**: *capilla, arcilla*;
• en las terminaciones
 -**alle**: *detalle, calle*,
 -**elle**: *fuelle, muelle*,
 -**ello**: *sello, destello* (excepto las palabras *leguleyo, plebeyo*);
• en muchas de las palabras que empiezan por las sílabas **fa-, fi-, fo-, fu-**: *falla, filló, folla, fulla*;
y
• en ciertos tiempos de algunos verbos irregulares que no la tienen en el infinitivo:
roer: royendo;
traer: trayendo;
ir: yendo; huir: huyendo.

Hay un cierto repertorio de parejas
prácticamente homófonas:

abollar	'deformar'	*gallo*	'ave'
aboyar	poner 'boyas'	*gayo*	'alegre'
arrollar	'envolver'	*halla*	verbo 'hallar'
arroyar	formar 'arroyos'	*haya,*	'árbol'
		aya	'persona'
bolla	'panecillo'		
boya	'señal'	*hulla*	'carbón'
		huya	verbo 'huir'
bollero	de 'bollo'		
boyero	de 'buey'	*olla*	'utensilio'
		hoya	'concavidad'
callado	verbo 'callar'		
cayado	'objeto'	*pollo*	'ave'
		poyo	'dispositivo'
callo	'dureza'		
cayo	'islote'	*pulla*	'palabra'
		puya	'punta'
galla	'agalla'		
gaya	'ave'	*rallar*	'desmenuzar'
		rayar	'hacer rayas'
gallar	del 'gallo'		
gayar	'adornar'	*rolla*	'trenza'
		roya	'hongo'
gallera	'jaula'		
gayera	'fruta'	*rollo*	'cilindro'
		royo	'rubio'

El sonido vocálico de **y** coincide con el de la vocal **i**. Aparece en final de palabra detrás de vocal, constituyendo con ésta diptongo o triptongo. La aparición de **i** en esta situación es rara, por lo que estamos ante una oposición sencilla: **y/i**.

Ejemplos

(**y** con diptongo)	(**y** con triptongo)	(**i**)
ay	*buey*	*benjuí*
bey	*Camagüey*	*saharaui*
carey	*Paraguay*	
estay	*Uruguay*	
guirigay	*Valderaduey*	
hay		
hoy		
huy		
ley		
paipay		
quilmay		
rentoy		
rey		
voy		

Dictado-ejercicio y/ll/i (*Confusión de ll y en principio e interior de palabra, y de y i en final absoluto. Rellene adecuadamente los huecos.*)

El muerto al ho...o y el vivo al bo...o. Mucho ha ...ovido desde que se intu...ó esta verdad, muchos se ha ...evado la muerte muy ca...andito y muchos ca...eron gritando en el campo de bata...a. La muerte no perdona: ni que seas un re... alauita o un fuera de la le... saharau..., ni que se trate de un bue... del Urugua... Ca...e arriba o arro...o abajo, nuestra vida acaba siempre en ...anto.

SILABEANDO BIEN PARA BIEN DIVIDIR LAS PALABRAS

Esquemas silábicos del español	
Con vocal nuclear	*Con diptongo nuclear*
V	D
VC	DC
VCC	
CV	CD
CVC	CDC
CVCC	
CCV	CCD
CCVC	CCDC
CCVCC	

Los sonidos del lenguaje articulado (oral) representados por letras en el lenguaje escrito tal como hemos podido ver en el capítulo anterior rara vez se encuentran totalmente aislados. Justamente tendremos que recurrir a los **monosílabos** (palabras de una sílaba) para encontrar alguna palabra constituida por un solo sonido, el cual forzosamente habrá de ser una vocal:

a (preposición)
e (conjunción) **y** (conjunción) **o** (conjunción) **u** (conjunción)
ah (interjección) **eh** (interjección) **oh** (interjección)
ha (verbo) **he** (verbo)

Éstas son las únicas palabras españolas constituidas por un solo sonido. Pero los sonidos normalmente se van agrupando en pequeños y sólidos conjuntos que llamamos **sílabas**, las cuales a su vez, volviéndose a agrupar, constituyen los **polisílabos** (palabras de varias sílabas). La sílaba es, pues, una asociación de sonidos íntimamente ligados, de tal modo que nuestro oído los percibe claramente diferenciados de los grupos contiguos.

De ahí que **silabear** no sea uno de los ejercicios difíciles que se hacen a veces en la escuela.

La sílaba española (no las de otras lenguas necesariamente) tiene siempre una vocal (o un diptongo o triptongo) como núcleo, lo cual hace que éste destaque claramente por la mayor perceptibilidad de los sonidos vocálicos frente a los consonánticos. La lengua española siempre ha tenido fama de clara y distinta entre los extranjeros que la han estudiado.

El importantísimo núcleo vocálico puede ir precedido, seguido o ambas cosas a la vez por una o varias consonantes. Se presenta así cierto número de combinaciones típicas que vamos a reseñar seguidamente (para mayor brevedad e incluso mejor memorización emplearemos estas abreviaturas: V=vocal, D=diptongo, C=consonante).

ESQUEMAS SILÁBICOS POSIBLES
(con una vocal en el núcleo)

V	*y, o, ajuste, ocasión, erradicar.*
VC	*al, en, id, hermano, olvido, urgencia.*
VCC	*abstención, inspección, adscripción, obstáculo, instar.*

CV	*recordar, pedir, conceder, ventisca, cuaderno.*
CVC	*costumbre, carencia, perdonar, dirección, ropas*
CVCC	*inconsciente, circunscripción.*

CCV	*copla, cabra, trayecto, inflo, odre.*
CCVC	*contraste, imprenta, inglés, plasma, cobrar.*
CCVCC	*transporte, intransferible.*

ESQUEMAS SILÁBICOS POSIBLES
(con un diptongo en el núcleo)

Nota previa

A veces encontramos dos vocales contiguas en lugar de una sola. Pueden darse dos posibilidades: las dos vocales están ligadas de tal modo que ambas juntas constituyen el núcleo silábico. Es lo que se llama en fonética (la ciencia lingüística que estudia la pronunciación) un **diptongo**. Éstos se forman combinando las vocales **i u** con las demás: **ia ie io iu, ua ue ui uo ai ei oi, au eu ou**.

En la segunda posibilidad las vocales están juntas pero no unidas; cada una de ellas es núcleo de sílabas distintas. Es lo que llamamos un **hiato**. Éstos se forman esencialmente combinando las vocales **e a o: ee ea eo, aa ae ao, oo oe oa,** pero también con los mismos esquemas de los diptongos, lo que introduce una de las grandes dificultades de la fonética y de la ortografía del español.

Vale la pena tener presentes estos dos conceptos, diptongo e hiato, tanto para la buena comprensión de la división silábica que estamos estudiando como para la aplicación correcta de las reglas de acentuación.

D	*ay, hoy, huy, eutanasia, oiga, hielo, huevo.*
DC	*aun, aislante, auscultar, huerta, hierba.*

CD	*rey, voy, rentoy, peine, cauto.*
CDC	*fiasco, cuesco, riesgo, aguas, infausto.*

CCD	*trauma, griego, clausura, fraude, prieto.*
CCDC	*claustro, triestino, cruento.*

Apéndice

En no pocas ocasiones, sobre todo en desinencias verbales, aparece en el lugar de un diptongo y con estructura similar un grupo de tres vocales al que llamamos **triptongo**. Sus ocurrencias son mucho menos frecuentes y sus modelos escasos, por lo que nos limitamos a ofrecer algunos ejemplos:

buey, guay, Camagüey, Uruguay, Paraguay, friáis, averigüéis, rociéis.

DIVISIÓN SILÁBICA

Ahora empezamos a estar preparados para separar silábicamente las palabras del español. Redondeemos lo anterior con el estudio de las leyes precisas de la división silábica, que enunciaremos esquemáticamente poniendo juntas las abreviaturas mayúsculas para indicar el mero encuentro de los sonidos dentro de la palabra y separadas por un guión para marcar la frontera silábica.

VCV > V–CV   o sea, que *color* se divide en *co-lor*, *pera* > *pe-ra, cafés* > *ca-fés.*

VCCV > V–CCV   *cabrito* > *ca-bri-to, aplicar* > *a-pli-car, hablamos* > *ha-bla-mos,* (si CC = **pl bl fl cl gl tl; pr br fr cr gr tr dr**).

VCCV > VC–CV *captar > cap-tar*, *observar >*
ob-ser-var, **arco** *> ar-co*, **tanto** *>*
tan-to, (si CC = otras consonantes).

VCCCV > VC-CCV *artrosis > ar-tro-sis*, **impresión** *>*
im-pre-sión, **ingrato** *> in-gra-to*,
(si CC últimas= **pl bl fl cl gl tl;**
pr br fr cr gr tr dr).

VCCCV>VCC-CV *constar > cons-tar*, **obstáculo** *>*
obs-tá-cu-lo, **insto** *> ins-to*,
(si CC últimas= otras consonantes).

VCCCCV>VCC-CCV **instru**cción > ins-truc-ción*,
obstrucción > obs-truc-ción*,
adscripción > ads-crip-ción*
(pues necesariamente CC últimas =
grupos especificados más arriba y
CC primeras= **bs ds ns**).

Ejercicio *(Copie las palabras subrayadas separando las sí-*
labas con un guión y silabeando al mismo tiempo en voz alta.)
<u>Cometa</u> de <u>pesada</u> y <u>rutilante</u> <u>cola</u> dialéctica,
atraviesas el <u>siglo</u> diecinueve con <u>una</u> <u>granada</u> de <u>verdad</u>
[en la <u>mano</u>
y <u>estallas</u> al <u>llegar</u> a nuestra <u>época</u>.
<u>Máscara</u> que sonríe <u>bajo</u> un <u>antifaz</u> <u>rosa</u>,
<u>hecho</u> de <u>párpados</u> de ajusticiado,
<u>verdad</u> <u>partida</u> en mil <u>pedazos</u> de fuego,
¿qué quieren <u>decir</u> <u>todos</u> <u>esos</u> <u>fragmentos</u> <u>gigantescos</u>,
<u>esa</u> <u>manada</u> de <u>icebergs</u> que <u>zarpan</u> de tu <u>pluma</u> y en <u>alta</u>
[mar <u>enfilan</u> hacia <u>costas</u> sin <u>nombre</u>,
<u>esos</u> <u>delicados</u> <u>instrumentos</u> de cirugía <u>para</u> <u>extirpar</u> el
[<u>chancro</u> de Dios,
<u>esos</u> aullidos que <u>interrumpen</u> tus majestuosos razona-
[<u>mientos</u> de <u>elefante</u>,
<u>esas</u> repeticiones <u>atroces</u> de relojería descompuesta,
<u>toda</u> <u>esa</u> <u>oxidada</u> herramienta de <u>tortura</u>?

(*El prisionero*, Octavio Paz, México.)

En la casuística (conjunto de casos) estudiada siempre ha que-
dado en el margen silábico alguna consonante. Veamos ahora
qué sucede cuando se trata de dos vocales situadas una al lado
de la otra. Dos posibilidades: las vocales contiguas pertenecen
o bien a un diptongo o triptongo o bien a un hiato. En el primer

caso, por la propia definición de diptongo o triptongo resultan inseparables: ambas pertenecen a la misma sílaba. En el segundo caso, también por la definición de hiato, las dos vocales contiguas son núcleos de sílabas distintas y, por lo tanto, separables.

Ejemplos de las palabras con diptongos del pasaje
de Octavio Paz

dialéctica	>	dia-léc-ti-ca
atraviesas	>	a-tra-vie-sas
diecinueve	>	die-ci-nue-ve
nuestra	>	nues-tra
ajusticiado	>	a-jus-ti-cia-do
fuego	>	fue-go
quieren	>	quie-ren
hacia	>	ha-cia
Dios	>	Dios
aullidos	>	au-lli-dos
majestuosos	>	ma-jes-tuo-sos
razonamientos	>	ra-zo-na-mien-tos
repeticiones	>	re-pe-ti-cio-nes
descompuesta	>	des-com-pues-ta
herramienta	>	he-rra-mien-ta

Ejemplos de las palabras con hiatos del pasaje
de Octavio Paz

sonríe	>	son-rí-e
cirugía	>	ci-ru-gí-a
relojería	>	re-lo-je-rí-a

Coincide que estos tres ejemplos de hiatos son precisamente de los que presentan una combinación vocálica que también puede ser diptongo. Se trata, pues, de los casos más complicados, ya que las combinaciones típicas y privativas de los hiatos no ofrecen dificultad ninguna:

aéreo > a-é-re-o, Oaxaca > O-a-xa-ca, aaronita > a-a-ro-ni-ta, oasis > o-a-sis, batea > ba-te-a, proveer > pro-ve-er, oboe > o-bo-e.

¿Cómo superar la dificultad de distinguir *hacia* preposición de *hacía* verbo, de *regía* verbo y *regia* adjetivo, de *hoy* adverbio y *oí* verbo, de *hay* verbo y *ahí* adverbio, etc., etc.? Como primera providencia el oído nos debe ayudar. Hemos de habituarnos a apreciar esa delicada transición del hiato al diptongo o vice-versa. Pero también podemos servirnos del diccionario, ya que determinadas reglas ortográficas de acentuación que estudiaremos en el capítulo siguiente nos resolverán el 99 % de los casos. Anticipemos que, como en los tres ejemplos de Octavio Paz, si **í ú** aparecen así, acentuadas, no puede haber diptongo y sí hay, en consecuencia, hiato, razón por la que la frontera silábica está entre **í e, í a, í a**, respectivamente.

Ejercicio *(Copie este pasaje de* El siglo de las luces *separando las sílabas con guiones y las palabras con barras.)*

Ejemplo: El/si-glo/de/las/lu-ces. Preste atención a los diptongos e hiatos.)

Humeaba la fritura, derramábanse las jarras de jugos y garapiñas, y el ron clarín, tempranamente bebido, sobrealzaba los ánimos. Sin embargo, cuando Monsieur Anse se presentó en lo alto del patíbulo llevando sus mejores ropas de ceremonia -tan grave en su menester como bien descañonado por el barbero- se hizo un hondo silencio. Pointe-à-Pitre no era el Cabo Francés, donde, desde hacía tiempo, existía un excelente teatro, alimentado de novedades por compañías dramáticas de tránsito para la Nueva Orleans. Aquí no se tenía nada semejante; nunca habíase visto un escenario abierto a todos, y por lo mismo descubrían las gentes, en aquel momento, la esencia de la Tragedia.

(*El siglo de las luces*, Alejo Carpentier, Cuba.)

APLICACIÓN DE LA DIVISIÓN SILÁBICA A LA ESCRITURA

En el lenguaje escrito, nos vemos obligados de vez en cuando a dividir una palabra al final del renglón por no caber en él. Tal recurso se hará, en primer lugar, observando rigurosamente las normas de la división silábica, es decir, que solo por las fronteras silábicas se podrá hacer la partición. Además, se tendrán en cuenta algunas otras normas tradicionales, mitad estéticas, mitad gramaticales, a saber:

a) Repugna dejar aislada una vocal que sea primera o última sílaba de la palabra. Así, *á-re-a*, por ejemplo, no es susceptible de división.

b) Repugna igualmente separar los hiatos, que dejarían una vocal final de renglón y otra, inicial. Por ejemplo, *incoar > in-coar*, *recaer > re-caer*.

c) Las palabras compuestas y prefijadas se separan preferiblemente por sus componentes y prefijos, aunque gozan también de la solución general: *nos-otros = no-sotros, campo-santo = cam-posanto/camposan-to.*

d) La **h** intercalada no se separará de la vocal a la que precede (con la que está unida etimológicamente, además). Así, *ahora,* cuya división silábica es *a-ho-ra* solo podrá separarse *aho-ra.*

e) Las letras dobles son inseparables, ya que, como sabemos, aunque formadas históricamente por dos signos, representan un solo sonido. Por lo tanto, *pecho > pe-cho, rollo > ro-llo, cata-rro > ca-ta-rro.*

Ejercicio *(Separe ortográficamente las palabras siguientes y aplique el modo más elegante, si hay opción.)*

gentilhombre	exalumno
prehistoria	cachaza
pellica	clorhídrico
aorta	cohorte
carretilla	zascandil

ACENTUANDO SEGÚN LAS NORMAS DE LA REAL ACADEMIA

2

Acentuación gráfica de las palabras		
Átonas	*Tónicas*	
1. permanentemente	monosílabas	polisílabas
2. accidentalmente: por su función en nombres propios en títulos en vocativos en locuciones	acento diacrítico	agudas graves esdrújulas sobresdrújulas

Las letras se unieron para constituir las sílabas y las sílabas se unen ahora para formar las palabras. Pues bien, la estructura fonética propia de nuestra lengua confiere importancia especial a una de esas sílabas dándole más intensidad que a las demás de la misma palabra, de tal modo que destaca sobre ellas. Tal fenómeno (no compartido por otras lenguas emparentadas con el español) se conoce con el nombre de **acentuación**. Se trata, por lo tanto, de una particularidad fonética que contribuye a modular nuestro mensaje con un ritmo propio. Como la palabra **acento** es ciertamente vaga en español, nos referimos normalmente al fonético, al acento que oímos, con el apelativo de **tónico** y al escrito, con el de **gráfico**. No resulta ocioso diferenciarlos claramente, por cuanto no siempre, como veremos en seguida, se corresponde el uno con el otro. Para la mejor comprensión de esta lección, a lo largo de ella simbolizaremos el acento tónico con esta virgulilla [**à**] y el gráfico con la tradicional [**á**].

CLASIFICACIÓN DE LAS PALABRAS SEGÚN EL ACENTO TÓNICO

Una palabra aislada, una sílaba aislada, incluso un sonido pronunciado aislado tienen siempre su acento tónico en español. Si pronunciamos separadamente el sonido **o** porque vamos a hablar de la conjunción *o*, tal sonido va acompañado de su acento tónico, es decir, de cierta especial intensidad en la pronunciación. Pero a lo largo de nuestro discurso, muchos sonidos en sus sílabas, muchas sílabas en sus palabras y algunas palabras en sus oraciones aparecen desprovistos de acento tónico, cediendo la intensidad a solo algunos de ellos, con lo que se produce una intermitencia que conforma el ritmo peculiar de las frases.

Llamamos palabras **tónicas** a las que conservan su acento en el discurso y palabras **átonas** a las que lo pierden:

En la oración **que** *estoy escribiendo* **las** *palabras átonas van en negrita.*

Palabras átonas

Hay palabras que en cualquier situación aparecen como átonas, mientras que otras se atonizan solo en determinadas circunstancias. Por eso, daremos a continuación tres listas diferentes según el caso de cada grupo.

Lista de palabras siempre átonas

1. Los artículos determinantes.
2. Los adjetivos posesivos en anteposición.
3. El primer elemento de los numerales compuestos.
4. Los pronombres personales objetivos.
5. Los pronombres relativos.
6. Las preposiciones.
7. Las conjunciones.

Notas

3. Aquí se presentan ciertas excepciones e incluso contra-excepciones, a saber:

ciento y sus compuestos <u>no</u> pierden su tonicidad [*ciènto très, seiscièntos cuarènta*] <u>excepto</u> delante de *mil* [*quinientos mìl*]; *mil* es <u>siempre</u> tónico [*mìl ùno, mìl novecièntos, dos mìl*].

5. Excepción:

cual, cuales es <u>siempre</u> tónico [*Juàn, el cuàl llegò ayèr me diò recuèrdos para tì*].

6. Excepción:

según es <u>siempre</u> tónica [*Condùzcan segùn las nòrmas*].

Lista de palabras tónicas o átonas según su función

	es tónica como	es átona como
cada	normal	regional
medio	adjetivo [*mèdio dìa*]	adverbio [*medio muèrto*]
más/mas	adj., adv. [*màs pàn, màs tàrde*]	conjunción [*dòs mas dòs iguàl cuàtro*] [*fuè corrièndo mas llegò tàrde*]
menos	adj., adv.[*mènos dinèro*] [*hòy te quièro mènos*]	conjunción [*cuàtro menos dòs, dòs*] [*tòdos menos tù*]
casi	con verbo [*càsi nò còme*]	con adj., adv. [*casi moribùndo*] [*casi bièn*]
tan	afectado	normal
aún/aun	adv.tiempo [*aùn nò vìene*]	adv. modo [*sàbe mùcho, aun demasiàdo*]
luego	adverbio [*lo harè luègo*]	conjunción [*ès cubàno, luego centroamericano*]
mientras	adverbio [*espèrame mièntras*]	conjunción [*escrìban mientras dìcto*]
dé/de	verbo [*dè lo que puèda*]	preposición [*libro de gramàtica*]
y	en comienzo de interrogación [*¿ Y Pilàr, la hàs vìsto?*]	conjunción [*fonètica y ortografìa*]

Lista de sustantivos que se atonizan ocasionalmente

El primer miembro de los nombres de pila compuestos:

José María [*Jose Marìa*], María Luisa [*Maria Luìsa*]

Ciertos títulos que preceden al nombre de pila:

don, doña: [*don Juàn Tenòrio, doña Juàna la lòca*]
fray, sor: [*fray Bartolomè de las Càsas, sor Angèlica*]
san(to), santa: [*San Francìsco, santo Tomàs, santa Terèsa*]

Ciertos sustantivos usados como tratamiento en <u>vocativo</u> (es decir, solo para llamar o dirigirse a alguien) delante del nombre de pila o del apellido:

padre, madre: [*padre Feliciàno, madre Consolaciòn*]
hermano, hermana: [*hermano Agustìn, hermana Pètra*]

tío, tía: [*tío Pascuàl, tía Manuèla*]
señor, señora: [*señor Antònio, señora Garcìa*]
señorito, señorita: [*señorito Pèpe, señorita Fernàndez*]

Algunos sustantivos cuando forman parte de locuciones adverbiales, prepositivas o conjuntivas:

boca abajo	*cara a*	*a causa de que*
boca arriba	*frente a*	*a fin de que*
patas arriba		*caso que*

Ejercicio *(Busque y subraye aquellas palabras que por su categoría gramatical o por su uso en la frase donde están pueda asegurarse que son átonas.)*

Se va acabando el noventa y cuatro. Un año de acontecimientos que podemos considerar casi desastrosos. Guerras por aquí, atentados por allá, sin agua en medio mundo y las tribus africanas medio aniquilándose las unas contra las otras. −¡Oiga, doña Ana María! ¿Qué piensa usted de todo esto? ¿Y la señora Gertrudis y don Julián, qué piensan? El día que no amanece con sus mil y una desgracias nos parece extraordinario. Se lo digo de corazón, tía Pepa, menos usted todos opinan que soy un pesimista.

Palabras tónicas

La mayoría de las palabras tienen su acento tónico, que alguien ha llamado «el alma de la palabra». Con arreglo a la sílaba en que recaiga tal aumento de la intensidad fónica dividimos las palabras en

<u>agudas</u> (última sílaba): *amor, concisión, papel, adiós*
<u>graves</u> o <u>llanas</u> (penúltima): *carta, ágil, saco, cárter*
<u>esdrújulas</u> (antepenúltima): *análisis, cántaro, déjame*
<u>sobresdrújulas</u> (más atrás): *repíteselo, proporcionándosela*

El buen observador se habrá dado cuenta de que en los ejemplos de agudas y graves no siempre aparece escrito el acento gráfico símbolo del tónico correspondiente. En efecto, así como otras lenguas no lo escriben nunca (el inglés, el alemán, por ejemplo), el español lo escribe solo en ciertos casos, pero de tal modo reglamentados que la ausencia de la virgulilla es tan reveladora como su presencia. Siglo tras siglo, la Real Academia Española, con la colaboración de las Academias americanas correspondientes, ha ido perfeccionando unas reglas de acentuación que resuelven satisfactoriamente el 99 % de los casos. Nosotros vamos a estudiarlas escalonadamente para afianzarnos poco a poco en su conocimiento y aprender a aplicarlas correctamente. Las estructuraremos en tres grupos que van de lo general a lo particular.

Reglas del acento gráfico

1ªs. Escriben el acento las palabras siguientes:

Las agudas que acaban en **vocal**, **n, s**: *Panamá, cajón, ciempiés.*

Las graves que <u>no</u> acaban en **vocal**, **n, s**: *púgil, lápiz, cráter, áspid.*

Las esdrújulas todas: *fósforo, célebre, ánimo, sábado.*

Las sobresdrújulas todas: *comámonoslo, escúchamela, reuniéndosenos.*

Ejercicio *(Silabee cuidadosamente las palabras siguientes, cuente sus sílabas a partir del final y, teniendo en cuenta las reglas 1ªs, escriba a su lado si son agudas, graves, esdrújulas o sobresdrújulas.)*

vaso	capítulo
estímulo	adornar
cantó	sutil
cómetelo	cárcel
febrero	limité
dialectólogo	sinopsis
americano	rezó
íntimo	cama
acallé	dígaselo
deposito	estertor

2ªs. Nunca escriben el acento:

Los monosílabos: *pan, sol, luz, id, haz.* <u>Excepción</u>: acento diacrítico.

Las agudas que acaban en dos consonantes, aunque sean **n, s** (a estos efectos se considera que **x** equivale a dos consonantes): *Guadix, Almorox, Isbert, Isern, Mayans, Nueva Orleans.*

Siempre escriben el acento:

Las graves que acaban en dos consonantes, aunque la última sea **s:** *bíceps tríceps, tórax, ónix, fénix, Félix.*

Nota

Los monosílabos no pueden llevar su acento tónico en otra sílaba que la única de que están constituidos, razón por la cual es inútil escribir la virgulilla. Ahora bien, se ha establecido que para diferenciar algunos homónimos monosilábicos de distinta categoría gramatical se marque con el acento gráfico (diacrítico) el que precisamente es tónico. Véase pequeño repertorio:

tónicos		átonos	
té	(sustantivo)	te	(pronombre personal)
él	(pronombre personal)	el	(artículo)
mí	(pronombre personal)	mi	(adjetivo posesivo)
tú	(pronombre personal)	tu	(adjetivo posesivo)
sí	(pronombre personal)	si	(conjunción)
	(adverbio)		
dé	(verbo)	de	(preposición)
sé	(verbo)	se	(pronombre personal)
más	(adverbio)	mas	(conjunción)

Ejercicio *(Tras analizar cuidadosamente la categoría gramatical de las palabras del texto, supla los acentos diacríticos que faltan en él.)*

Pide el refrán que no se de un cuarto al pregonero. Josefina y Alberto me lo enseñaron: ella porque si y el, razonándolo. A mi me parece que hay que darle a el mas crédito que a ella, mas vaya usted a saber. Bueno, creo que si lo se: hay que tomárselo con calma y con una taza de te.

3ªs. Las palabras con diptongos o triptongos de **iu + eao** (o sea, **ie ia io, ue ua uo; ei ai oi, eu au ou**) siguen la regla general. Si el diptongo o triptongo debe llevar acento escrito, éste se pondrá sobre **e a o:**

salió, remediad	(agudas)
defiende, huésped	(graves)
cariátide, cuádruple	(esdrújulas)

Excepción:
Las palabras agudas acabadas en diptongo o triptongo con sonido **i** final escriben éste con **y** y no ponen acento gráfico: *carey, rentoy, Alcoy, Paraguay, Uruguay, Camagüey.*

Las palabras con hiatos de **iu + e a o**, si **i u** son tónicas, escriben siempre el acento, aun contra la regla general: *día, río, baúl, Raúl, maíz, raíz.*

Las palabras con diptongos o hiatos de **i + u**, una de ellas tónica (o sea, **iu ui**), siguen la regla general. Es aquí donde falla principalmente el sistema, ya que resulta imposible distinguir diptongo de hiato por la escritura y solo queda recurrir al oído:

agudas		graves	
benjuí	(con diptongo)	*circuito*	(con diptongo)
argüí	(con hiato)	*jesuita*	(con hiato)
huí	(con hiato)		
		ruido	(con diptongo)
		derruido	(con hiato)
		viudo	(con diptongo)
		diurno	(con hiato)

Nota

Para paliar en parte la confusión que se produce en la investigación de diptongos e hiatos no distinguidos por la ortografía, añadamos dos minirreglas:

1. todos los verbos acabados en **-uir** tienen hiato: *huir, argüir,* etcétera.

2. las palabras derivadas de una base que tiene hiato lo conservan:

> *día > diurno, diario; acentúo > acentuación.*

Como sea que este tercer grupo de reglas de acentuación gráfica resulta ser muy complejo vamos, a mayor abundamiento, a resumirlo y condensarlo en los tres principios siguientes:

a) Diptongos, triptongos e hiatos con **è à ò** tónicas <u>siguen la regla general</u>.

b) Hiatos con **e a o** átonas y **ì ù** tónicas acentúan aun <u>contra la regla general</u>.

c) Diptongos e hiatos de **i u, u i,** una de ellas tónica, <u>siguen la regla general</u>.

Ejercicio *(Provistos del grupo 3º de reglas, estamos ahora preparados para complementar la práctica de la división silábica vista en el capítulo anterior. Es el momento de poder decidir, a través de la lectura, la separación de vocales contiguas, según formen diptongo o hiato. Haga, pues, la división silábica de las palabras siguientes, silabeando al mismo tiempo en voz alta para ir educando el oído. Después, añada si es aguda, grave, esdrújula o sobresdrújula.)*

Ejemplo: *laboratorio*/la-bo-ra-to-rio, grave. (En efecto: a) como no lleva acento en la **o** final, veo que no es aguda; b) como no lleva acento en la **i**, veo que **io** no es un hiato sino un diptongo; c) como no lleva acento en la penúltima sílaba y acaba en vocal, veo que es grave)

veinte	aguardar
impío	estío
destituir	concesionario
continúo	lingüística
sentenciéis	enrabió
pendiente	telegrafiar
mohíno	Nicaragua
deicida	Venezuela
pasatiempo	principiándola
comunicación	adiós

Miscelánea de pequeñas normas complementarias

Las formas verbales conservan su acento primitivo cuando se componen con algún pronombre personal enclítico (añadido al final): *marchóse, dormíme.* Más aún, escriben un nuevo acento cuando al añadir enclíticos se convierten en esdrújulas o sobresdrújulas: *dámelo, tradúcesela.*

El adjetivo **+mente** que compone cada uno de tales adverbios conserva su acentuación tónica y gráfica: *claramente, ávidamente.*

Las palabras **que**, **cual**, **quien**, **cuyo**, **cuanto** y **donde**, **cuando**, **como** no llevan acento cuando son pronombres relativos y adverbios afirmativos respectivamente, y sí lo escriben cuando son pronombres y adverbios interrogativos, uso que se extiende a las oraciones exclamativas: *¿Quién ha llamado? ¡Qué bonito! ¿Dónde lo conseguiste? ¡Cómo me gusta!*

Los pronombres demostrativos **éste**, **ése**, **aquél** y sus variantes llevan acento gráfico si se ha de evitar ambigüedad; en caso contrario, se puede ahorrar: *Mamá y papá me hicieron regalos: éste* (el papá) *dinero y aquélla* (la mamá) *buena voluntad. Sí, este* (que ves aquí) *dinero me regaló mi padre.*

El adverbio **solo** se acentúa gráficamente cuando puede confundirse con el adjetivo homónimo: *Quiero ir al cine sólo* (solamente)/*Quiero ir al cine solo* (sin compañía). Parecidamente, la conjunción **o** se acentúa cuando por ir entre dos cifras puede confundirse con un cero: *Prepárame 2 ó 3 pollos asados.*

2

Ejercicio *(En el hermoso párrafo siguiente se han omitido todos los acentos gráficos. Súplalos, consultando las normas si le es preciso.)*

No supo por cuanto tiempo rezo de hinojos, pero cuando por fin despego los parpados, el obscuro tunel de un momento a otro se transformo por completo en un rio rojo, en un volcan impetuoso, en un desgarramiento de papel. La carne de su hermana se abria para dar paso a la vida. Tita no olvidaria nunca ese sonido ni la imagen de la cabeza de su sobrino saliendo triunfante de su lucha por vivir. No era una cabeza bella, mas bien tenia forma de un piloncillo, debido a la presion a que sus huesos estuvieron sometidos por tantas horas. Pero a Tita le parecio la mas hermosa de todas las que habia visto en su vida.

(*Como agua para chocolate*, Laura Esquivel, México.)

Escribir correctamente

PRESTANDO ATENCIÓN A LAS MODALIDADES DE LOS VERBOS

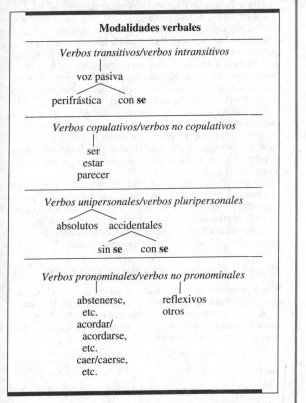

Modalidades verbales

Verbos transitivos/verbos intransitivos

voz pasiva

perifrástica   con **se**

Verbos copulativos/verbos no copulativos

ser
estar
parecer

Verbos unipersonales/verbos pluripersonales

absolutos   accidentales

sin **se**   con **se**

Verbos pronominales/verbos no pronominales

abstenerse,   reflexivos
  etc.   otros
acordar/
  acordarse,
  etc.
caer/caerse,
  etc.

De este sustantivo con el cual empezábamos nuestro mensaje, nuestro discurso, decíamos, predicábamos inevitablemente algo. Esa predicación la hacemos normalmente con un verbo y así,

179

con ese sustantivo y ese verbo constituimos básicamente la unidad esencial del discurso, la **oración**. Dentro de ella, considerándola estructuralmente, llamamos sujeto (**S** en los ejemplos) al sustantivo del que predicamos algo y, justamente, predicado (**Pr** en los ejemplos) al verbo que predica ese algo del sujeto. La marca sintáctica de esta interrelación es la concordancia de ambos en persona y número. Con esto entramos en el estudio del conjunto oración, que desarrollaremos en los próximos capítulos, después de haber visto cada uno de los elementos por separado en la primera parte de esta gramática.

Igual que hemos comprobado cómo la forma del verbo es mucho más proteica que la del sustantivo (recordemos, 101-102 formas distintas del verbo para dos o cuatro, siete u ocho a lo sumo, contando diminutivos, aumentativos y despectivos: *niño, niña, niños, niñas, niñito, niñazo, niñato*, del sustantivo), la función del verbo es mucho más compleja.

Por ambas características, formal y funcional, algunos gramáticos consideran que el verbo es el eje de la oración. No es así, en realidad: sujeto y predicado son los dos pilares de la oración, igualmente importantes, alrededor de los cuales van a estructurarse todos los aditamentos que nos convengan para completar el mensaje.

Pero, reconocida la complejidad del verbo, pasemos a ocuparnos especialmente de las diferentes modalidades que puede comunicar a su predicación. Aquí, como sucedía con la conjunción, la repercusión de la naturaleza verbal en la estructura de la oración es de tal consecuencia que las terminologías de clase de verbo y clase de oración vienen a coincidir.

CLASES FUNCIONALES DE LOS VERBOS

Independientemente de su forma, ya sea regular o irregular, de irregularidad sistemática o asistemática, completo o defectivo, los verbos tienen cierta estructura interna que los condiciona funcionalmente. Pongamos un ejemplo llamativo. Podemos decir en correcto español que:

a) *Oswald **mató** a John F. Kennedy en 1963.*

pero no que

b) * *La señora Kennedy madre **nació** a John F. en 1917.*

El verbo **nacer** no permite la misma construcción que el verbo **matar** (en adelante, señalaremos con un asterisco las frases de laboratorio no viables en la lengua estándar). Comprobamos que funciona diferentemente. Ese distinto funcionamiento hace que cada verbo tenga su modo peculiar de combinarse con otras palabras dentro de la oración. En tal capacidad combinatoria nos vamos a basar para agrupar los verbos en las distintas clases que presentamos a continuación.

Verbos transitivos

El proceso que predica el verbo puede tener un receptor <u>gramaticalmente</u> directo

c) *Sirhan **asesinó** a Robert F. Kennedy en 1968.*

que llamamos por lo mismo **objeto directo** (**OD** en los ejemplos) y que vamos a pasar a reconocer en seguida por sernos de absoluta necesidad para nuestros análisis sintácticos, práctica en la que entramos desde este momento. El objeto directo es conmutable por un pronombre personal objetivo:

c') *Sirhan$_S$ **le**$_{OD}$ asesinó$_{Pr}$*

Llamamos **transitivos** a los verbos que pueden tener objeto directo e **intransitivos** a los que no. De entrada parece una clasificación baladí, pero si añadimos en seguida que los transitivos son los únicos verbos que admiten la construcción pasiva, de la que inmediatamente hablaremos, se comprenderá entonces la importancia de la oposición transitivo/intransitivo.

Antes, añadamos que algunos verbos transitivos pueden llevar también objeto indirecto y otros adjuntos (predicativo, circunstanciales) que estudiaremos en próximos capítulos.

La construcción pasiva

Considerada por algunos como **voz**, es decir, un accidente del verbo, se trata en rigor de un tipo de construcción oracional que presenta dos formas en español la pasiva perifrástica y la pasiva con **se**. En ambas, el sujeto resulta ser pasivo (de ahí el nombre de la construcción), o sea que es receptor del proceso verbal en vez de ejecutor, como lo es en la construcción activa:

c'') *Robert F. Kennedy$_{S\ pasivo}$ fue asesinado por Sirhan.*
d) *Se necesita secretarias$_{S\ pasivo}$*

Se preguntará el estudioso por qué existen tales construcciones, cuál es la diferencia entre el mismo mensaje en activa o en pasiva. Sí, en c) nos preocupa Sirhan, nos interesa hacerle autor del hecho; en c''), por el contrario, queremos destacar a la víctima, lo que se confirma teniendo en cuenta que la mayoría de las oraciones pasivas omiten al ejecutor (que en adelante llamaremos *agente*, **Ag** en los ejemplos):

c''') *Robert F. Kennedy fue asesinado en 1968.*

La posibilidad de llevar un agente es lo que caracteriza sintácticamente a las oraciones pasivas. El agente se descubre a su vez porque se convierte en sujeto de la transformación activa.

La <u>pasiva perifrástica</u>, como su mismo nombre indica, consiste en una perífrasis verbal: el verbo **ser** (en ocasiones **estar**), auxiliar ahora, más el participio de otro verbo que resulta ser el principal. Como el verbo **ser** actúa de mera cópula, ya que la idea pasiva está en el participio, estas construcciones vienen a ser simples oraciones copulativas y, por lo tanto, el participio ha de concordar en género y número con el sujeto:

e) *Si trabajan bien, los alumnos*_{S m.p.} *serán **premiados**.*_{participio m.p.}

f) *Machu-Picchu*_{S f.s.} *fue **construida***_{participio f.s.} *por los incas.*

Se trata de un esquema sintáctico relativamente poco empleado en español, lo que hace que algunas de las transformaciones pasivas a que nos conducen nuestros análisis no suenen muy castizas. Nosotros vamos a servirnos de él, no obstante, para acabar de caracterizar los verbos transitivos, por una parte, y el objeto directo por otra. En efecto, como ya apuntábamos más arriba, verbos transitivos son los que llevan o pueden llevar un objeto directo y admiten la construcción pasiva. Objeto directo es una función propia de los sustantivos y de los pronombres personales objetivos siempre y cuando, al transformar la oración activa en pasiva, el objeto directo de aquélla aparezca como sujeto de ésta. Si hacemos la transformación en sentido inverso, de pasiva en activa, el sujeto de aquélla se convertirá en el objeto directo de ésta.

Transformación pasiva de a): *John F. Kennedy fue muerto por Oswald en 1963.*

Transformación activa de f): *Los incas construyeron Machu-Picchu.*

De este procedimiento nos servimos para descubrir el objeto directo de una oración y poder, en consecuencia, asegurar que estamos ante una transitiva:

g) *Gagarin vio **las estrellas**.* (oración)

g') *Gagarin **las** vio.* (conmutación por pronombre personal objetivo) g") ***Las estrellas*** *fueron vistas por Gagarin.* (transformación pasiva)

Llegamos a la conclusión de que *las estrellas* es el objeto directo de la oración g) puesto que cumple las dos condiciones de conmutación –g')– y transformación –g")–. Y si g) lleva un objeto directo es una oración transitiva (de verbo transitivo).

h) *Estoy hablando* ***de un astronauta ruso.*** (oración)

h') *Estoy hablando* ***de él.*** (conmutación por pronombre personal término)

h") * *Un astronauta ruso está siendo hablado.* (transformación imposible)

En la oración h), *de un astronauta ruso* no admite la conmutación preceptiva –h')– ni menos ser sujeto de una transformación imposible –h")–.

Estamos ante una oración que ni tiene ni puede tener objeto directo, una intransitiva (de verbo intransitivo), por lo tanto.

Nota

Algunos verbos transitivos pueden llevar objeto indirecto además del directo:

El gobierno soviético dio un título$_{OD}$ *a Gagarin*$_{OI}$.
Los exiliados españoles agradecieron a México$_{OI}$ *su acogida*$_{OD}$.

La pasiva con **se** está muy extendida en español, al contrario de la anterior. La partícula **se** tiene forma de pronombre personal y de ellos deriva, pero aquí es una simple marca gramatical de pasiva. Cuando aparece en estas construcciones, normalmente en cabeza, el verbo, que presenta forma activa, queda bloqueado en 3ª persona (singular o plural, según lo sea el sujeto). Rara vez llevan el agente, lo que unido a la vaguedad de la partícula **se** les confiere cierto aire de impersonalidad:

i) *Se*$_{marca}$ *admiten*$_{Pr}$ *escombros*$_s$ o sea <u>Escombros son admitidos</u>.

j) *Se*$_{marca}$ *prohíbe*$_{Pr}$ *el paso*$_s$ o sea <u>El paso es prohibido</u>.

Es evidente que interesa poco quién admite escombros o quién prohíbe el paso, por lo que en las transformaciones activas tendríamos que imaginarnos el sujeto:

Transformación activa de i): *(Alguien) admite* ***escombros.***$_{OD}$
Transformación activa de j): *(Alguien) prohíbe* ***el paso.***$_{OD}$

Obsérvese cómo los sujetos de las pasivas han pasado a objetos directos en la transformación activa.

Ejercicio *(Transforme en pasivas perifrásticas las oraciones activas y en activas las oraciones pasivas. Recuerde que algunas pasivas pueden parecerle raras por su poco uso español.)*

Algunas editoriales colombianas no editarán esas obras.
Los futbolistas brasileños ganan mucho dinero.
Rayuela fue traducida al inglés por el profesor Rabassa.
Bebo cada día varias tazas de café.
Roque había matado a más de uno.
Compraríamos esa bicicleta si fuera más resistente.
Los rehenes serán liberados mañana por sus secuestradores.
El gaucho hizo una gauchada.
Úrsula no ha visto a su padre desde el año pasado.
Las Academias hispanoamericanas protegen la lengua española.

Verbos intransitivos

*John F. Kennedy **nació** en 1917.*

Esta construcción no admite objeto directo ni puede asumir la forma pasiva, luego **nació** es un verbo intransitivo, razón por la que la frase b) es agramatical.

Así pues, los verbos intransitivos, a diferencia de los transitivos, no pueden tener objeto directo. Pero igual que algunos transitivos, pueden tener objeto indirecto y los otros adjuntos ya anunciados.

El llamado **objeto indirecto** (**OI** en los ejemplos) es un adjunto del verbo que se reconoce por ser conmutable por un pronombre personal objetivo, en lo que coincide con el directo, y por no poder pasar a ser sujeto de la transformación pasiva, lo que le distingue del directo. Claro que si el verbo es intransitivo el pronombre objetivo que le acompañe será siempre objeto indirecto:

Me$_{OI}$ gusta$_{V.intr.}$ la gramática$_S$.

Me no puede ser sujeto de una transformación pasiva imposible, puesto que el verbo **gustar** es intransitivo, luego el pronombre personal objetivo **me** es aquí objeto indirecto. Ahora es cuando podemos afianzarnos en el uso de los pronombres personales objetivos. Si nos retrotraemos a las observaciones b) de la página 62, comprobaremos que las primeras y las segundas personas tienen un solo pronombre objetivo, que ha de cumplir forzosamente la doble función de objeto directo y objeto indirecto, mientras que las terceras disponen de dos o tres, mal sistematizadas además, lo cual induce a confusión y por ende a cierta diversidad regional o dialectal, como ya indicábamos en el capítulo citado.

Así, **le** objeto indirecto femenino singular y su plural **les**, además de confundirse formalmente con **le** objeto directo masculino singular y su plural **les** en zonas leístas, son sustituidos por **la las** en zonas laístas (centro de España) con lo que se produce una nueva confusión, ahora con **la** objeto directo femenino singular y su plural **las**. Curiosamente, esta confusión induce a la ultracorrección de algunos escritores, que emplean indirectos **le les** para objetos directos femeninos que deberían llevar, por lo tanto, **la las**:

A la voluntad decidida a matar, no le conduce el odio (J. Casalduero, España).

Los palcos del Monumental les ponen nerviosas (Camilo José Cela, España).

Ejercicio *(Trate de empezar a practicar el análisis, investigando si los verbos de las oraciones siguientes son transitivos o intransitivos y si su objeto, que aparece subrayado, es directo o indirecto. Después sustituya el tal objeto por el pronombre personal objetivo correspondiente.)*

Ejemplo: *Hablé a mis nietos seriamente.* Hablé, v. intransitivo; a mis nietos, OI. Les hablé seriamente.

El gobierno no convenció a sus oponentes.

Gustaron a los invitados los abundantes pinchitos.

Escribiremos todas las semanas a nuestra madre.

Con aquella solución vi el cielo abierto.

Llegó a las mujeres la hora de su emancipación.

Verbos copulativos

Los verbos copulativos (sólo hay tres: **ser**, **estar**, **parecer**) son verbos que, como ya lo indica su nombre, sirven de cópula, o sea de unión entre un sujeto y un predicativo (≠predicado), pero de tal manera que éste puede conmutarse por el pronombre personal predicativo **lo**, del que ya se habló también en las observaciones d) de la página 64.

Los chinos son trabajadores y numerosísimos, pero las hormigas lo son aún más.

*Hay quien está cansado de trabajar y hay quien **lo** está de no hacer nada.*

*La mujer esquimal parece resistente; sus varios maridos no **lo** parecen tanto.*

El **predicativo** (**Pred** en los ejemplos) es una función doblemente adjunta del verbo (núcleo del predicado) y del sujeto, unas veces, o del objeto directo, otras. La rección (dominio) de ese sujeto o de ese objeto directo exige que el predicativo concuerde en género y número con él, síntoma por el cual lo descubrimos en la oración:

Juana$_{S.f.s.}$ salió del cine asqueada.$_{Pred f.s.}$
Los terroristas$_{S m.p.}$ acabaron fusilados.$_{Pred m.p.}$

Asqueada y *fusilados* son predicativos de sujeto de las respectivas oraciones, pero no son conmutables por el pronombre predicativo **lo** porque van con verbo no copulativo.

Andrés$_{S m.s.}$ ve borrosa$_{Pred f.s.}$ la televisión.$_{OD f.s}$
La guardia civil.$_{S. f.s.}$ encontró malheridos$_{Pred m.p.}$ a los alpinistas.$_{OD m.p.}$

Borrosa y *malheridos* son predicativos de objeto directo de las oraciones respectivas, tampoco conmutables por el pronombre personal predicativo por la misma y obvia razón. La concordancia nos delata en los cuatro ejemplos si el predicativo depende del sujeto o del objeto directo, sin olvidar que también depende simultáneamente del verbo.

Verbos unipersonales

En ocasiones nos encontramos con verbos que sólo se conjugan en la 3ª persona de singular. Los llamamos verbos **unipersonales**, frente a los verbos normales, que se conjugan en las tres personas de singular y plural y llamamos **pluripersonales**.

*Ayer **llovió** a cántaros y tal vez mañana **nevará**.*

Es evidente que no vamos a oír "yo lloví", "tú nevarás", etc., ni siquiera "él o ello llovió", con lo que descubrimos una característica sintáctica de estos verbos: que no tienen sujeto. Se trata, en principio, de un pequeño repertorio de verbos referentes a fenómenos meteorológicos o astronómicos a los cuales hay que añadir el verbo **haber** unipersonal:

llover, nevar, granizar, helar, diluviar, escarchar, amanecer, alborear, anochecer, oscurecer, haber.

Nota

No se ha de confundir este verbo **haber** unipersonal con el pluripersonal, el cual hemos visto ya en su rareza formal (es uno de los verbos irregulares asistemáticos) y sólo se utiliza como auxiliar en la formación de los tiempos compuestos, pues es un verbo vacío (no significa nada). **Haber** unipersonal significa "existir" y coincide con el otro en la conjugación salvo en el presente de indicativo, que es **hay**:

Ø$_{sujeto}$ *hay todavía mucho dolor, pero más* Ø$_{sujeto}$ *hubo en el pasado.*

La perífrasis verbal *haber que* + infinitivo (ya mencionada en *Las perífrasis verbales,* pág. 103) que está formada con este verbo es en consecuencia unipersonal:

Ø$_{sujeto}$ *había que trabajar mucho en aquellos tiempos para solo poder comer.*

Estos verbos unipersonales que acabamos de ver lo son siempre, por lo que se les suele llamar **propios** o **absolutos**. Pero hay otros que adoptan ocasionalmente tal estructura y que por lo mismo llamamos **impropios** o **accidentales**. Unos pocos de ellos lo hacen al aparecer en determinadas frases, normalmente referentes también a la meteorología:

hacer : Ø$_{sujeto}$ *hace mucho frío en Europa durante el invierno.*
ser : Ø$_{sujeto}$ *es de día; levántate ya.*
estar : Ø$_{sujeto}$ *está oscuro todavía; no te levantes aún.*
oler : Ø$_{sujeto}$ *huele mal en esta habitación.*

Todos los demás verbos españoles lo hacen libremente mediante la anticipación de la palabra *se,* que se convierte así en marca de unipersonalidad (la hemos visto más arriba como marca de pasiva). Ahora, la aparición de esta partícula bloquea el verbo en la tercera persona de singular exclusivamente, lo que diferencia estas construcciones de las pasivas, que tienen plural.

Hoy en día se Ø$_{sujeto}$ *ayuda mucho a los minusválidos.*
¡Silencio! Se Ø$_{sujeto}$ *está rodando.*
En la industria, se Ø$_{sujeto}$ *prefiere a los hombres antes que a las mujeres.*

Así pues,

* *Se prefieren a los hombres*

sería incorrecto puesto que las construcciones unipersonales no tienen plural, como lo sería:

* *Se prefiere* ø *comidas calientes en invierno.*

porque es una pasiva y su sujeto plural *comidas calientes* exige el verbo en igual número (concordancia):

Se prefieren comidas calientes en invierno.

Recapitulemos: las oraciones unipersonales con **se** no tienen sujeto y sólo pueden aparecer en la 3ª persona de singular; las oraciones pasivas con **se** tienen sujeto y pueden aparecer en la 3ª persona de singular o plural según lo exija precisamente ese sujeto.

☞

Verbos pronominales

Ciertos verbos aparecen acompañados de una determinada forma de pronombre personal objetivo (me, te, se, nos, os, se) que coincide en persona y número con el sujeto y que, extrañamente carece en este caso de la función sintáctica propia de ellos (objeto directo o indirecto). Los llamamos verbos **pronominales** (este es el adjetivo correspondiente al sustantivo **pronombre**) por llevar esos «pronombres», que ya no son tales, puesto que no sustituyen a ningún nombre. Su función es realmente semántica (afecta al significado). Tenemos tres tipos distintos de verbos pronominales, a saber:

1º Los que dentro de la lengua no tienen otra forma de presentación, de tal modo que me, te, se, nos, os, se vienen a ser como una sílaba más del verbo. Véase a continuación la lista, seguramente incompleta.

abstenerse	esmerarse
arrepentirse	gloriarse
atreverse	jactarse
condolerse	preciarse
desvivirse	quejarse
engreírse	reconcomerse
envanecerse	vanagloriarse
escabullirse	zafarse

Estos verbos suelen aparecer en los diccionarios sin el pronombre (abstener, etc.), pero en la realidad de la lengua sucede de otro modo. En efecto, nunca oiremos:

* *Quejan sin razón.*
* *No arrepentimos de lo que hemos hecho.*
* *Abstengo de votar.*

2º Los que unas veces no llevan pronombre y otras veces sí con cambio de significado, algo que confirma la clara función semántica de me, te, se, nos, os, se, en estos casos. Damos la lista, también incompleta seguramente, de estas parejas de verbos, cuyo primer miembro es no pronominal y el segundo es pronominal.

> acordar/acordarse
> beber/ beberse
> casar/casarse
> comer/comerse
> dormir/dormirse
> fijar/fijarse
> ir/irse.
> marchar/marcharse
> morir/morirse
> quedar/quedarse
> referir/referirse
> rendir/rendirse
> salir/salirse

El cambio semántico es, en algunos, espectacular: **ir** significa 'desplazarse de un lugar a otro" e **irse** significa "abandonar el lugar donde está el sujeto"; **referir** significa "narrar, contar algo" y **referirse** significa "hacer referencia a algo". En otros, la diferencia es más sutil: afecta a la cantidad (beberse, comerse) o a convenciones extralingüísticas (casan los jueces, los sacerdotes o incluso los padres, pero los novios se casan):

*Don Rafael no logró **casar** a sus cinco hijas.*
*Grace Kelly **se casó** con Raniero.*

3° Los que aparecen indistintamente con el pronombre o sin él, dependiendo de las regiones, épocas, etc. Ejemplos:

> caer/caerse
> callar/callarse
> desayunar/desayunarse
> etc., etc.

Nota

No deben confundirse con los verbos pronominales de este grupo otros verbos que unas veces no llevan me, te, se, nos, os, se, y otras veces sí lo llevan, caso en el cual son llamados **reflexivos** por la gramática tradicional precisamente porque señalan entonces que el sujeto es autor y receptor del proceso verbal:

*Un barbero **afeitaba** diariamente al emperador.*
*Yo no me **afeito** todos los días.* (reflexivo)

Ya explicamos el uso del pronombre en estos casos (*Función*, pág. 61.) Digamos ahora que este pronombre será objeto directo o indirecto, a diferencia del que acompaña a los verbos pronominales, que no es lo uno ni lo otro:

Julito se$_{OD}$ peina.
Julito se$_{OI}$ peina el bigote$_{OD}$.

Por lo tanto, concluimos que es verdad que tanto los verbos pronominales como los reflexivos van acompañados de los pronombres me, te, se, nos, os, se, correspondientes rigurosamente a cada una de las personas gramaticales por este orden: 1ª, 2ª, 3ª de singular; 1ª, 2ª, 3ª de plural.

☞

Es verdad que los pronominales del 3er grupo coinciden con los reflexivos en significar lo mismo que cuando no son ni pronominales ni reflexivos respectivamente: *caerse = caer*, *afeitarse = afeitar*. Pero no es verdad que me, te, se, nos, os, se, sea lo mismo en los unos que en los otros: en los pronominales se trata de ciertas partículas de origen pronominal pero sin función pronominal sino más bien léxica; en los reflexivos son auténticos pronombres personales objetivos con su función de objeto directo o indirecto.

Este rasgo distintivo nos permite ofrecerles una prueba práctica final: los verbos pronominales no pueden en ningún caso alterar el orden prefijado de los pronombres; los verbos reflexivos sí pueden hacerlo, aunque pierdan la reflexividad en consecuencia:

Ayer me caí en un hoyo/*Ayer te caí en un hoyo.
Ayer me afeité con navaja/Ayer te afeité con navaja.

Ejercicio (*Rellene los huecos con me, te, se, nos, os, se, cuando el verbo sea pronominal. Si no es pronominal y admite un pronombre objetivo, póngale cualquiera que vaya bien, pero que no coincida con la persona del sujeto; si no lo admite, ponga ø.*)

Pepito … jacta se ser un buen tenista.

Esta noche … he dormido solo tres horas, por lo que ahora … estoy durmiendo mientras escribo.

Llame … cuanto antes. Y volverá a casa en seguida.

Las madres … desviven siempre por sus hijos.

No … rindan si al principio no…rinde el trabajo lo suficiente.

Como deber, … copien un capítulo de La Araucana.

El ejército chino … marchó a través de kilómetros y kilómetros.

CONSTRUYENDO LAS ORACIONES COHERENTEMENTE

Forma y función		
Funciones	de las	Formas
Miembros		Sustantivo
Sujeto		Artículo
Predicado		Adjetivo
Circunstante externo		Pronombre
		Verbo
Adjuntos no verbales		Adverbio
Atributivo		Preposición
Declarativo		Conjunción
Expansión		Interjección
Término		
Adjuntos verbales		
Objeto directo		
Objeto indirecto		
Circunstancial		
Predicativo		
Agente		
Instrumentales		
Transpositor		
Coordinante		
Subordinante		

Las formas gramaticales que hemos estudiado en la primera mitad de este libro y que hemos llamado "partes de la oración" (ocho propiamente, ya que la interjección no es una parte, según se ha visto), precisamente porque lo son se unen, se combinan, para constituir esas unidades de nuestro mensaje que son las oraciones: conjuntos de palabras estructurados con un mensaje completo. *Conjuntos* porque en la inmensa mayoría de los casos una oración está constituida por varias palabras; *estructurados* porque si no, serían caóticos y no dirían nada; *mensaje completo* porque si no, tendremos una proposición (la estudiaremos en el capítulo siguiente, pero obsérvese ya que no decimos "preposición") o una simple frase:

la geografía americana (frase)
que la geografía americana sea así (proposición)
a) *Asombra a los europeos que la geografía americana sea así.* (oración)

La oración es, pues, la unidad eje de nuestro discurso. Es lo menos que podemos proferir si queremos formular un mensaje. Normalmente vamos a encadenar varias oraciones hasta el momento de callar, pero cada una de ellas es independiente sintácticamente y su relación con las demás es puramente textual, es decir, derivada del tema que se esté tratando. La **sintaxis** es la parte de la gramática que estudia la oración: sus partes, sus clases, pero sobre todo su estructura interna.

FORMA Y FUNCIÓN

Dentro de la oración las palabras presentan cierto aspecto gramatical, fácilmente reconocible por quienes, como nosotros, hayan estudiado las partes de la oración. Así, en el ejemplo a) descubrimos que *asombra* es un verbo en 3ª persona del singular del presente de indicativo; *a* es una preposición; *los* es un artículo determinante masculino plural; *europeos* es un sustantivo masculino plural; etc., etc. Esa es la **forma** de las palabras.

Ahora bien, esas palabras, dentro precisamente de esa oración del ejemplo a), tienen unas especiales relaciones que no tendrían necesariamente en otra oración: *los europeos* es objeto directo de *asombra*; *la geografía americana* es sujeto de *sea*; etcétera por ahora. Esa es su **función**. En esta otra oración

b) *Los europeos admiran la geografía americana*

resulta que *los europeos* es sujeto y *la geografía americana* es objeto directo. *Los europeos* y la *geografía americana* siguen teniendo el mismo aspecto gramatical, la misma forma que antes, pero su función ha cambiado en el nuevo conjunto. Estos conceptos de forma y función son aplicables a cualquier conjunto de la vida cotidiana. La estudiante Elena tiene aspecto de muchachita rubia de quince años: es su forma. En la clase, su relación con los demás estudiantes es de compañera, con los profesores es de alumna. En su casa, su relación con sus padres es de hija y con sus hermanos, de hermana. Son sus funciones distintas según el contexto, pero la forma es siempre la misma: una muchachita rubia de quince años llamada Elena.

Es primordial distinguir forma y función en el estudio de las oraciones. Por eso es práctica habitual en la enseñanza de la gramática analizar mensajes para, primero, aislar debidamente sus oraciones y luego diferenciar cada uno de sus componentes y determinar su función sintáctica y su forma gramatical. Analizar significa separar las partes y parece lógico que si aprendemos a separar, sabremos luego reunir esas partes, es decir, sintetizar el todo que es la oración. Conocemos sobradamente la lista de las formas: sustantivo, artículo, adjetivo, pronombre, verbo, adverbio, preposición, conjunción, interjección. Las hemos estudiado monográficamente (cada una en particular). Nos preocuparemos ahora de las funciones, cuya lista sigue:

Miembros	Adjuntos no verbales
sujeto	atributivo
predicado	declarativo
circunstante externo	expansión
	término
Adjuntos verbales	Instrumentales
objeto directo	transpositor
objeto indirecto	coordinante
circunstancial	subordinante
predicativo	
agente	

NÚCLEO Y ADJUNTOS

En las oraciones distinguiremos a primera vista que hay palabras más importantes rodeadas de otras que las complementan y dependen de ellas. La principal se llama **núcleo** y los satélites son sus **adjuntos**. Se trata, por lo tanto, de una primera relación de dependencia: de ahí que digamos *sus adjuntos*. En la oración a), *los* es un adjunto del núcleo *europeos*; *la* y *americana* son adjuntos del núcleo *geografía*; *así* es un adjunto del núcleo *sea*. Esta concepción jerárquica es esencial para comprender las primeras agrupaciones que se constituyen en las oraciones y que llamamos **formas complejas** (los europeos, la geografía americana, sea así), las cuales serán el esqueleto de las distintas funciones.

LAS FUNCIONES SINTÁCTICAS

De las funciones catalogadas más arriba, tres son tan importantes que las podemos considerar miembros básicos de la oración: el sujeto, el predicado y el circunstante externo. Las tres ocupan un mismo nivel y todas las demás son adjuntos o auxiliares suyos.

c) *Mientras paseaban por Acapulco, los turistas compraron chucherías.*

Un conjunto de palabras organizadas, con un mensaje completo: una oración, en la que distinguimos tres grupos coherentes:

c') *{Mientras paseaban por Acapulco}* *{los turistas}* *{com-*
       circunstante externo   sujeto
praron chucherías.}
       predicado

Las funciones miembros

Sujeto y predicado

Decimos que la función sujeto está enfrentada con la de predicado, porque tienen la particularidad de depender recíprocamente la una de la otra. No puede haber sujeto sin predicado, ni predicado sin sujeto; es decir, dentro de la oración no podemos predicar nada que no lo digamos de alguien o de algo, ni podemos enunciar a alguien o algo sin decir nada de ellos. Sujeto y predicado van de consuno, lo que se refleja gramaticalmente en la **concordancia**. En efecto, la primera marca de ambos es que concuerdan en persona y número:

{los turistas}$_{S, 3ª p. pl.}$ *{compraron chucherías}*$_{Pr, 3ª p.pl.}$

Y ahora precisa distinguir entre ellos por qué aseguramos que *los turistas* es el sujeto y *compraron chucherías* es el predicado: la segunda marca del sujeto es que podemos conmutarlo por un pronombre personal sujetivo; la del predicado es lo opuesto, o sea, que no es conmutable por ese pronombre:

ellos compraron chucherías
* los turistas ellos

Caracterizados ya sujeto y predicado, añadamos qué formas gramaticales aparecen en esas funciones. La función sujeto es típicamente sustantiva, por lo que la encontraremos siempre representada por: sustantivo, pronombre, infinitivo, o palabra que accidentalmente esté asimilada a un sustantivo (**sustanti-vación**). En la mayoría de los casos, estas formas ocuparán un nivel nuclear e irán acompañadas de adjuntos. En c)**, turistas** es el núcleo del sujeto y **los** es un adjunto suyo.

d) *{La **clase**}*ₛ *{está vacía.}*ₚᵣ (sujeto sustantivo)

e) *{**Él**}*ₛ *{me lo dijo.}*ₚᵣ (sujeto pronominal)

f) *{**Fumar**}*ₛ *{perjudica la salud.}*ₚᵣ (sujeto infinitivo)

g) *{Lo **difícil**}*ₛ *{enseña más que lo fácil.}*ₚᵣ (sujeto sustantivado)

La función predicado es típicamente verbal. El verbo predicado también suele ser núcleo de variados adjuntos: en d) es adjunto *vacía*; en e) son adjuntos *me* y *lo*; en f), *la salud*; en g), *más que lo fácil*. Pero también, siquiera sea esporádicamente, podemos encontrar predicados no verbales: sustantivos, adjetivales, adverbiales y con formas no personales del verbo.

h) *{Ustedes}*ₛ *{**comprenden** ya algo de sintaxis.}*ₚᵣ (predicado verbal)

i) *{El brasileño Ayrton Senna}*ₛ, *{tres veces **campeón** del mundo.}*ₚᵣ (predicado sustantivo)

j) *{**Fatal**}*ₚᵣ *{el accidente que tuvo en Italia.}*ₛ (predicado adjetival)

k) *{¡**Abajo**}*ₚᵣ *{las armas!}*ₛ (predicado adverbial)

Circunstante externo

El tercer miembro de la oración, del mismo nivel que sujeto y predicado, pero no de la misma categoría sintáctica, puesto que a fin de cuentas no puede existir sin ellos. Una oración puede no tener circunstante externo (así a), b), d), e), f), g), h), i), j), k) ; solo c) lo tiene), pero tendrá necesariamente sujeto y predicado (encontraremos excepciones). El **circunstante externo** (**CE** en los ejemplos) se caracteriza justamente por modificar a la suma de sujeto y predicado, que vamos a llamar **núcleo oracional** (en los ejemplos **NO**). No se dice del uno o del otro, o como antes se creía, de solo el predicado, confundiéndolo con el *circunstancial*. Suele ir en cabeza de oración y separado por una pausa, que en el lenguaje escrito se simboliza con una coma:

l) *{Naturalmente}*_CE, *{{nuestro estudio}*ₛ *{se va complicando.}*ₚᵣ}*_NO

Esta función es típicamente adverbial, como su congénere el circunstancial, de modo que la encontraremos representada por adverbios, locuciones adverbiales y, sobre todo, por toda una serie de proposiciones adverbiales que enriquecen y complican el mensaje:

m) *[[Los autobuses]*ₛ *[no harán huelga]*ₚᵣ]ₙₒ, *[decididamente.]*꜀ₑ (circunstante externo adverbial)

n) *[Ante todo]*꜀ₑ, *[[Pedrito]*ₛ *[ha de aprobar los exámenes.]*ₚᵣ]ₙₒ (circunstante externo con locución adverbial)

ñ) *[Por poco que pueda]*꜀ₑ , *[[Pedrito]*ₛ *[aprobará.]*ₚᵣ]ₙₒ (circunstante externo proposicional)

Ejercicio *(Practiquemos el análisis funcional y formal de estos tres miembros de la oración acabados de estudiar. En las oraciones siguientes delimite con barras, corchetes o paréntesis los conjuntos de sujeto, predicado, circunstante externo y núcleo oracional, anotando debajo su identidad funcional y formal.)*

Ejemplo: Obviamente, Juana de Ibarbourou escribía en español (poetisa uruguaya)

Obviamente꜀ₑ/*Juana de Ibarbourou* ₛ /*escribía en español*ₚᵣ
núcleo oracional

Obviamente: adverbio de modo.

Juana de Ibarbourou: sustantivo, f.s., nombre propio.

escribía: 3ª persona s. del pret. imp. de indicativo del verbo regular *escribir*.

en: preposición.

español: sustantivo m.s.

Los países andinos tienen regiones frías.

Llegaron hasta el Cuzco los españoles.

Sin discusión, el fútbol sudamericano es superior.

Ese reloj no marca bien la hora, de verdad.

¿Comprenden todo mis alumnos?

Nota

Compruebe ahora con las soluciones la buena marcha de sus análisis, repase los inevitables fallos consultando las explicaciones de los párrafos correspondientes y vuelva a practicar con las frases siguientes:

Está prohibido fumar.

Inesperadamente, África del Sur abandonó el «apartheid».

El papel procede de la madera.

¿Va progresando usted?

Yo le ayudaré, si le parece bien.

Los adjuntos no verbales

Atributivo

Una función adjunta de sustantivos, adjetivos o adverbios. Se trata de un modificador directo, que no lleva conector ninguno ni va separada por pausa alguna. Cuando su núcleo es sustantivo, el atributivo (**At** en los ejemplos) sufre la rección (dominio) de éste y debe concordar con él en género y número:

$danzón_{\text{m.s.}}$ <– $cubano_{\text{m.s.}}$
$culturas_{\text{f.p.}}$ <– $indias_{\text{f.p.}}$

Como se puede ver es una función típicamente adjetival, pero también pueden tenerla los adverbios y aun los sustantivos:

enormemente –> *interesante* (adverbio+adjetivo)
muy –> *bien* (adverbio+adverbio)
río <– *Amazonas* (sustantivo+sustantivo)

Declarativo

Otra función adjunta de sustantivos y adverbios, siempre separada por pausas de su núcleo y del resto de la oración. Se caracteriza el declarativo (**De** en los ejemplos) por poder intercambiar su función con la de su núcleo (a veces con pequeña manipulación a causa de las leyes tectónicas -de construcción- de la lengua española).

{El gobierno panameño, representante del pueblo,}$_\text{S}$ *{con-*
      núcleo   declarativo
trola el canal.}$_\text{Pr}$

{El representante del pueblo, el gobierno panameño,}$_\text{S}$
         núcleo   declarativo
{controla el canal.}$_\text{Pr}$

{M.E. Perón, viuda del presidente argentino,}$_\text{S}$ *{también*
   núcleo   declarativo
fue presidenta.}$_\text{Pr}$

{La viuda del presidente argentino, M.E. Perón,}$_\text{S}$ *{también*
       núcleo   declarativo
fue presidenta.}$_\text{Pr}$

{Ordóñez}$_\text{S}$ *{había nacido allí, en Medellín.}*$_\text{Pr}$
                              núcleo declarativo

{Ordóñez}$_\text{S}$ *{había nacido, en Medellín, allí.}*$_\text{Pr}$
                               núcleo   declarativo

Esta función es sustantiva o adverbial, pero principalmente se ve representada por locuciones o formas complejas de dichos tipos. Hay que llamar nuevamente la atención sobre las pausas que la acotan, así como sobre el hecho de orden semántico consistente en que señala siempre al mismo referente (objeto designado) que su núcleo, lo que permite el intercambio visto.

Expansión

Uno de los grandes recursos constructivos del español es la adición de modificadores indirectos a un núcleo sustantivo, adjetival o adverbial. Llamada **expansión** (en los ejemplos **Ex**), esta función se caracteriza por el conector que contiene y el elemento conectado que le sigue indefectiblemte. La función del conector, que se verá más abajo, se llama **subordinante** y la del conectado, que veremos en el párrafo siguiente, **término**.

*libro **de gramática*** (expansión de sustantivo)
*contrario **al feminismo*** (expansión de adjetivo)
*antes **de mañana*** (expansión de adverbio)

Término

Esta función sigue a los conectores de subordinación, los cuales pueden estar, como acabamos de explicar, en una expansión (ejemplos anteriores), pero también en otros tipos de funciones que se irán viendo. Así, <u>gramática</u>, <u>el feminismo</u>, <u>mañana</u> son los términos (**Ter** en los ejemplos) de las expansiones anteriores. Y también son términos los elementos destacados siguientes:

*He visto a **tu hermano**.*
*Llevaron un cachorro para **la abuela**.*
*No quieren entrar en **esa discoteca**.*
*El radio fue robado por **un descuidero**.*
*Tiene fama de **mujeriego**.*
*Mala visibilidad de **lejos**.*

Esta función es eminentemente sustantiva, pero también aparecen en ella adjetivos y adverbios. Los términos sustantivos y adjetivales son conmutables por pronombres personales terminales, que por eso se llaman así.

Ejercicio *(Practiquemos el análisis funcional y formal de estas cuatro funciones no adjuntas del verbo, siguiendo el mismo estilo del ejercicio anterior, pero señalando ahora atributivos, declarativos, expansiones y términos.)*

Ejemplo: La pluma estilográfica de Armando es muy buena.

{La pluma estilográfica [de Armando]$_{Ex}$}$_S$ {es muy buena.}$_{Pr}$
   At   At   Ter   At

La: artículo determinante f.s.

pluma: sustantivo f.s.

estilográfica: adjetivo calificativo f.s.

de: preposición.

Armando: sustantivo m.s., nombre propio.

es: 3ª persona s. del presente de indicativo del verbo irregular asistemático *ser*.

muy buena: adj. calificativo, f.s., superlativo absoluto.

Las Malvinas, unas islas del Atlántico, provocaron una guerra.

Tiene una buena colección de libros mi amigo Manuel.

Los aztecas, pueblo americano, eran grandes constructores.

Caracas es la capital de Venezuela.

Los corredores iban velozmente, como un rayo.

Nota

Haga como antes. Compare sus análisis con las soluciones. Corrija y consulte sus posibles errores, pues estamos en un paso difícil. Luego, siga con la segunda parte.

El alumno prosigue el ejercicio por acabar.

Juan y María, buenos estudiantes, practican el análisis de oraciones.

La chimenea de la casa disparaba hollín incandescente.

Ha comenzado la vuelta a España.

Villalobos, músico brasileño, compuso obras geniales.

Los adjuntos verbales

Objeto directo

El importantísimo grupo de funciones adjuntas del verbo empieza con nuestro ya conocido objeto directo (y su abreviatura **OD** en los ejemplos). Es función típica de los sustantivos y sabemos que se reconoce por ser conmutable por un pronombre personal objetivo y pasar a ser sujeto de la transformación pasiva. Puntualicemos que tal transformación consiste en tomar el objeto directo como sujeto de una construcción pasiva perifrástica del mismo verbo original en igual tiempo y modo. La viabilidad de esa transformación es prueba de que el verbo es transitivo:

*Veré **la llegada de los corredores***. (oración)

***La** veré*. (conmutación)

La llegada de los corredores será vista por mí. (transformación)

Luego *la llegada de los corredores* es objeto directo de *veré* y está constituido, por lo que sabemos, del núcleo *llegada* con el atributivo *la* y la expansión *de los corredores*, la cual a su vez consta del subordinante *de* y el término *los corredores*, que de nuevo tiene un núcleo *corredores* con su atributivo *los*. Este es el despiece, el análisis que debemos hacer para conocer hasta el fondo la estructura de la oración española.

Vale la pena aprovechar esta entrada en el estudio monográfico de los adjuntos verbales para, observando el ejemplo que nos ocupa, aclarar un punto esencial en nuestros futuros análisis.

Aparentemente, la oración que hemos analizado no tiene sujeto. No es así. El sujeto es **yo**, por supuesto, que está presente en la desinencia verbal **-é**, pues si en vez de **yo** fuera **tú**, **él**, etc., el verbo sería *verás*, *verá*, etc., razón por la cual en español se emplean poco los pronombres personales sujetivos, como ya se explicó en su lugar –pág. 61, observaciones a)–, máxime si se trata de la primera y segunda personas. Ahora bien, para la buena comprensión de nuestros análisis y mejor ilustración de los esquemas, en adelante catalizaremos (repondremos) entre paréntesis el pronombre personal sujetivo no expresado como tal, pero manifiesto, repetimos, en la desinencia verbal. Así, resultará

{(Yo)}$_S$ *{veré la llegada de los corredores.}*$_{Pr}$

Objeto indirecto

Comentado ya cuando se estudiaron los verbos intransitivos, con su abreviatura **OI**, sabemos que es el segundo adjunto verbal, también de naturaleza eminentemente sustantiva. Se reconoce por ser conmutable por un pronombre personal objetivo (algo común con el directo) y no pasar a sujeto en la transformación pasiva (a diferencia del directo).

*Hablaba con énfasis **a sus feligreses**.* (oración)
***Les** hablaba con énfasis.* (conmutación)
* ***Sus feligreses** eran hablados con énfasis.* (transformación imposible)

Luego *a sus feligreses* es objeto indirecto, ya que admite la conmutación, pero no la transformación.

Recordemos, pues es muy interesante para la construcción de las oraciones, que hay verbos transitivos en español que pueden llevar objeto indirecto, además del directo, lo que implica haber de investigar cuál es el uno y cuál el otro. Veamos:

Los niños buenos dan pan a perro ajeno. (contra un célebre refrán)
*{Los niños buenos}*_S *{dan **pan** a perro ajeno.}*_{Pr} (oración)
*Los niños buenos **se lo** dan.* (conmutación)
***Pan** es dado a perro ajeno por los niños buenos.* (transformación)
* ***Perro ajeno** es dado pan por los niños buenos.* (transformación imposible)

Luego *pan* es el objeto directo y *a perro ajeno* el indirecto.

Circunstancial

Otro adjunto verbal, éste de carácter adverbial. Advertimos más arriba que no hay que confundirlo con el circunstante externo, como lo ha hecho la gramática tradicional durante siglos. El circunstante externo es un modificador del núcleo oracional, mientras que el circunstancial (**Cir** en los ejemplos) es un modificador del verbo núcleo del predicado. Se reconoce negativamente: no es conmutable por pronombre personal objetivo ni pasa a ser sujeto de la transformación pasiva.

Seguramente está en el extranjero. (oración)
*{(Él)}*_S *{**seguramente** está **en el extranjero**.}*_{Pr}
circunstancial   circunstancial

Seguramente y *en el extranjero* son dos circunstanciales. En el primero hay un adverbio de duda y en el segundo una forma compleja adverbial constituida por el subordinante *en* y su término *el extranjero* formado a su vez por el núcleo *extranjero* con su atributivo *el*.

Predicativo

Nuevo adjunto verbal (que vamos a simbolizar **Pred** en los ejemplos y del que llamamos la atención sobre su parecido de nombre con el predicado), de carácter peculiar, como en seguida veremos, representado por formas sustantivas y adjetivas. Se caracteriza en principio negativamente, como le sucedía al circunstancial: no es conmutable por un pronombre personal objetivo ni pasa a ser sujeto de la transformación pasiva. ¿Cómo se distingue entonces del circunstancial? Por esa característica peculiar susodicha. En efecto, se trata de la capacidad doble (bivalencia) que posee de modificar a dos núcleos de los que depende simultáneamente: el verbo, por supuesto, y el sujeto, unas veces, o el objeto directo, otras. Cuando modifica también al sujeto lo llamamos **predicativo sujetivo** y cuando lo hace al objeto directo, **predicativo objetivo**. Consecuencia de su dependencia de sujeto u objeto, dos funciones de naturaleza sustantiva, es que sufre la rección de ellos, lo que se traduce en una concordancia de género y número. Gracias a esta marca lo reconocemos y lo distinguimos del circunstancial, que es monovalente, como lo son el resto de los adjuntos.

Los montañeros llegaron agotados a la cumbre. (oración)

*{Los montañeros}*S *{llegaron **agotados** a la cumbre.}*Pr
predicativo

Fácilmente se puede comprobar que *agotados* no es conmutable por pronombre personal objetivo ni puede pasar a sujeto de la transformación pasiva, pues ésta ni siquiera se puede obrar, ya que *llegaron* es un verbo intransitivo.

Hasta aquí coincide con el circunstancial. Pero observemos que concuerda en género y número con el sujeto los *montañeros*, masculino plural, no por casualidad, sino obligatoriamente, como se ve alterando ese sujeto: *el montañero llegó agotado*, *la montañera llegó agotada*, etc. Estamos ante un predicativo del sujeto. Tales cambios no se dan con el circunstancial *a la cumbre* que permanece invariable cualesquiera que sean los sujetos.

Veo complicada la solución de algunos ejercicios. (oración)

*{(Yo)}*S *{veo **complicada** la solución de algunos ejercicios.}*Pr
predicativo

Complicada cumple las condiciones preceptivas y, además, concuerda en género y número con el núcleo del objeto directo *la solución de algunos ejercicios*. Una vez más, si cambiamos *solución,* singular, por *soluciones*, plural, tendremos *veo complicadas las soluciones*. Estamos ante un predicativo del objeto directo.

Añadamos solamente, para terminar, que los predicativos de los verbos **ser**, **estar**, **parecer** (los verbos copulativos, recuérdese), pueden excepcionalmente conmutarse por el peculiarísimo pronombre personal predicativo **lo.**

El lector ya está muy cansado. (oración)

*{El lector}*S *{ya está **muy cansado**.}*Pr
predicativo

Sí, ya lo está.

Agente

Último de los cinco adjuntos verbales, que simbolizaremos **Ag** en los ejemplos. Es eminentemente sustantivo, puesto que representa, según hemos visto ya en nuestro estudio de la construcción pasiva, al verdadero ejecutor del proceso verbal en ese tipo de construcciones.

Lo primero que se deduce de ello es que solo aparece en las oraciones pasivas, por lo que sus características se han de contemplar desde ese punto de vista.

Así, se reconoce porque no es conmutable por pronombre personal objetivo y, sobre todo, porque tras observar que la oración es pasiva el agente pasa a ser el sujeto de la transformación activa. Esta transformación, lógicamente inversa a la pasiva, consiste en tomar el agente como sujeto, poner el verbo pasivo en el mismo tiempo y modo de la voz activa, y comprobar que el sujeto pasivo se ha convertido en el objeto directo de la activa:

Los obreros en huelga fueron recibidos por el presidente. (oración)

{Los obreros en huelga}$_S$ *{fueron recibidos **por el presidente.**}*$_{Pr}$
$\qquad\qquad\qquad\qquad\qquad\qquad\qquad$ agente

Observo que tengo el verbo *ser+participio*, es decir una construcción pasiva perifrástica. Ensayo entonces la transformación activa, tomando el presunto agente como sujeto:

{El presidente}$_S$ *{recibió [**a los obreros en huelga.**]*$_{OD}$*}*$_{Pr}$ (transformación)

Se logra la transformación activa: *los obreros en huelga* resulta ser ahora objeto directo y *el presidente*, sujeto. Queda probado que es el agente de la oración pasiva primitiva. Imaginemos por un momento que la oración fuese otra, pero parecida:

Los obreros en huelga fueron recibidos por obligación. (oración)

{Los obreros en huelga}$_S$ *{fueron recibidos por obligación.}*$_{Pr}$

* *La obligación recibió a los obreros en huelga.* (transformación imposible)

Inferimos que *por obligación* no es agente. Por lo tanto, como no es conmutable por pronombre personal objetivo, ni pasa a ser sujeto, concluimos que es un circunstancial del verbo *fueron.*

Veamos el análisis final total:

{[Los obreros]   *[en huelga]}*_S   *{[fueron recibidos]*
    núcleo   expansión   núcleo

*[por obligación.]}*_{Pr}
  circunstancial

Ejercicio *(Practiquemos ya casi exhaustivamente nuestros análisis funcionales y formales, prestando especial atención a los cinco adjuntos verbales que acabamos de estudiar. Sígase la sistemática de ejercicios anteriores.)*

Ejemplo: Pronto acabará este cursillo de verano.
*{[Pronto] [acabará]}*_{Pr} *{[este cursillo] [de verano.]}*_S
  Cir   núcleo   núcleo   Ex

Pronto: adverbio de tiempo.

acabará: 3ª persona s. del futuro imperfecto de indicativo del verbo acabar.

este: adjetivo demostrativo de 1ª persona, m. s.

cursillo: sustantivo diminutivo, m.s.

de: preposición.

verano: sustantivo m.s.

He recomendado mucha atención a mis alumnos.
Juanito está muy pálido.
El año pasado talaron el bosque de Rodríguez.
La tala fue ordenada por el alcalde.
Me pareció excesivo el castigo.

Nota

☞ **Una vez más, para seguir asegurándonos de nuestros progresos, consulte las soluciones y compare su trabajo con ellas. Observe las discrepancias, revise la doctrina y acometa luego esta segunda parte.**

Elenita sueña por la noche.
Dale algún jarabe de cuando en cuando.
Los turistas son acosados en Hong-Kong por los vendedores.
Te considero muy capaz de eso.
Los corderos balaban de frío.

Las funciones instrumentales

Transpositor

Se trata ahora de pequeñas herramientas de trabajo sintáctico. La primera, llamada **transpositor** (en los ejemplos **Tr**) por tener la capacidad de mudar la naturaleza de algunas formas lingüísticas. Pueden actuar de transpositores los artículos, algunos adjetivos determinativos o pronombres adjetivos, convirtiendo adjetivos en sustantivos, por ejemplo:

alto, claro, verde (adjetivos)
*Hicimos **un alto** en el camino,*
*en **un claro** del bosque,*
*para contemplar **el verde**.* (sustantivos)

Pero los más interesantes desde un punto de vista sintáctico son los que afectan a ciertas construcciones, estudiadas ya algunas de ellas (*Prestando atención a las modalidades de los verbos*, pág. 179.), a saber: **se**, **si**, **que**.

se   transforma construcciones activas en pasivas:

Venden coches de ocasión –> Se venden coches de ocasión

transforma oraciones pluripersonales en unipersonales:

(él/ella)Respeta mucho a los críticos –> Se respeta mucho a los críticos

si transforma oraciones en proposiciones:

*María irá a la fiesta –> ¿Sabes **si María irá a la fiesta**?*
$\qquad\qquad\qquad\qquad\qquad\qquad\qquad$ proposición

que transforma oraciones en proposiciones:

*María irá a la fiesta –> Sé **que María irá a la fiesta**.*
$\qquad\qquad\qquad\qquad\qquad\qquad$ proposición

Coordinante

Corresponde la función de **coordinante** (**Co** en los ejemplos) a la de un conector que une elementos del mismo nivel sintáctico. Está representada siempre por una conjunción coordinante, como era lógico suponer:

a) *{Juan **y** Andrés}*ₛ *{se fueron a bañar.}*₍Pr₎
b) *{Juan}*ₛ *{se ahogó}*₍Pr₎ ***pero** {Andrés}*ₛ *{quedó.}*₍Pr₎

En a), el coordinante *y* une dos elementos equivalentes del sujeto. En b), el coordinante *pero* une dos proposiciones coordinadas, según veremos en el capítulo siguiente.

Subordinante

Otra función conectora (en los ejemplos **Sub**) que une elementos de distinto nivel sintáctico en este caso y, por lo tanto, dependiente el uno del otro. Está representada por preposiciones y conjunciones subordinantes. Ya hemos visto más arriba que es parte integrante de la expansión (= subordinante + término) y función importantísima en la construcción de oraciones simples y, sobre todo, compuestas (v. capítulo siguiente).

a) *Haga usted otro ejercicio **de** gramática **si** no está cansado.*

b) ***Como** estoy cansado, leeré **a** Cervantes.*

En a), el subordinante prepositivo *de* subordina *gramática* a su núcleo *ejercicio* y el subordinante conjuntivo *si* subordina la proposición *no está cansado* al núcleo oracional *haga usted otro ejercicio de gramática.* En b), el subordinante conjuntivo *como* subordina la proposición *estoy cansado* a su núcleo oracional *leeré a Cervantes* y el subordinante prepositivo *a* subordina el término *Cervantes* del objeto directo al verbo *leeré,* núcleo del predicado.

BUSCANDO LA MEJOR COHESIÓN DE SUS PARTES

2

adjuntos	conmutación por p.p.o.	sujeto en la transformación	valencia
OD	sí	sí$_{pasiva}$	1
OI	sí	no	1
Cir	no	no	1
Pred	no	no	2
Ag	no	sí$_{activa}$	1

Procede ahora que vayamos situando cada parte de la oración en su lugar correspondiente, sin olvidarnos de rodearla de todos aquellos adjuntos suyos que contribuyan a completar nuestro mensaje. Recordemos que el hablante se propone decir algo de alguien o de otro algo. En primera estancia piensa en esa persona, animal o cosa de que quiere predicar -el sujeto- e inmediatamente predica lo que sea, normalmente con un verbo, -el predicado-:

Nobleza$_S$ *obliga*$_{Pr}$ (máxima del duque de Lévis, Francia).

Pero es de toda evidencia que en la inmensa mayoría de los casos ese sujeto y ese predicado no serán simples palabras desnudas como las de nuestro ejemplo, sino que irán arropadas cada una de ellas por adjuntos y quizás ambas a la vez acompañadas de un circunstante externo que redondee la oración:

La pretendida nobleza de los aristócratas$_S$ *les obliga más que*
núcleo   núcleo

les exime.$_{Pr}$

El sustantivo *nobleza* y el verbo *obliga* pasan de ser elementos únicos de sujeto y predicado respectivamente a constituirse en núcleos enriquecidos de tales funciones miembros. Estudiemos seguidamente cómo se van obrando estas fusiones entre las distintas partes de la oración.

EL SUSTANTIVO Y SUS ADJUNTOS

Como elemento fundamental que es de la oración, no solo puede estar el sustantivo en ese pilar llamado sujeto sino también en otras funciones tan importantes como predicado, atributivo, declarativo, término, objeto directo, circunstancial y predicativo.

Puede aparecer, además, como término, dentro de un objeto directo o indirecto, un circunstancial, predicativo, agente o circunstante externo. Solo las funciones instrumentales repugnan a su naturaleza:

a) *Nazario fracasará.* (sujeto)

b) *Caso lamentable, el secuestro de ese señor.* (núcleo de predicado sustantivo)

c) *El hombre rana murió ahogado, paradójicamente.* (atributivo)

d) *Kennedy, presidente de EE. UU., murió joven.* (núcleo de declarativo)

e) *No comprendo la razón de su dimisión.* (núcleo de término)

f) *Vieron el partido por televisión.* (núcleo de objeto directo)

g) *Elena conoce bien a Richard.* (término en un objeto directo)

h) *¿Regalarás algo a Amparín?* (término en un objeto indirecto)

i) *Juan trabaja cada día más.* (núcleo de circunstancial)

j) *Se fueron a casa en seguida.* (término en un circunstancial)

k) *Plácido Domingo también es director de orquesta.* (núcleo de predicativo)

l) *Dimos por perdida la oportunidad.* (término en un predicativo)

m) *El simposio fue clausurado por el rector de San Marcos.* (núcleo de término en un agente)

n) *Muchas veces, la pequeña se rebelaba.* (núcleo de circunstante externo)

ñ) *A pesar de las dificultades, Amundsen llegó al Polo Sur.* (núcleo de término en un circunstante externo)

Se observa en los ejemplos e), g), h), j), l), m), ñ), que el sustantivo término va naturalmente precedido de un subordinante cuya forma es una preposición. Parece innecesario comentarlo para e), caso de una expansión, pues la misma definición de tal función exige el conector.

Veámoslo en los demás, ya que sacaremos gran provecho de ello.

Objeto directo (ejemplos f, g)

En español, excepcionalmente dentro de las lenguas neolatinas, el objeto directo se articula unas veces sin preposición –ej. f)– y otras veces con la preposición *a* –ej. g)–. Lleva la preposición

1°, con sustantivos de personas determinadas

*La mamá ha reñido **a Sarita**.*
*El presidente llamó **a su secretaria**.*

2°, con sustantivos de animales domésticos cuasi personalizados

*Otro perro mordió **a Tundra**.*
*El gaucho quiere **a su caballo**.*

3°, con sustantivos de cosas cuando, por ambigüedad, podría tomarse como sujeto de la oración

*En Alejo, la pereza domina **a la diligencia**.*
***A la buena voluntad de unos** superó la falta de honradez de otros.*

Si no se dan estas condiciones, el objeto directo no lleva preposición. Vean los siguientes contraejemplos:

1°, *Esa empresa busca **secretaria**.* (persona no determinada)
2°, *En Roma vi **gatos** por doquier.* (animales en general)
3°, *Domina **tu pereza**, hijo.* (cosa sin riesgo de ambigüedad)

Objeto indirecto (ejemplo h)

Este objeto lleva siempre preposición delante del sustantivo. La más frecuente es **a**, de vez en cuando **para**:

*Quien da pan **a perro ajeno**, pierde el pan y pierde el perro.* (refrán)
*Trajeron refrescos **para los invitados**.*

No hay duda de que *para los invitados* es objeto indirecto, pues es conmutable por un pronombre personal objetivo:

***Les** trajeron refrescos.*

Imaginemos que la oración fuera

*Trabajaron mucho **para los invitados**.*
* ***Les** trabajaron mucho* (conmutación imposible),

lo que nos indica que se trata de un circunstancial.

Circunstancial (ejemplos i, j)

Puede haber sustantivos circunstanciales según vemos en el ejemplo i), pero son los menos. Lo normal es que el circunstancial sea introducido por una preposición que da ya el tono de la circunstancia: lugar, tiempo, modo, compañía, instrumento, etc. En el ejemplo j) dirección adonde.

Predicativo (ejemplos k, l)

Igual que en el anterior, tenemos las dos posibilidades: el sustantivo va conectado al verbo con preposición o sin ella, más frecuentemente de esta última forma. Más adelante insistiremos sobre este mecanismo. Pero ahora recordemos que este sustantivo predicativo ha de concordar en género y número ya con el sujeto ya con el objeto directo.

En k) es predicativo de sujeto y en l) está en un predicativo de objeto.

Agente (ejemplo m)

Única posibilidad, con preposición, pero interesante porque si es cierto que, como en el ejemplo, la más normal hoy día (dentro de lo poco que usamos la función agente) es **por**, no podemos olvidar el uso de **de** con verbos de afecto:

*Teresa de Calcuta es apreciada **de todo el mundo**.*
*Cantinflas fue muy estimado **de los chamacos**.*

Circunstante externo (ejemplos n, ñ)

Son escasas las posibilidades del ejemplo n) y más bien parece lo normal el sustantivo término dentro del circunstante externo con diversidad de conectores.

Modificadores del sustantivo

En sus funciones posibles, el sustantivo núcleo puede ser modificado por otras formas gramaticales, a saber:

Un sustantivo atributivo

Caso en el cual puede suceder que éste, contra la rección, permanezca invariable sin concordar con su núcleo.

☞ Se trata de la llamada *adnominalización* (tradicionalmente *aposición*):

*rey **sargento** –> reyes **sargento***
*té **Lipton** –> tés **Lipton***

O bien, se adapte convenientemente y concuerde en género y número. Es la **adjetivación**; el sustantivo funciona como un adjetivo, fenómeno mucho menos frecuente en español que su opuesto:

*perro **guardián** –> perros **guardianes***
*canoa **automóvil** –> canoas **automóviles***

Este sistema es el normalmente aplicado a los entes nombrados con un sustantivo genérico y otro específico: *el río **Amazonas**, el lago **Titicaca**, los montes **Apalaches**, el señor **García**, el circo **Krone**.*

Un sustantivo declarativo

El carácter semidirecto de su función permite que éste no concuerde necesariamente con su núcleo. Si puede concordar, lo hace, por supuesto:

a) *Juan Ramón Jiménez, **poeta** español, y Juana de Ibarbourou, **poetisa** uruguaya.*
b) *Ambos genios literarios, **gloria** de sus patrias, ...*

En a), *poeta* m.s. concuerda con <u>Juan Ramón</u> y *poetisa* f.s. concuerda con <u>Juana</u>. Mientras que en b), *gloria* f.s. discuerda llamativamente de su núcleo <u>ambos genios literarios</u> m.p.

Un artículo atributivo

Construcción frecuentísima en español, ya sea un determinante o un indeterminante, el cual concuerda indefectiblemente en género y número con su núcleo sustantivo:

*el hombre, **una** mujer, **los** hombres, **unas** mujeres.*

Un adjetivo atributivo

Es el sistema más fecundo. Tal como ya se explicó (págs. 31-57), el adjetivo concuerda en género y número con su núcleo sustantivo:

*lluvia **monzónica** –> lluvias **monzónicas***
*mi carro **antiguo** –> mis carros **antiguos***
*segunda parte –> **segundas** partes*

Un pronombre relativo atributivo

Dado que el tal pronombre tiene función adjetiva, la concordancia es de rigor:

*Una dimisión **cuya** causa desconozco.*

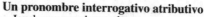

Un pronombre interrogativo atributivo

Igual caso que el precedente.

¿Qué cosa? ¿Cuál libro?

Un complemento en función de expansión

Digamos primero que en esta gramática reservamos el nombre de **complemento** a una forma compleja consistente en un conector y lo conectado, en la que el conector está en función de subordinante y lo conectado en función de término. El complemento puede tener como función cualquiera de las que exigen o pueden llevar conector: circunstante externo, expansión, objeto directo, objeto indirecto, circunstancial, predicativo y agente.

En el caso que nos ocupa, el complemento en función de expansión resulta ser uno de los adjuntos del sustantivo más típicos y frecuentes en español. Un sustantivo precedido de un atributivo y seguido de una expansión es tal vez la forma compleja más abundante:

> *este libro de gramática*
> *mala fama de huraño*
> *un proceso contra ellos*
> *la máquina de escribir*
> *mi pensión de jubilado*
> *el día de mañana*

Obsérvese que el término de la expansión puede ser (ejemplos de arriba abajo) sustantivo, adjetivo, pronombre, infinitivo, participio y adverbio.

Ejercicio *(Investigue la función del sustantivo entre paréntesis y anótela debajo de él; luego, integre el sustantivo en su hueco cuidando la concordancia y anteponiendo la preposición que convenga según la tal función y el contexto. Si no hay preposición, ponga ø para que le sirva de repaso.)*

Ejemplo: Tras repetidos <u>intentos</u> , Juan logró ganar ø las

                           N de Ter en CE

apuestas.

N de CD

Romero y Mardones son (jugador) de baloncesto.

Juanito daba más … (patada) … sus (compañero) que al balón.

Como profesor, Ventura fue querido … todas sus (alumno).

Regresábamos … el (cine) cuando la lluvia dejó paso … el (sol).

Nuestros vecinos tienen … muchos (perro); yo solo tengo … mi (chihuahua).

Los hermanos García, (tortura) de su madre, adoran ... su (padre).

Considero ... Mario y Juan (buen chico).

EL ADJETIVO Y SUS ADJUNTOS

Aunque el adjetivo, como su propio nombre indica (latín *adiectivus* 'lo que se añade') es por excelencia un aditamento del sustantivo, también puede erigirse en núcleo que a su vez se haga acompañar de modificadores.

Sus funciones como tal adjetivo son las de atributivo, predicativo y predicado, si bien, a través de la sustantivación (conversión en sustantivo), puede acceder a las de éste. Parecidamente, las únicas funciones ajenas a él son las instrumentales y, tal vez, la de circunstante externo:

a) *La **excelente** ayuda de **esta** gramática **práctica**.* (atributivos)

b) *Encontré a tu madre muy **desmejorada**.* (núcleo de predicativo)

c) ***Inaceptables**, tales exigencias.* (predicado adjetival)

Y mediante sustantivación:

d) *Los **fanáticos** pueden resultar peligrosos.* (núcleo de sujeto)

e) *Perico, el **mejor**, ganó limpiamente.* (núcleo de declarativo)

f) *Tiene rasgos de **inteligente**.* (término)

g) *Admitamos lo **ajeno**.* (núcleo de objeto directo)

h) *Pedro trata de corregir defectos a los **incorregibles**.* (núcleo de término en objeto indirecto)

i) *El presidente acabó desbordado por los **corruptos**.* (núcleo de término en agente)

Y mediante adverbialización (conversión en adverbio):

j) *La empleada se enfadó y le cantó **claro** a su jefe.* (circunstancial)

Este fenómeno se da solo en algunos adjetivos: *claro, recio, ronco, limpio, etc.*, y en un número limitado de expresiones (*hablar claro, recio, ronco; jugar limpio, sucio; pegar fuerte, etc.*).

Observemos que, cuando el adjetivo funciona como tal concuerda en género y número con su núcleo sustantivo. Cuando está sustantivado exige, por el contrario, tal concordancia a sus adjuntos. Y cuando está adverbializado se bloquea en el masculino singular, marca característica de ese fenómeno (en el ejemplo j), *la empleada* f.s. *cantó claro* m.s.), lo que no sucede, por supuesto, cuando se trata del propio adjetivo:

k) *El agua manaba **clara**.* (adjetivo predicativo de sujeto)

Modificadores del adjetivo

Así pues, el adjetivo puede, en su función modificadora, ser modificado a su vez por los elementos siguientes:

Un sustantivo atributivo

Aquí, contrariamente, el sustantivo aparece adjetivado:

*Me he comprado una corbata de [color verde **botella**.]*

El término *color verde botella* tiene un núcleo sustantivo *color* y un atributivo adjetival *verde botella,* el cual tiene a su vez un núcleo adjetival *verde* y un atributivo sustantivo *botella.*

Un adverbio atributivo

Se trata ahora de su modificador habitual:

*Les pareció el ejercicio **bastante** fácil.*
*Un comportamiento **casi** inhumano.*

Podemos así graduar, matizar, cualquier adjetivo, sobre todo calificativo.

Un complemento en función de expansión

Nuevamente aparece este gran recurso de la lengua española (y de otras):

*Persona muy versada **en ciencias**.*
*Obrero cansado **de trabajar**.*
*Resultados conducentes **a nada**.*

Los términos son un sustantivo, un infinitivo y un adverbio.

Un artículo o un adjetivo determinativo atributivos

Es en rigor el caso de la sustantivación, ya comentado. Estos modificadores (artículos, adjetivos determinativos) son verdaderos transpositores que convierten accidentalmente al adjetivo modificado en sustantivo. Pero el más espectacular de todos es el artículo determinante neutro, mediante el cual se obra una sustantivación generalizadora y más bien de tipo concreto:

Lo americano, lo español, lo primero de todo, lo tuyo, lo mismo.

a) *Lo mesurado, lo mejor* (máxima griega).
b) *El arrogante se hace antipático.*
c) *Se alquila esta casa con **sus** bajos.*
d) ***Esos** verdes de la ecología van multiplicándose.*
e) *¿**Cuántos** muertos ha habido?*

Los transpositores son (de a) a e)) artículos determinantes, artículo determinante, adjetivo posesivo, adjetivo demostrativo, adjetivo interrogativo.

Ejercicio *(En las oraciones siguientes subraye los adjetivos calificativos y analícelos formal y funcionalmente, sin omitir si se hallan sustantivados o adverbializados.)*
Ejemplo: Ahora, los <u>rojos</u> tienen dificultades en la Rusia <u>ex soviética</u>.
rojos: adjetivo sustantivado m.p., núcleo del sujeto.
ex soviética: adjetivo calificativo f. s., atributivo.

Los partidos políticos como tales no pecan de corruptos.
Esos pantalones de color azul ultramar son vaqueros.
Se sintió hastiado de la vida y se suicidó.
Obstinado en acabar, prosigo mi camino.
Aquellos miserables no eran los de Víctor Hugo.
Hay ciertos cantantes que cantan ronco.
Llegarán ustedes a la cumbre seguramente agotados.

EL ADVERBIO Y SUS ADJUNTOS

Esta última forma gramatical de carácter léxico también goza de la ambivalencia que supone modificar y ser modificado, o sea, unas veces ser núcleo y otras mero adjunto. Su función característica es la de modificar al verbo directamente (circunstancial), mecanismo que se extiende a los adjetivos y a otros adverbios (atributivo), caso este último que nos explica el que pueda aparecer como núcleo. También puede ser predicado, declarativo, término y circunstante externo.

a) ***Arriba** los pobres del mundo.* (predicado adverbial) (primer verso de La Internacional)

b) *Te resulta **muy** cómodo todo eso.* (atributivo de un núcleo adjetival)

c) *El flautista Rampal toca **excepcionalmente** bien.* (atributivo de un núcleo adverbial)

d) *Sigamos así, **despacio***. (declarativo)

e) *Me ha llegado un paquete de muy **lejos***. (núcleo de un término)

f) *¡Cuántos crímenes se cometen **impunemente**!* (circunstancial)

g) ***Naturalmente**, a sus más de cien años murió de viejo.* (circunstante externo)

Modificadores del adverbio

Ya hemos anunciado que el adverbio tiene la capacidad de aparecer como núcleo. Veamos cuáles son sus posibles adjuntos:

Un adverbio atributivo

Lo hemos ejemplificado en c), donde *excepcionalmente* es un adverbio atributivo del núcleo adverbial *bien* de un circunstancial.

También lo tenemos en e), donde el adverbio *muy* es un atributivo de *lejos,* núcleo del término de una expansión.

Un complemento en función de expansión

Sistema de aplicación múltiple, como vemos, muy socorrido en lengua española.

a) *Este camino sale directamente **al mar***.
b) *Opino contrariamente **a los demás***.
c) *Lejos **de nosotros** la funesta manía de pensar.* (frase célebre)

Los términos de las expansiones son (de arriba abajo) un sustantivo, un adjetivo sustantivado y un pronombre.

Una proposición atributivo

☞ Anticipándonos al capítulo próximo, introducimos aquí la nueva figura de **proposición**, ya apuntada anteriormente.

Estamos ante una forma compleja parecida estructuralmente en todo a la oración, pero dependiente de algún elemento de ésta frente a la independencia sintáctica de la oración. Ello trae como consecuencia que la proposición no contenga un mensaje completo.

Pues bien, en este caso, una proposición, claramente atributivo, puede modificar a un núcleo adverbial:

*Ensayaremos juntos hoy **que has venido**.*
*El médico acudirá siempre **que le avisen**.*

Se abre con esto un nuevo e inmenso campo de construcciones.

Ejercicio *(Subraye ahora los adverbios de estas oraciones, indique si están en posición nuclear o de adjunto y analice la función finalmente.)*

Ejemplo: Me conmovió <u>profundamente</u> verlos <u>tan mal</u>.

profundamente: adverbio de modo, adjunto del verbo <u>conmovió</u>, circunstancial.

tan: adverbio de cantidad, adjunto del adverbio <u>mal</u>, atributivo.

mal: adverbio de modo, núcleo de un circunstancial del verbo <u>ver</u>.

Nos dedicaremos preferentemente a la música.

Sus enemigos vivían demasiado cerca de él.

La carretera corre paralelamente al río.

Pepe no trabaja tan deprisa como tú.

Así, Juan decidió irse lejos.

Colón navegó más allá.

EL VERBO Y SUS ADJUNTOS

Con su importancia, el verbo no tiene más que una sola función: la de predicado o, por supuesto y en la mayoría de los casos, núcleo del predicado.

Función primordial según venimos nosotros predicando también, sin la cual no hay oraciones apenas, si no son las amembres (oraciones de una interjección) y las elípticas (oraciones con sólo una parte lingüística y el resto gestual, situacional, etc.), de todas las cuales se hablará en el capítulo siguiente.

Así pues, más complejo resulta estudiar los adjuntos del verbo que no el verbo como núcleo.

Como sea que hemos pasado revista a tales adjuntos en nuestro estudio de las funciones (*Los adjuntos verbales*, pág. 199.), nos limitaremos ahora a recordarlos y sistematizar los criterios de su reconocimiento, a saber:

1º, posibilidad de estar representado o ser conmutable por un pronombre personal objetivo;

2º, posibilidad de pasar a ser sujeto de la transformación pasiva o bien, en su caso, de la activa; y

3º, valencia, es decir número de enlaces con los demás elementos de la oración.

Véase el cuadro resumen de estos criterios en la página 207.

Obsérvese que, a pesar de que manejamos tres criterios, a algunos adjuntos les basta con uno por ser privativo suyo. Así, el objeto directo es el único en admitir la transformación pasiva; el agente, el único que admite la activa; y el predicativo, el único que es bivalente.

Régimen de los verbos

La palabra «régimen» significa 'mando', 'exigencia'. En efecto, los verbos exigen que sus adjuntos se unan a ellos de maneras precisas. Ya se ha visto que los verbos transitivos aceptan el objeto directo sin conector o con la preposición **a**, según reglas que hemos expuesto más arriba. Los mismos transitivos y los intransitivos exigen **a** o **para** ante el objeto indirecto. Los verbos en construcción pasiva reclaman **por** o **de** ante el agente. El predicativo suele ir sin preposición y el circunstancial, por el contrario, suele llevarlas, y diversas, no exigidas ahora por el verbo sino por la especial circunstancia que quiera significar.

Pues bien, hay todo un elenco de verbos intransitivos en español que exigen determinadas preposiciones ante su adjunto circunstancial (que por esa razón vamos a llamar **circunstancial complemento régimen**), los unos, o ante su adjunto predicativo (que por lo mismo llamaremos en adelante **predicativo complemento régimen**), los otros.

Para hablar bien y bien escribir en español se precisa distinguir los verbos transitivos de los intransitivos, y saber qué régimen tiene cada uno de éstos. Tal cosa se averigua por medio de los buenos diccionarios de uso y consultando las gramáticas. Nosotros daremos a continuación unas pequeñas listas meramente orientadoras que nos servirán para ejemplificar y ejercitarnos luego.

Lista de algunos verbos que llevan siempre Cir complemento régimen	
Abusar de	Discrepar de
Aspirar a	Disponer de
Confiar en	Fiarse de
Consistir en	Librarse de
Constar de	Referirse a
Contar con	Renunciar a
Depender de	Ufanarse de

Lista de algunos verbos que llevan siempre Pred complemento régimen	
Alardear de	Tachar de
Dar por	Tener por
Jactarse de	Tildar de
Presumir de	Vanagloriarse de

Ejemplos

*En América se dispone **de inmensos recursos***. (Cir complemento régimen)

*No es duro depender **de los padres***. (Cir complemento régimen)

*Higinio se jacta **de inteligente***. (Pred de S complemento régimen)

*¿Doy **por acabado** el capítulo?* (Pred de OD complemento régimen)

Las perífrasis verbales

Como últimos adjuntos de los verbos hemos de recordar (pág. 103) otros verbos que juntos constituyen las perífrasis verbales. Las lenguas no tienen todos los verbos necesarios para significar los infinitos matices pensables y se sirven de estas combinaciones para paliar ese defecto. La forma del segundo verbo es exigida por el primero o auxiliar a la manera de un régimen, como se comprueba por el hecho de que unos piden infinitivo, otros gerundio y otros participio. Consúltense las listas dadas.

A efectos del análisis sintáctico las perífrasis resultan inseparables.

Ejercicio *(Analice morfológica y sintácticamente los verbos y sus adjuntos en las oraciones siguientes, acotando primero con paréntesis los tres posibles miembros y poniendo al final la abreviatura de su función.)*

Ejemplo: El profesor está acabando la segunda parte de la gramática.

{El profesor}$_S$ {está acabando la segunda parte de la gramática}$_{Pr}$

está acabando: perífrasis verbal de gerundio, 3ª persona del singular del presente de indicativo, verbo transitivo.

la segunda parte de la gramática: objeto directo, donde *parte*, núcleo; *la* y *segunda*, atributivos; *de la gramática*, expansión, donde *de,* subordinante y *la gramática,* término, donde *gramática*, núcleo y *la*, atributivo.

Necesitamos muchos alimentos para el tercer mundo.

No me gustan los estudiantes perezosos.

Mañana saldrá para Cuba otra expedición.

La mayor riqueza de Venezuela consiste en el petróleo.

Es justamente reclamada por los argentinos la soberanía de las Malvinas.

Nota

Los primeros pasos en el análisis son penosos. Consulte ahora sus resultados comparando con las soluciones y con las lecciones correspondientes. Luego acometa la segunda parte del ejercicio.

Los cultivos de coca abundan en Perú.

Tildaban a aquel hombre de traficante.

La policía se refería a determinada persona.

Cómpraselo.

Una vez ganada la guerra, el gobierno británico dio por acabada la cuestión.

ENRIQUECIENDO LA FRASE BÁSICA CON OTRAS FRASES

2

Clasificación de las oraciones			
s/ número de miembros	s/ estructura del predicado	s/ actitud del hablante	s/ contenido en proposiciones
amembres unimembres bimembres trimembres	transitivas/ intransitivas copulativas/ no copulativas activas/ pasivas unipersonales/ pluripersonales pronominales/ no pronominales	enunciativas interrogativas exclamativas exhortativas desiderativas dubitativas	simples compuestas complejas

Ya tenemos prácticamente constituida nuestra oración con sus ocho partes estructuradas según ciertas exigencias sintácticas que hemos ido viendo en capítulos precedentes y otros condicionamientos debidos a lo que se llama tradicionalmente «uso». Esas oraciones rellenas de solo esas formas gramaticales simples (sustantivo, artículo, etc.) y aun de algunas más complejas (complementos, formas no personales del verbo, etc.) todas ellas estudiadas ya por nosotros, son las oraciones que denominamos **simples**. Cuando las oraciones contienen además una o varias de esas formas gramaticales que hemos llamado **proposiciones** (no preposiciones, recordemos), con exactamente alguna de las funciones sintácticas, estamos ante las oraciones que llamamos **compuestas**. Aún tenemos un tercer tipo si las proposiciones, en vez de estar en alguna de esas funciones, presentan estructuras *sui géneris*: llamamos **complejas** estas oraciones, las cuales constituyen un grupo ciertamente aparte.

Así pues, simples, compuestas y complejas es la primera y más importante clasificación estructural de las oraciones. Este capítulo está dedicado principalmente al estudio de las compuestas y complejas, las más frecuentes sin duda en nuestros decursos. Pero antes veamos otras clasificaciones que puedan aportar claridad a la parte más ardua de nuestra doctrina gramatical.

CLASIFICACIÓN DE LAS ORACIONES SEGÚN EL NÚMERO DE SUS MIEMBROS

Sabemos ya que hay tres funciones de tal entidad que las hemos erigido en miembros de la oración: sujeto, predicado y circunstante externo. Todas las demás funciones giran inevitablemente alrededor de éstas o contribuyen a articularlas. Ahora bien, una oración puede no tener alguno, algunos o incluso ninguno de esos miembros, condición que divide las oraciones en:

Amembres

Cuando no tienen ningún miembro, situación aparentemente chocante, pero real en el caso de las interjecciones, ya comentado en el capítulo correspondiente, por cuanto la sola palabra contiene todo un mensaje y conforma así una oración inanalizable:

¡Ay!
¡Caramba!

A menos que la ampliemos mínimamente con alguna expansión:

¡Ay de mí!
¡Caramba con Pepito!

Aunque seguimos sin descubrir en ella ninguno de los tres miembros consabidos.

Unimembres

Cuando tienen un solo miembro lingüístico, que se ve completado en la mayoría de los casos por otro extralingüístico, ya situacional, ya cultural, tradicional u otros. En efecto, en los ejemplos:

a) *¡Señorita García!* (llamándola).

b) *Los fusilamientos de la Moncloa* (mención al pie de un cuadro de Goya).

c) *¡Café!* (pronunciado ante el mostrador de un bar).

d) *Panadería* (rótulo en el dintel de una tienda).

es evidente que se completa un mensaje gracias a la situación, de tal modo que la señorita se dará por llamada en a), el público se entera de qué se trata en el impresionante cuadro de b), el café aparece humeando en c) y los compradores saben lo que pueden adquirir en d), nada de lo cual sucedería si en a) no se mirase al mismo tiempo hacia la señorita, en b) la mención no estuviera en el cuadro sino en el cristal de una ventana, en c) se pronunciase la palabra dando la espalda al mostrador y en d) el rótulo estuviera pegado en la portezuela de un coche. El miembro lingüístico (la frase) y el miembro extralingüístico (la situación) no sintonizarían y el mensaje no cristalizaría. En otros casos, los ejemplos:

e) *¡Buenos días!* (saludando).

f) *Tranquilo* (recomendación, de moda actualmente).

g) *¿Qué tal?* (mostrando interés).

resultan ser frases elípticas (se omite algo), cuyo único miembro lingüístico es completado por otro extralingüístico de orden social. En e) no se duda de la buena voluntad del comunicante, por lo que resulta una broma de mal gusto lingüístico la apostilla «no tan buenos» o «no muy buenos» de algunos interlocutores cuando, a lo mejor, coincide que está diluviando en ese momento.

El miembro extralingüístico es la costumbre social de saludar (<salud desear) en los encuentros de personas y la apostilla no sintoniza con ese deseo, sino que responde a una información (hace buen día) que nadie ha formulado. En f) el interpelado acepta resignado la reconvención y en g) se contesta con una opinión.

Un solo tipo de unimembre conlleva dificultad insuperable:

h) *Hoy ha nevado* (verbo unipersonal absoluto).

i) *Mañana hará frío* (verbo unipersonal accidental sin **se**).

j) *Allá se acoge a los terroristas* (verbo unipersonal accidental con **se**).

Estamos ante las oraciones de verbo unipersonal, de las que ya sabemos que no tienen sujeto. Contienen un mensaje completo, a pesar de su único miembro.

Concluyamos con las unimembres añadiendo que en ellas el miembro lingüístico, que es el único que podemos analizar gramaticalmente, resulta imposible de identificar con ninguno de los tres sintácticos, ya que no parece elegante científicamente inventarse el texto que falta y que podría catalizarse (suplirse) de maneras bien diferentes:

e') ¡_Buenos días__{OD} tenga usted!

e") ¡_Buenos días__S le son deseados!

e'") ¡A los _buenos días__{N de Ter}!

El gramático ha de analizar el discurso real que se le ofrece, no el que podría haber sido.

Bimembres

Cuando tienen dos miembros, que son lo más frecuentemente sujeto y predicado:

*{Los libros}*_S *{nos enseñan muchas cosas}*_{Pr}.
*{En América se dan con frecuencia}*_{Pr} *{grandes terremotos}*_S.

Aunque también puede ser que se trate de un circunstante externo y otro miembro no identificable por tratarse de una proposición unipersonal:

h') *{De acuerdo con el pronóstico,}*_{CE} *{hoy ha nevado}*_{NO}.

j') *{Contra los convenios internacionales,}*_{CE} *{allá se acoge a los terroristas}*_{NO}.

Trimembres

Cuando tienen los tres máximos miembros posibles: sujeto, predicado y circunstante externo:

*{Muchas veces,}*_{CE} *{le gustaba}*_{Pr} *{disparar un cargador sin interrupción}*_S.

*{Sin tenacidad,}*_{CE} *{nuestro hijo}*_S *{no llegará nunca a buen pianista}*_{Pr}.

Ejercicio *(Dictamine a qué clase pertenecen las siguientes oraciones según el número de sus miembros. Acostúmbrese a separarlos con barras o paréntesis.)*

Después de su fracaso, Gonzalo se sintió apesadumbrado.

¡Adiós!

Bicho malo nunca muere.

Nosotros somos ciudadanos respetables.

Discoteca Alegría (rótulo en el número 0 de la calle Belgrano).

Graniza de vez en cuando.

Juan pasó ayer un examen.

Por supuesto, la gramática no es sencilla.

¿Qué hora es?

Un túnel une a franceses e ingleses.

CLASIFICACIÓN DE LAS ORACIONES SEGÚN LA ESTRUCTURA DE SU PREDICADO

Tal como se anunció en la pág. 179, coincide aquí sensiblemente la clasificación y terminología de verbos y oraciones. Nos limitaremos así a recordar que, con arreglo al tipo de verbo o construcción verbal de su predicado, las oraciones pueden ser:

transitivas: *He comprado un coche nuevo.*
Le nombraron jefe de la armada.

o **intransitivas**: *Juan durmió durante toda la noche.*
No nos gustó la exposición.

copulativas: *El hombre es mortal.*
Los invitados estaban muy alegres.

o **no copulativas**: *Ven pronto a casa.*
Juan tiene prisa.

activas: *Harán una gran obra en esa misión.*
No temas nada.

o **pasivas**: *El motorista fue atropellado por un automóvil.*
Se venden coches usados.

unipersonales: *Ayer llovió mucho.*
Hay veinte alumnos en esta clase.

o **pluripersonales**: *Francisca riega las plantas.*
Esos chicos son americanos.

pronominales: *El culpable no se arrepintió.*
Nos fuimos en seguida.

o **no pronominales**: *Ernesto se afeita todos los días.*
Comprendo muy bien tus excusas.

Cumplida caracterización de todas estas modalidades se encuentra en el capítulo *Prestando atención a las modalidades de los verbos*, por lo que resulta ocioso repetirla aquí.

Ejercicio *(Dictamine la clase de las oraciones siguientes de acuerdo con la construcción verbal de su predicado.)*
Ahora amanece cada día más temprano.
En este establecimiento se habla inglés.
No me acuerdo de nada.
El muchachito pensaba en su novia.

Tráeme un paquete de tabaco.
El presidente parece alarmantemente fatigado.
Pero él se jacta de su buena salud.
A Cantinflas le encantaba el champurrado.
A mí me gusta el mate.
Hay muchas cosas inútiles en el mundo.

CLASIFICACIÓN DE LAS ORACIONES SEGÚN LA ACTITUD DEL HABLANTE

En los mensajes que estamos emitiendo predicamos algo de alguien, decimos algo objetivamente, pero sin dejar de envolverlo con un cierto halo subjetivo de opinión o sentimiento con respecto a ese comunicado. Llamamos en gramática *díctum* a lo que decimos y *modus* a nuestra actitud ante ello.

Según cuál sea ese modus, las oraciones pueden dividirse en:

Enunciativas

Cuando simplemente afirman o niegan el díctum. Son, por lo tanto, las más neutras y también las más frecuentes. Se comprende fácilmente que se subdividan en **afirmativas** y **negativas**:

a) *Alejandro monta bien en bicicleta.* (afirmativa)
b) *No sabe todavía conducir una motocicleta.* (negativa)

Se comprueba por el ejemplo a) que las afirmativas no necesitan marca ninguna especial, mientras que las negativas precisan llevar <u>siempre delante del verbo</u> alguna palabra negativa. Podemos concluir que ø es la marca de las afirmativas y el pronombre o adverbio negativo la marca de las negativas.

Con todo, las afirmativas pueden remachar su afirmación mediante partículas:

a') *Alejandro **sí** monta bien en bicicleta.* (implica oposición a alguien o a algo)
*Sarita no monta bien, Alejandro **sí**.* (contra alguien)
*Alejandro no sabe patinar, pero **sí** monta bien en bicicleta.* (contra algo)
a'') *Alejandro **sí que** monta bien en bicicleta.* (énfasis)

Y las negativas pueden añadir tantas otras palabras negativas delante y detrás del verbo como convengan al mensaje, pero con dos condiciones:

1ª, el adverbio **no** nunca va pospuesto al verbo; y 2ª, el adverbio **no** es incompatible con otras palabras negativas que precedan al verbo.

Así:

*¡**No** sabes **nunca nada** de **nada**!*
*Jamás **ninguno** de mis hijos ha comprado **nada** allí.*

El adverbio **no** puede referirse a solo cierta parte de la oración y en este caso precederá a esa parte y no al verbo:

*Es elemental **no** cruzar la calle con disco rojo.*
*Más arriba hablamos de las oraciones **no** copulativas.*

Interrogativas

Cuando añadimos al díctum cierta declaración de ignorancia. En español, a diferencia de otras lenguas, la estructura de la oración puede no cambiar en absoluto, ya que bastan los recursos fonéticos para marcar este modus. Pero también es verdad que, dada la gran facilidad de movimiento que tienen las palabras en nuestra lengua, es posible acompañar la entonación de ciertas inversiones verbales:

a) *El náhuatl era la lengua de los aztecas.*
a') *¿El náhuatl era la lengua de los aztecas?*
a'') *¿Era el náhuatl la lengua de los aztecas?*
a''') *¿Era la lengua de los aztecas el náhuatl?*
'a'''') *¿La lengua de los aztecas era el náhuatl?*

Llamamos **absolutas** a estas interrogaciones porque de ellas no sabemos nada. La respuesta es normalmente **sí** o **no**. Pero puede suceder que sepamos algo y entonces aparecen las palabras interrogativas (pronombres, adverbios) en estas interrogaciones parciales que llamamos **relativas**:

*¿**Qué** buscas?* (sé que buscas algo).
*¿**Cuál** libro prefieres?* (sé que quieres uno de ellos).
*¿**Quién** ha venido?* (sé que ha venido alguien).
*¿**Cuánto** hemos avanzado?* (sé que hemos avanzado).
*¿**Dónde** viste a Bárbara?* (sé que viste a Bárbara).
*¿**Cuándo** regresó el presidente?* (sé que regresó el presidente).
*¿**Cómo** acabará el siglo XX?* (sé que acabará el siglo XX).

Exclamativas

Cuando se reviste el díctum de alguna nota emocional también por medios eminentemente fonéticos, tal vez con la ayuda de alguno de los pronombres y adverbios interrogativos que acabamos de mostrar, modulados ahora con la entonación propia de este modus. En rigor, y como sucede con las interrogativas, cualquier oración enunciativa se puede convertir en exclamativa con solo aplicar los tonemas (ciertas inflexiones de la voz) correspondientes:

Me disgusta que me contraríen.
¡Me disgusta que me contraríen!

A este tipo pertenecen las oraciones amembres constituidas por una interjección, las cuales aparecen unas veces aisladas, pero las más acompañando a otra oración exclamativa o no:

¡Ea! ¡Vamos a trabajar!
¡Hola! ¿Qué hay de bueno?
¡Vamos!, que se hace tarde.

Aquí también cooperan frecuentemente algunos pronombres y adverbios interrogativos ahora pronunciados con la modulación exclamativa:

¡Qué horror!
¡Quién supiera escribir!
¡Cuánto daría por verte triunfar!
a) *¡Cuán hermoso es vivir!*
a') *¡Qué hermoso es vivir!*
¡Dónde se habrá metido!
¡Cuándo acabará todo esto!
¡Cómo me gusta esquiar!

En a), el adverbio **cuánto** aparece apocopado por ir delante de un adjetivo, como sucedería delante de otro adverbio. Es forma exclusivamente literaria sustituida por **qué** en la lengua coloquial –ejemplo a')–.

Exhortativas

Cuando indican mandato o prohibición más o menos atenuados. De ahí que puedan expresarse desde con un verbo en imperativo auténtico (2ª persona)

Haz lo que te digo.
Regresad cuanto antes.

pasando por el subjuntivo sucedáneo en las 3ªˢ personas y 1ª de plural

Avancen con cuidado.
Tenga la bondad.
Seamos prudentes.

hasta por el mero subjuntivo o bien el condicional de verbos como *querer* o *gustar,* ya en fórmulas de franca cortesía:

***Querría** que me acompañase usted.*
***Quisiera** pedirle un favor.*
*Me **gustaría** que no se resistiese.*

Desiderativas

Cuando indican algo de realización tan eventual como el deseo, por lo que se expresan normalmente en subjuntivo precedido o no de adverbios o interjecciones de ese significado:

*¡**Así** te parta un rayo!*
*¡**Ojalá** me toque la lotería!*
Que le vaya bien.
Si pudiera ayudarme...

Dubitativas

Cuando se añade al díctum cierta expresión de duda. Ello se hace mediante adverbios de ese significado, los cuales admiten el verbo en indicativo o subjuntivo con la consiguiente atenuación o acentuación de la duda respectivamente:

*¿**Acaso** se presentará Roberto a las elecciones? **Acaso** se presente.*
***Tal vez** ha aterrizado el avión en medio de los Andes.*
***Quizá** tenga más suerte en el futuro.*

Ejercicio *(Dictamine ahora la clase de oración según la actitud del hablante.)*

¿Quién escribió el Quijote?
Esto no es un concurso televisivo.
¡Ojalá lo fuera!
Tal vez podría usted ayudarme entonces.
Sírvanse abandonar la sala.
No comprendo nada de lo que está pasando.
¡Pues qué divertido me parece a mí!
Márchate y déjame en paz.
¿Hasta cuándo, Catilina?
Y ahora, cambiemos de rumbo.

CLASIFICACIÓN DE LAS ORACIONES SEGÚN SU CONTENIDO EN PROPOSICIONES

Retomamos esta clasificación para pasar al estudio de las proposiciones.

En efecto, según este criterio hemos dicho más arriba que las oraciones pueden ser

Simples

Cuando no incluyen ninguna proposición:

La inmensa mayoría de nuestros ejemplos son oraciones simples.
Estamos acabando el estudio de la gramática.

Compuestas

Cuando incluyen proposiciones con función sintáctica:

*{El profesor}*_S *{observa [que los alumnos van comprendiendo.]*_{OD}*}*_{Pr}
proposición

*{Quien canta}*_S *{su mal espanta.}*_{Pr}
proposición

Complejas

Cuando incluyen proposiciones integradas en estructuras diferentes de las funciones sintácticas:

Lo poco agrada, lo mucho harta. (oración)
proposición   proposición

Tú vienes y yo voy. (oración)
proposición proposición

SISTEMAS DE INTEGRACIÓN DE LAS PROPOSICIONES EN LAS ORACIONES

Tres son los sistemas aceptados tradicionalmente como inclusores de las proposiciones dentro de las oraciones: la ordinación (yuxtaposición), la coordinación y la subordinación. Los dos primeros corresponden a las oraciones complejas y el último a las compuestas.

(Para la correcta interpretación de los esquemas sintácticos que seguirán a los ejemplos consúltese el apéndice que va al final del capítulo).

Nota: El desarrollo analítico de las oraciones que se citan como ejemplos, y que van numeradas a la izquierda, se encuentra en las páginas: 238 a 267.

Ordinación

Llamado tradicionalmente yuxtaposición, es un sistema exclusivo de las oraciones complejas. Consiste simplemente en la colocación de las proposiciones una al lado de otra sin necesidad de conector ninguno. Solo media entre ellas una breve pausa, que se representa en el lenguaje escrito con una coma. Las proposiciones así estructuradas se llaman ordinadas (yuxtapuestas) y están todas en el mismo nivel sintáctico.

1. *Llegué, vi, vencí.* (palabras de Julio César)
(yo) Llegué, (yo) vi, (yo) vencí.

2. *Ya no llueve, me marcho.*
Ya no llueve, me marcho (yo).

Este sistema, probablemente primitivo en la historia de las lenguas indoeuropeas, sigue vigente en la lengua hablada, en la que lo empleamos espontáneamente de vez en cuando.

Coordinación

Otro sistema exclusivo de las oraciones complejas. Consiste en la colocación de proposiciones una al lado de otra, como en las ordinadas, pero conectadas ahora con conjunciones. Las proposiciones coordinadas siguen estando todas en el mismo nivel sintáctico. Según el tipo de conjunción que aparece en la conexión, las proposiciones coordinadas se subdividen en:

Copulativas

Las proposiciones van simplemente conectadas, sin noción extra de ninguna clase:

3. *Colón partió de Palos de Moguer **y** desembarcó en Guanahaní.*
Colón partió de Palos de Moguer y (él) desembarcó en Guanahaní.

4. *Los naturistas no comen carne **ni** beben alcohol.*
Los naturistas no comen carne ni (ellos) beben alcohol.

Distributivas

Las proposiciones van, más que conectadas, introducidas cada una de ellas por una conjunción que se va repitiendo para marcar la idea de distribución :

5. *Ya ganábamos tiempo por un atajo, **ya** nos perdíamos por otro.*
Ya (nos.) ganábamos tiempo por un atajo, ya (nos.) nos perdíamos por otro.

6. *Ora lloraba con desconsuelo, **ora** reía a carcajadas.*
Ora (ella) lloraba con desconsuelo, ora (ella) reía a carcajadas.

Disyuntivas

La conexión de las proposiciones con una conjunción disyuntiva confiere a la oración cierta idea de oposición o exclusión. En ocasiones se refuerza repitiendo la conjunción delante de cada proposición:

7. *Vivamos en armonía **o** divorciémonos cuanto antes.*
(nos.) Vivamos en armonía o (nos.) divorciémonos cuanto antes.

8. ***O bien** estudias con cariño **o bien** te pones a trabajar.*
O bien (tú) estudias con cariño o bien (tú) te pones a trabajar.

Adversativas

Son las más abundantes. La conjunción conecta dos proposiciones de tal modo que los juicios que contienen se presentan como opuestos, el uno positivo y el otro negativo. Si la negatividad no es total se emplea preferentemente la conjunción **pero** (y afines); si es excluyente, se emplea **sino que** (y afines):

9. *Paco comprendía las razones **pero** no podía admitirlas.*
Paco comprendía las razones pero (él) no podía admitirlas.

10. *Aquellos pintorescos turistas no traían dinero **sino que** lo mendigaban.*
Aquellos pintorescos turistas no traían dinero sino que (ellos) lo mendigaban.

Nota

Una mezcla de ordinadas y coordinadas es posible. Así, la construcción muy normal en español de varias ordinadas seguidas que acaban en una coordinación:

11. *El F.M.I. llegó, vio y advirtió.* (imitación de la frase de Julio César)
El F.M.I. llegó, (él) vio y (él) advirtió.

Subordinación

Es el sistema propio de las oraciones compuestas, en las cuales las proposiciones están dependiendo de otros elementos de la oración, en el mejor de los casos interdependiendo, pero siempre en una de las relaciones sintácticas típicas que hemos denominado funciones. Por eso procede ahora pasar revista a éstas para descubrir en cuáles de ellas se pueden integrar proposiciones, abriéndonos así un campo inmenso para la construcción ya compleja de nuestros mensajes.

La gramática tradicional y todavía la Real Academia dividen las «oraciones subordinadas» en sustantivas, adjetivas y circunstanciales (es decir, adverbiales), lo que entraña comparar funcionalmente las proposiciones con sustantivos, adjetivos y adverbios. Es cierto que una proposición ha de parecerse funcionalmente a alguna de esas tres categorías formales, pero no es cierto que eso sirva para encasillarlas, pues apenas hay funciones que sean privativas de una sola forma. Con todo, la tal división tiene un lado práctico que nosotros vamos a explotar; no nos alejaremos así tampoco demasiado de los conceptos tradicionales que nuestros lectores pueden encontrar en otros textos.

FUNCIONES DE LAS PROPOSICIONES SUBORDINADAS

Proposiciones sustantivas

Algunas son introducidas por un transpositor.

Sujeto

12. *Que sucedió una desgracia* parece innegable.
Que sucedió una desgracia parece innegable.

13. *Cómo sucedió* ya es más dudoso.
Cómo sucedió (ella) ya es más dudoso.

Declarativo

14. *Eso, que me acosen, me descompone.*
Eso, que me acosen (ellos), me descompone.

15. *Los padres temían algo, que hubiera tenido un accidente.*
Los padres temían algo, que (él) hubiera tenido un accidente.

Término

16. *Tuve miedo de que muriese.* (en una expansión de sustantivo)
(yo) Tuve miedo de que muriese (él).

17. *La mamá estaba muy contenta con que su hijo fuera así.*
(en una expansión de adjetivo)
La mamá estaba muy contenta con que su hijo fuera así.

18. *Actuó inversamente a **quienes le acompañaban**.* (en una expansión de adverbio)

(él) Actuó inversamente a quienes le acompañaban

Objeto directo

19. *Eloísa anhelaba **que llegase Abelardo**.*
Eloísa anhelaba que llegase Abelardo.

20. *El agente indagó **cuándo había sucedido aquello**.*
El agente indagó cuándo había sucedido aquello.

Predicativo

21. *La vida me ha hecho **quien soy**.*
La vida me ha hecho quien soy (yo).

22. *Los asistentes han resultado **cuantos yo te dije**.*
Los asistentes han resultado cuantos yo te dije. (decurso)
Los asistentes han resultado cuantos te dije yo. (ordenación práctica)

Proposiciones adjetivas

Son introducidas por un pronombre o adverbio relativo (de ahí el nombre también tradicional de «oraciones relativas»), que sustituye en la proposición a un sustantivo o pronombre citado anteriormente en la oración. Por ello, recibe éste el sobrenombre de **antecedente** y el pronombre relativo el de **consecuente**:

Atributivo (de un sustantivo)

23. *Compré la novela **de que me hablaste**.*
(yo) Compré la novela de que me hablaste (tú).

24. *Juan, **a quien vi ayer**, me pareció enfermo.*
Juan, a quien vi ayer (yo), me pareció enferno.

Se ofrece en esta función una doble posibilidad significativa, según la proposición atributivo explique simplemente algo del antecedente o lo distinga de un conjunto más amplio: llamamos a las primeras **explicativas** y a las segundas **especificativas**:

25. a) *Los hijos del viudo Rius, **que son de su segunda mujer**, no heredarán de la difunta Mariona.*

a') *Los hijos del viudo Rius **que son de su segunda mujer** no heredarán de la difunta Mariona.*

Los hijos del viudo Rius (,) que son de su segunda mujer, no heredarán de la difunta Mariona.

En la lengua oral, la proposición atributivo explicativa va entre pausas y se modula peculiarmente –ejemplo a)–; en el lenguaje escrito lleva comas simplemente. Esta oración nos explica que todos los hijos del viudo Rius lo son de su segunda mujer y, por supuesto, que no heredarán de la primera. La proposición atributivo especificativa nunca hace la primera pausa, lo que lleva consigo una modulación distinta. Ahora nos dice que el viudo Rius tiene también hijos de su primera mujer y, distinguiéndolos, nos informa que solo ellos heredarán de su madre.

La estructura sintáctica es la misma en ambos tipos. Por eso en el esquema aparece la primera coma entre paréntesis, indicando con ello que, tanto si hay coma (proposición explicativa) como si no la hay (proposición especificativa), la estructura sintáctica no varía.

Proposiciones adverbiales

Llamadas también circunstanciales.

Circunstancial

26. *El coche paró donde yo quise detenerlo*.
    El coche paró donde yo quise detenerlo. (decurso)
    El coche paró donde detenerlo quise yo. (ordenación práctica)

27. *Las madres, gente sacrificada, sufren cuando algo va mal*.
    Las madres, gente sacrificada, sufren cuando algo va mal. (decurso)
    Las madres, gente sacrificada, sufren cuando va mal algo. (ordenación práctica)

28. *Hazlo como te lo he mandado*.
    (tú) Hazlo como te lo he mandado (yo).

Circunstante externo

29. *Ausente el director, nadie se atrevió a tomar una decisión*.
    Ausente el director, nadie se atrevió a tomar una decisión.

30. *Resultando el problema insoluble, Juan lo abandonó*.
    Resultando el problema insoluble, Juan lo abandonó. (decurso)
    Resultando insoluble el problema, Juan lo abandonó. (ordenación práctica)

Atributivo (de un adverbio)

31. *Vete antes que empiece a llover*.
    (tú) Vete antes que empiece a llover.

32. *Trasladaron el cadáver al depósito después **que hubo llegado el juez**.*

(ellos) Trasladaron el cadáver al depósito después que hubo llegado el juez.

Nota

De las funciones ausentes en la anterior revista se infiere que no aparecen proposiciones en función de predicado, expansión, objeto indirecto, agente y, por supuesto, transpositor, coordinante y subordinante. Ahora bien, dentro de un predicado podremos encontrar proposiciones objeto directo, circunstancial y predicativo; y dentro de una expansión, de un objeto indirecto o de un agente podremos encontrar proposiciones término. Pero nunca en los niveles sintácticos de esas funciones ausentes.

ANÁLISIS DE LAS FRASES
1 a 32
(págs. 231 a 236)

Abreviaturas empleadas			
S	sujeto	**N**	núcleo
Pr	predicado	**NO**	núcleo oracional
CE	circunstante externo	**prop.**	proposición, proposicional
		am.	amembre
At	atributivo	**unim.**	unimembre
De	declarativo	**bim.**	bimembre
Ex	expansión	**trim.**	trimembre
Ter	término	**inf.**	infinitivo
		ger.	gerundio
OD	objeto directo	**par.**	participio
OI	objeto indirecto	**sus.**	sustantivo
Cir	circunstancial	**adj.**	adjetival
Pred	predicativo	**adv.**	adverbial
Ag	agente	**v.**	verbo, verbal
		nos.	nosotros
Trans	transpositor	**comp. reg.**	complemento régimen
Co	coordinante		
Sub	subordinante		

1. *Llegué, vi, vencí.* (palabras de Julio César)

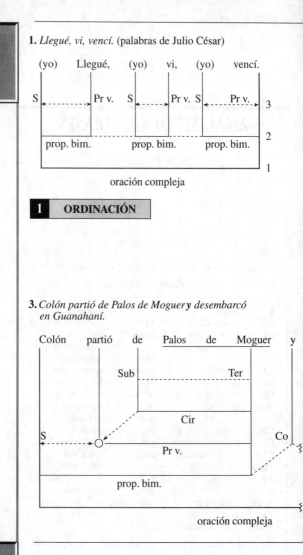

oración compleja

1 ORDINACIÓN

3. *Colón partió de Palos de Moguer y desembarcó en Guanahaní.*

oración compleja

2. *Ya no llueve, me marcho.*

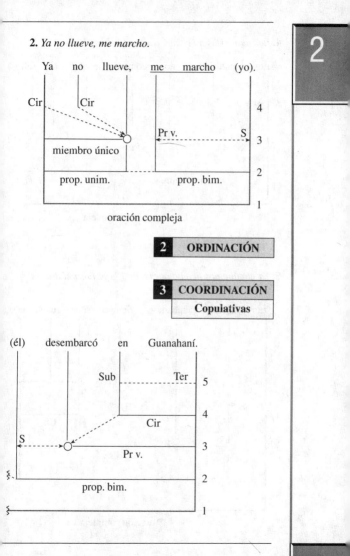

oración compleja

| 2 | **ORDINACIÓN** |

| 3 | **COORDINACIÓN** |
| | **Copulativas** |

4. *Los naturistas no comen carne **ni** beben alcohol.*

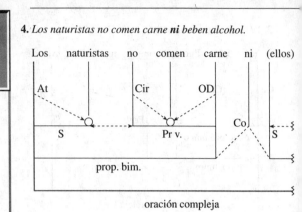

oración compleja

5. ***Ya** ganábamos tiempo por un atajo, **ya** nos perdíamos por otro.*

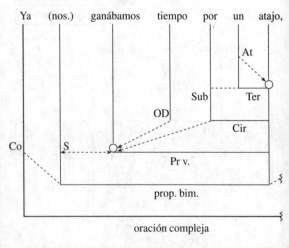

oración compleja

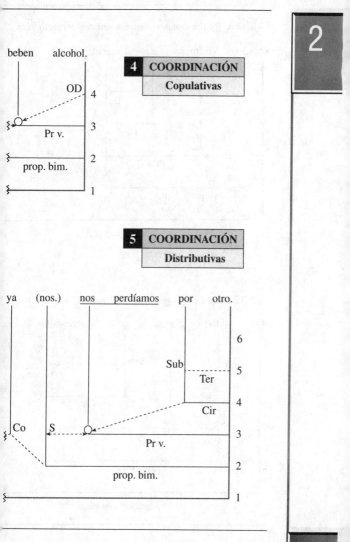

beben   alcohol.

OD	4
Pr v.	3
prop. bim.	2
	1

4 COORDINACIÓN
Copulativas

5 COORDINACIÓN
Distributivas

ya   (nos.)   nos   perdíamos   por   otro.

	6
Sub ---- Ter	5
Cir	4
Co S Pr v.	3
prop. bim.	2
	1

6. *Ora* lloraba con desconsuelo, *ora* reía a carcajadas.

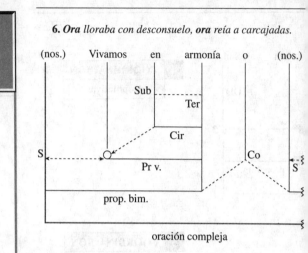

oración compleja

7. *Vivamos en armonía o divorciémonos cuanto antes.*

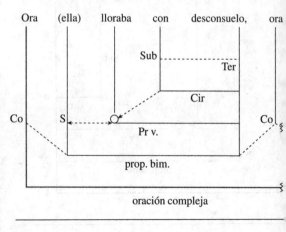

oración compleja

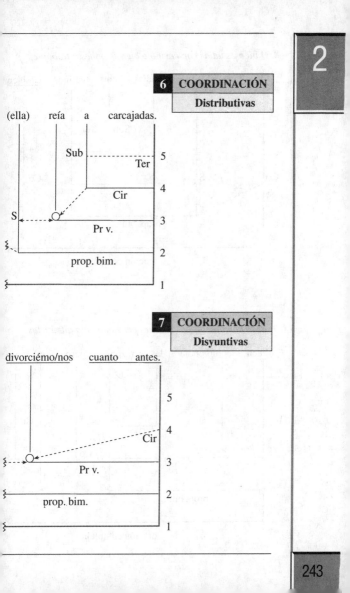

6 COORDINACIÓN

Distributivas

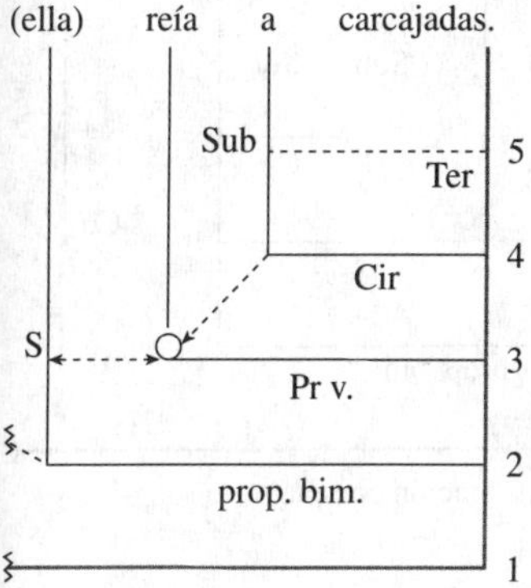
(ella) reía a carcajadas.
Sub
Ter
Cir
S
Pr v.
prop. bim.
5
4
3
2
1

7 COORDINACIÓN

Disyuntivas

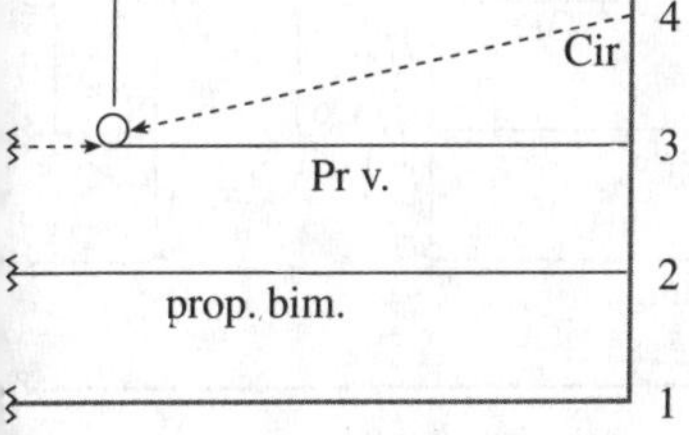
divorciémo/nos cuanto antes.
Cir
Pr v.
prop. bim.
5
4
3
2
1

8. *O bien* estudias con cariño *o bien* te pones a trabajar.

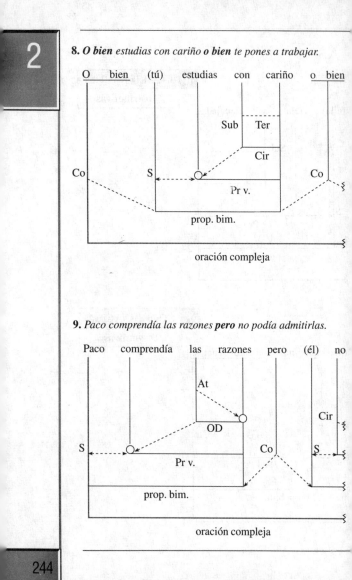

oración compleja

9. *Paco comprendía las razones **pero no podía admitirlas.*

oración compleja

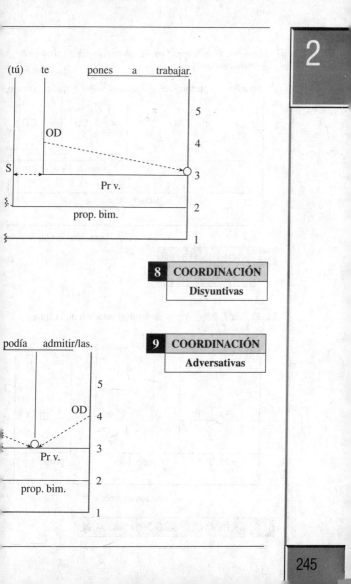

(tú)   te   pones a   trabajar.

5

OD

4

S

3

Pr v.

2

prop. bim.

1

8 **COORDINACIÓN**
      Disyuntivas

9 **COORDINACIÓN**
      Adversativas

podía admitir/las.

5

OD

4

3

Pr v.

2

prop. bim.

1

10. *Aquellos pintorescos turistas no traían dinero **sino que** lo mendigaban.*

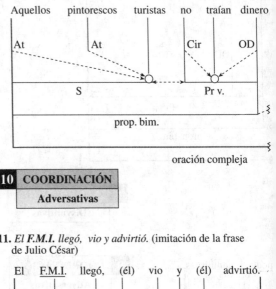

10 COORDINACIÓN
Adversativas

11. *El **F.M.I.** llegó, vio y advirtió.* (imitación de la frase de Julio César)

oración compleja

11 ORDINACIÓN-COORDINACIÓN

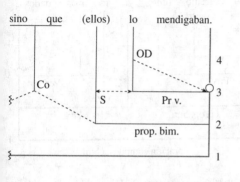

12	SUBORDINACIÓN
	Sustantivas
	Sujeto

12. *Que sucedió una desgracia parece innegable.*

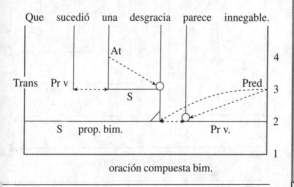

oración compuesta bim.

13. *Cómo sucedió ya es más dudoso.*

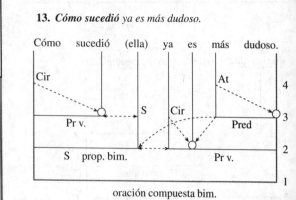

oración compuesta bim.

15. *Los padres temían algo, **que hubiera tenido un accidente.***

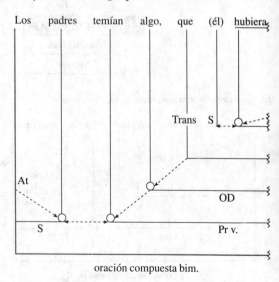

oración compuesta bim.

14. *Eso, **que me acosen,** me descompone.*

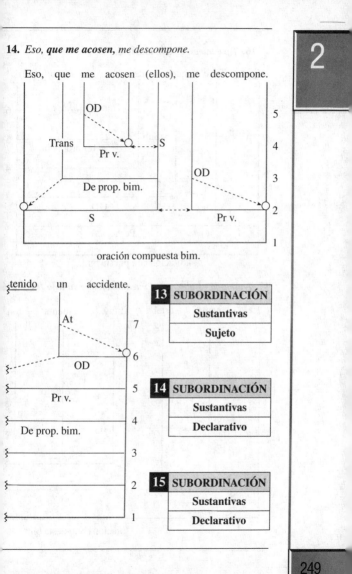

Eso, que me acosen (ellos), me descompone.

OD

Trans

Pr v.

De prop. bim.

S

OD

Pr v.

oración compuesta bim.

tenido un accidente.

At

OD

Pr v.

De prop. bim.

13	**SUBORDINACIÓN**
	Sustantivas
	Sujeto

14	**SUBORDINACIÓN**
	Sustantivas
	Declarativo

15	**SUBORDINACIÓN**
	Sustantivas
	Declarativo

16. *Tuve miedo de **que muriese.***

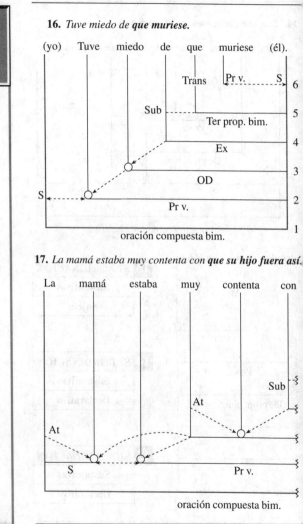

oración compuesta bim.

17. *La mamá estaba muy contenta con **que su hijo fuera así.***

oración compuesta bim.

16	**SUBORDINACIÓN**
	Sustantivas
	Término

17	**SUBORDINACIÓN**
	Sustantivas
	Término

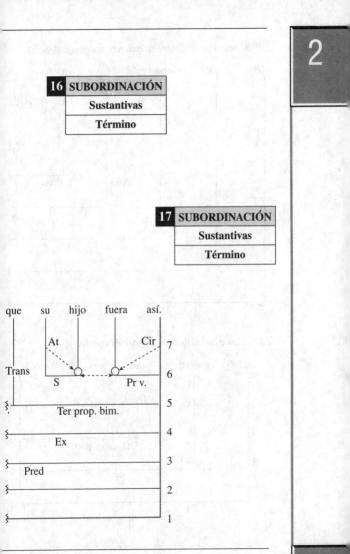

18. *Actuó inversamente a **quienes le acompañaban.***

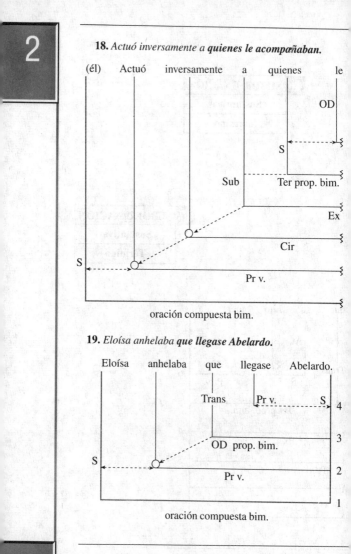

(él)   Actuó   inversamente   a   quienes   le

OD

S

Sub   Ter prop. bim.

Ex

Cir

S

Pr v.

oración compuesta bim.

19. *Eloísa anhelaba **que llegase Abelardo.***

Eloísa   anhelaba   que   llegase   Abelardo.

Trans   Pr v.   S   4

OD prop. bim.   3

S

Pr v.   2

1

oración compuesta bim.

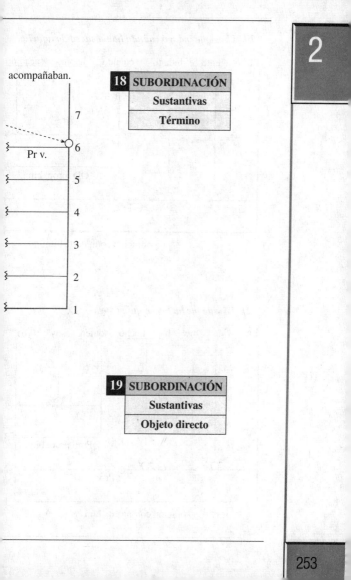

acompañaban.

Pr v.

7
6
5
4
3
2
1

18	SUBORDINACIÓN
	Sustantivas
	Término

19	SUBORDINACIÓN
	Sustantivas
	Objeto directo

20. *El agente indagó **cuándo había sucedido aquello.***

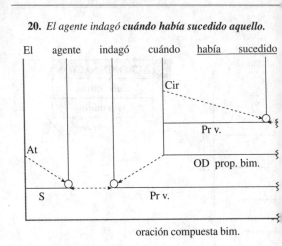

oración compuesta bim.

21. *La vida me ha hecho **quien soy**.*

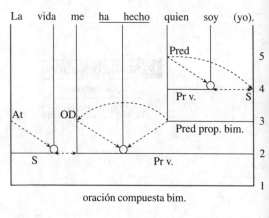

oración compuesta bim.

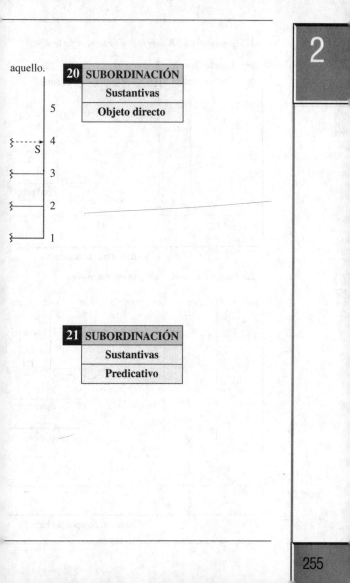

aquello.

20	**SUBORDINACIÓN**
	Sustantivas
	Objeto directo

21	**SUBORDINACIÓN**
	Sustantivas
	Predicativo

2

22. *Los asistentes han resultado **cuantos yo te dije.***

Los asistentes han resultado cuantos yo te dije. (decurso)

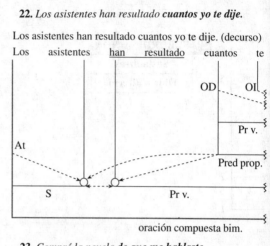

oración compuesta bim.

23. *Compré la novela **de que me hablaste.***

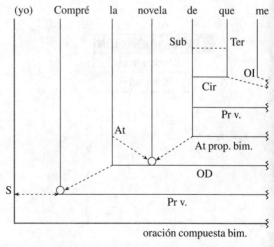

oración compuesta bim.

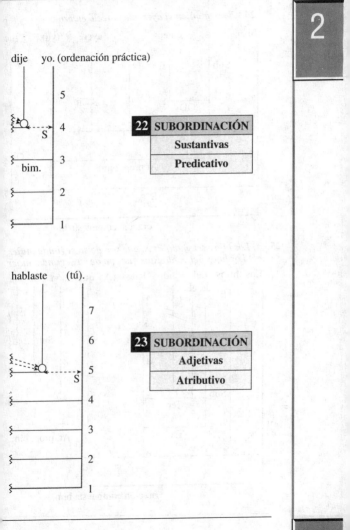

dije   yo. (ordenación práctica)

5

4
S

3
bim.

2

1

22 SUBORDINACIÓN
Sustantivas
Predicativo

hablaste   (tú).

7

6

5
S

4

3

2

1

23 SUBORDINACIÓN
Adjetivas
Atributivo

24. *Juan, a quien vi ayer, me pareció enfermo.*

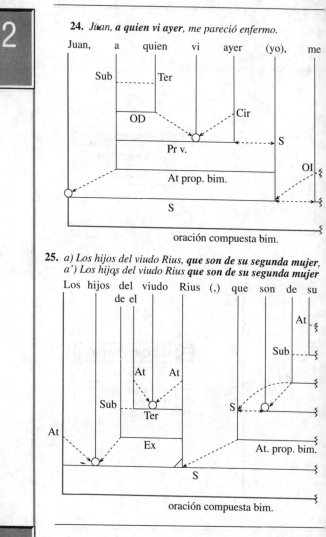

oración compuesta bim.

25. *a) Los hijos del viudo Rius, que son de su segunda mujer,*
a') Los hijos del viudo Rius que son de su segunda mujer

oración compuesta bim.

pareció   enfermo.

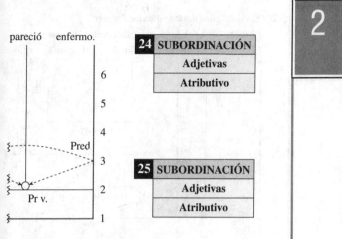

24	**SUBORDINACIÓN**
	Adjetivas
	Atributivo

25	**SUBORDINACIÓN**
	Adjetivas
	Atributivo

no heredarán de la difunta Mariona.
no heredarán de la difunta Mariona.

segunda   mujer,   no   heredarán   de   la   difunta   Mariona.

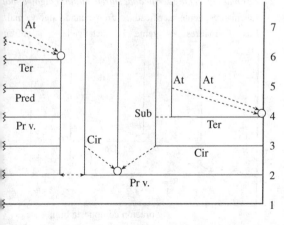

26. *El coche paró **donde yo quise detenerlo***.

El coche paró donde yo quise detenerlo. (decurso)

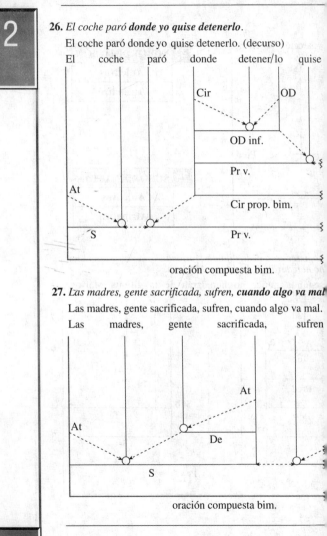

El	coche	paró	donde	detener/lo	quise

oración compuesta bim.

27. *Las madres, gente sacrificada, sufren, **cuando algo va mal***

Las madres, gente sacrificada, sufren, cuando algo va mal.

Las	madres,	gente	sacrificada,	sufren

oración compuesta bim.

yo. (ordenación práctica)

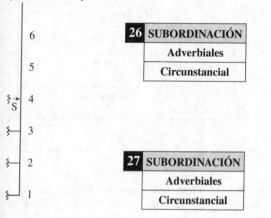

26	**SUBORDINACIÓN**
	Adverbiales
	Circunstancial

27	**SUBORDINACIÓN**
	Adverbiales
	Circunstancial

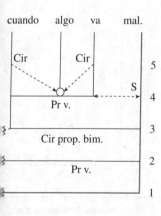

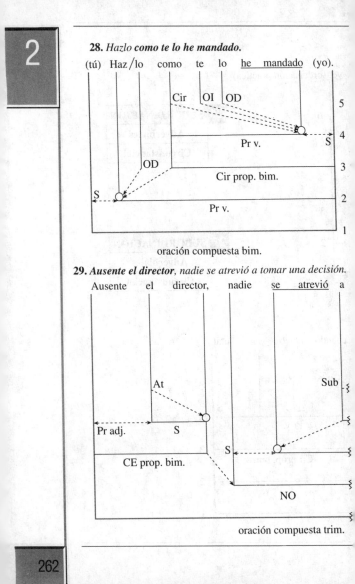

28. *Hazlo **como te lo he mandado.***

(tú) Haz / lo como te lo <u>he mandado</u> (yo).

Cir OI OD

Pr v.   S

OD

Cir prop. bim.

S

Pr v.

oración compuesta bim.

29. *Ausente el director, **nadie se atrevió a tomar una decisión.***

Ausente el director, nadie <u>se atrevió</u> a

At   Sub

Pr adj.   S

S

CE prop. bim.

NO

oración compuesta trim.

28	SUBORDINACIÓN
	Adverbiales
	Circunstancial

29	SUBORDINACIÓN
	Adverbiales
	Circunstante externo

tomar   una   decisión.

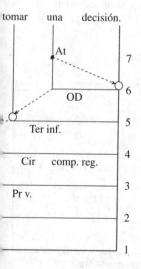

At

OD

Ter inf.

Cir   comp. reg.

Pr v.

7

6

5

4

3

2

1

30. *Resultando el problema insoluble,* Juan lo abandonó.

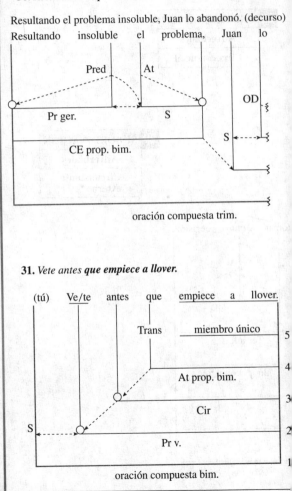

Resultando el problema insoluble, Juan lo abandonó. (decurso)

oración compuesta trim.

31. *Vete antes* ***que empiece a llover.***

oración compuesta bim.

abandonó. (ordenación práctica)

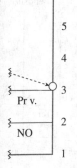

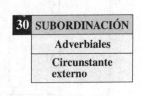

| **30** | **SUBORDINACIÓN** |
| Adverbiales |
| Circunstante externo |

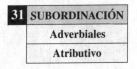

| **31** | **SUBORDINACIÓN** |
| Adverbiales |
| Atributivo |

32. *Trasladaron el cadáver al depósito después **que hubo llegado el juez**.*

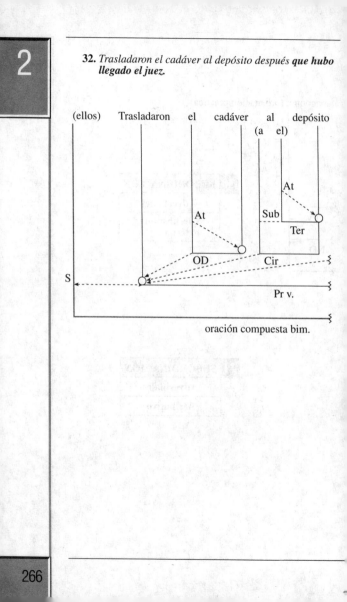

oración compuesta bim.

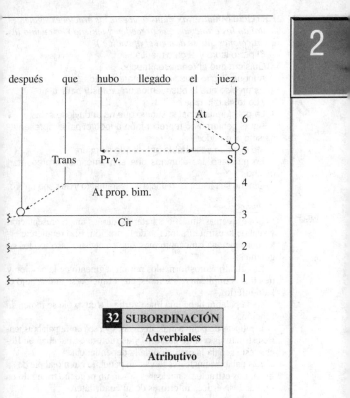

32	**SUBORDINACIÓN**
	Adverbiales
	Atributivo

Ejercicio *(Analice ya exhaustivamente las oraciones siguientes imitando los esquemas que preceden y teniendo en cuenta las instrucciones que se dan en el apéndice.)*

El perro ladra y el gato maúlla.

Quisiera que aprendiesen mucho.

Aunque Pepito estudia, no progresa nada.

Es preciso que le busquemos un profesor particular.

¿Lo toma o lo deja?

La policía municipal le sugirió que no anduviese sola.

Aquel gobierno no representaba a todo el país, representaba solo al partido.

Me dijo que se lo había autorizado su padre.

En mi clase, los alumnos que son americanos preguntan mucho.

Ordenó sus asuntos, redactó su testamento y se pegó un tiro.

Apéndice

Los esquemas sintácticos tratan de darnos una representación visual de la estructura interna de la oración. Ello requiere ciertos convencionalismos mínimos, que en nuestro caso son los siguientes:

Los cuadriláteros formados por un segmento de la oración y tres líneas implican estructuras, cuya función se indica bajo el lado inferior.

Cada palabra tiene una línea vertical a cuyo pie se indica su función.

Las líneas de puntos indican enlaces ya sea entre palabras, entre estructuras o entre palabras y estructuras. Si acaban en flecha, ésta señala la dirección de la dependencia.

Las palabras nucleares llevan un pequeño círculo al pie de su línea. Las estructuras nucleares llevan un pequeño triángulo en uno de los vértices inferiores de su cuadrilátero.

En el texto se catalizan (suplen) los sujetos implícitos por pronombres personales sujetivos puestos entre paréntesis.

Puede suceder que una palabra escrita sean realmente dos o tres desde un punto de vista sintáctico, caso en el cual aparecerán separadas por una barra (*admitir/te, dí/me/lo*).

Por el contrario, dos o tres palabras pertenecientes a una perífrasis verbal (muy frecuentemente los tiempos compuestos), a una locución, etc., son sintácticamente como una sola, ya que la relación que hay entre ellas es puramente léxica o morfológica, y entonces aparecerán en el esquema subrayadas por una línea que abarque a todas (encima de, sino que, hemos convenido, tienes que acabar).

Puede suceder que, debido a la flexibilidad sintáctica de la lengua española, el discurso espontáneo que se somete al analista presente entremezcladas algunas estructuras (el sujeto en medio de dos segmentos del predicado, por ejemplo).Tal situación arrojaría un esquema confuso y, por lo tanto, mínimamente ilustrativo. Recurrimos entonces a una reordenación práctica del discurso que subsane el inconveniente, maniobra que altera su forma externa, sí, pero no su estructura interna. Ejemplo:

Llegó el capitán en seguida –> *{Llegó en seguida}*$_{Pr}$ *{el capitán.}*$_S$

Finalmente, aparecen a la derecha del esquema los números que marcan los niveles o estratos sintácticos, empezando lógicamente por el más superficial, el de oración (1), y siguiendo por los otros cada vez más profundos, en el esquema en sentido ascendente.

UTILIZANDO UNA
PUNTUACIÓN CLARIFICADORA

Signos de puntuación			
Sonidos	*Entonación*	*Ritmo*	*Otros signos*
diéresis (¨)	interrogación (¿?)	coma (,)	comillas (« »)
	admiración (¡!)	punto y coma (;)	raya (–)
	paréntesis ( )	dos puntos (:)	guión (-)
	corchetes [ ]	punto (.)	
		puntos suspensivos (...)	

Cuando lanzamos nuestros mensajes hablando, nos servimos de un sistema de sonidos que se encadenan unos con otros en lo que por ello mismo se llama la cadena hablada. Esto implica, entre otras cosas, que no podamos decir varias cosas al mismo tiempo, sino que éstas hayan de ir forzosamente seguidas. Vamos, pues, modulando esa cadena con tonos distintos que le confieren matices significativos especiales, hacemos pausas más o menos significativas también, e imprimimos un ritmo general al decurso que desde un punto de vista colectivo caracteriza a la lengua que estamos empleando y que se llama comúnmente «idioma» (en griego, nuestra forma particular de hablar) y desde un punto de vista individual constituye un «idiolecto» (neologismo: mi manera de conversar). Estos diferentes aspectos sonoros de nuestro sistema oral de comunicación son estudiados por la fonética, ciencia lingüística en pleno desarrollo experimental hoy día.

Pero resulta que el hombre culto actual se comunica también por medio del lenguaje escrito. Se lee mucho –tal vez no lo suficiente– (periódicos, revistas, novelas, libros científicos y técnicos, cartas particulares y comerciales, y, sobre todo, publicidad), lo cual implica que lo que se lee haya tenido que escribirse antes necesariamente. El lenguaje escrito que empleamos para ello es un remedo imperfecto del lenguaje hablado y tiene sus convenciones propias: las letras tratan de representar los sonidos, las virgulillas tratan de simbolizar los acentos, los espacios tratan de delimitar las palabras y un número ciertamente reducido de otros signos pugnan por reflejar esos variados matices de modulación y ritmo a que nos referíamos más arriba. Haremos un breve repaso en este capítulo de esos recursos del lenguaje escrito, a fin de aprender a interpretarlos bien y a utilizarlos de la manera más convincente para conseguir nuestro propósito comunicativo.

SIGNOS DE PUNTUACIÓN RELACIONADOS CON LOS SONIDOS

Diéresis ¨

Después de haber estudiado cumplidamente los símbolos esenciales en la representación de los sonidos, o sea las letras (pág. 134), así como el importantísimo acento gráfico combinado con el acento ∅ para representar el acento tónico de las palabras (pág. 170), solo nos queda recordar el uso de la diéresis, que en las combinaciones **güe güi** nos advierte de la presencia real de la vocal **u** frente a las convencionales **gue gui** ya estudiadas.

SIGNOS DE PUNTUACIÓN RELACIONADOS CON LA ENTONACIÓN

Interrogación ¿?

Se emplean en español al principio (a diferencia de otras muchas lenguas) y al final de la oración interrogativa, aunque en realidad es solo al final cuando marcamos fonéticamente tal actitud. Bien es verdad que las oraciones interrogativas relativas suelen empezar con la palabra interrogativa, que entonces se ve acompañada del signo inicial:

¿Qué has averiguado de lo que te pregunté sobre la poetisa cubana Gertrudis Gómez de Avellaneda?

Una oración puede ser en cierto modo mezcla de interrogativa y enunciativa. En este caso los signos de interrogación solo acotan la parte interrogativa, la cual comenzará con letra mayúscula si va al principio, pero con minúscula si va al final:

¿Piensas seguir así?, me dijo.

Cuando se es joven, ¿quién no comete alguna locura?

Si se trata de una oración compleja con varias proposiciones ordinadas, solo la primera empezará con mayúscula:

¿Quién es?, ¿qué hace?, ¿de qué vive?

A veces insertamos en medio de un escrito un signo final de interrogación entre paréntesis para simbolizar cierto escepticismo:

Aquellos buenos amigos (?) se despidieron con aire compungido.

Admiración ¡!

Igual que el anterior, se emplea este signo al principio y al final de las oraciones exclamativas:

¡Cuánto dolor hay extendido por la faz de la tierra!

La oración puede ser exclamativa solo parcialmente y entonces sigue la misma normativa anterior:

Iba andando por el paseo de Simón Bolívar y ¡qué sorpresa tuve!

¡Ánimo, muchachos!, el trabajo nos espera.

También podemos insertar en una oración un signo final de admiración entre paréntesis para significar extrañeza:

El comisario le prometió que saldría pronto (!) de la cárcel.

Paréntesis ()

Sirve para introducir y aislar en el decurso una acotación ajena a la línea sintáctica y semántica en marcha:

Entonces creí descubrir que la política bantú (recuerden que los europeos entendemos mal a África) tenía mucho de caciquil.

En lo hablado tiene una modulación *sui géneris* más grave que la línea general. También puede incluir el paréntesis pequeñas aclaraciones, como las que aparecen en este libro para explicar brevemente algún término difícil sin necesidad de recurrir al vocabulario:

...en el texto se catalizan (suplen)...
...proposiciones (no preposiciones, recordemos)...

Como se ve en el último ejemplo, el paréntesis puede tener dentro comas suyas, mientras que las del texto general y aun el punto final van siempre fuera:

...así como lo ya visto referente al sujeto (Las funciones sintácticas, pág. 194.). Por lo demás,...

Corchetes [ ]

De uso relativamente moderno, sirven los corchetes para marcar un paréntesis dentro de otro paréntesis:

(Subraye las oraciones unipersonales [pág. 225] del texto.)

También se emplean para acotar en una cita algo que en rigor no le pertenece y que se añade como aclaración:

"Y así desembarcó [Colón] después de más de dos meses de navegación".

Y combinados con los puntos suspensivos indican en una cita la supresión de una parte más o menos considerable:

"En un lugar de la Mancha, [...] vivía un hidalgo [...]." (Don Quijote)

SIGNOS DE PUNTUACIÓN RELACIONADOS CON EL RITMO

Coma [,]

Marca una pausa breve que separa eminentemente palabras, frases o proposiciones ordinadas (no, normalmente, si están coordinadas):

Sé que os llamáis Pedro, Juan, Andrés.
Unas veces por fas, otras por nefas.
Como, duermo, vivo.

Separa también los vocativos (sustantivo o pronombre que empleamos para requerir la atención de nuestro interlocutor):

Pasen, señores, a la sala contigua.
Jaime, dime qué hora es.
Ven acá, tú.

Separa los incisos, o sea, inclusiones que interrumpen la línea maestra de la oración, entre los cuales y muy principalmente se encuentran las proposiciones atributivo explicativas (pág. 234):

Y entonces decidí, como en otras ocasiones, hacer mi santa voluntad.
Aquella construcción, que era de siglos pasados, amenazaba ruina.

Se usa también, sin normativa fija, para señalar que se ha alterado el orden sintáctico regular:

El caballero dio un golpe a su perro con el bastón. (sintaxis regular)

El caballero dio, con el bastón, un golpe a su perro.

Punto y coma `;`

Señala una pausa más larga que la de la simple coma, pausa que ya marca generalmente el final de oraciones, íntimamente unidas por un mismo tema:

Jugábamos al tenis los lunes; patinábamos los martes; esquiábamos siempre.

Es difícil comprender a los niños; más difícil comprender a los viejos.

Se observa una tendencia moderna a usar cada vez menos este signo.

Dos puntos `:`

Señala una pausa similar a la del punto y coma, pero empleada en otras circunstancias. Para anunciar, sobre todo, cierta conclusión de lo predicado anteriormente:

Consecuencias del exceso de velocidad: miles de muertes cada fin de semana.

En enumeraciones también conclusivas:

Todo hijo de vecino tiene dos buenos pilares: padre y madre.

Delante de una cita textual o de un ejemplo (como en estos mismos párrafos):

Y dijo Isabel de Inglaterra en latín: «Annus horribilis». 1993)

Detrás del vocativo que encabeza una carta:

Queridos lectores: Esta gramática toca a su fin, etc.

Obsérvese que en los dos primeros casos, detrás de los dos puntos se pone minúscula, mientras que en los otros dos se pone mayúscula.

Punto `.`

Es el símbolo de la pausa esencial que se hace al final de una oración y que por ello mismo es la más larga de todas.

Detrás de él y con mayúscula empieza una nueva oración. Si esto sucede seguidamente lo llamamos *punto y seguido*. Si se pasa a otro párrafo lo llamamos *punto y aparte* y si acaba el texto, *punto final*.

Así, el conjunto de líneas entre dos puntos y aparte se llama *párrafo* y es costumbre empezarlo adentrando un poco su primer renglón, como puede verse en este mismo apartado. Obsérvense en él tres párrafos, tres puntos y seguido, dos puntos y aparte y este punto final.

Nota

Un punto acompaña siempre a las abreviaturas.

Puntos suspensivos `...`

Como su mismo nombre indica se usan para marcar la suspensión del mensaje mediante una pausa más o menos matizada con especial entonación. Tal suspensión puede deberse a cierta vacilación modesta o a que algo se da por sabido:

Me gustaría ... salir una noche contigo!
Tantas veces va el cántaro a la fuente...

Se usan también, cuando se está citando un texto, para sustituir partes que no interesa copiar.

OTROS SIGNOS
Comillas `« »` `" "`

Se usan para marcar que se copia textualmente alguna frase o pasaje, a cuyo principio y final se unen. Si la copia es extensa, se ponen al principio de cada renglón o de cada párrafo.
Se usan también para resaltar algunos nombres propios:

Se le conoce por el sobrenombre de «el Choni».
El escritor argentino J.L. Borges es autor de «El Aleph».

Raya `–`

Tiene dos usos esenciales. Uno, equivalente al paréntesis, pero usado tal vez cuando la acotación está más próxima, temáticamente, a la línea maestra del texto y cuando se quiere marcar el autor de la frase:

Ayer, Gómez y García trabajaron juntos –si se puede llamar trabajar a platicar en el bar delante de una jarra de cerveza– en ese proyecto.

Desde entonces –dijo el joven– no la he vuelto a ver.

Y un segundo uso muy importante en los diálogos para marcar el cambio de interlocutor:

–Vete.
–No quiero.
–Vete, te digo.
–No quiero, te respondo.

Guión -

Se emplea para dividir las palabras al final del renglón, operación que se ha de hacer respetando antes que nada el silabeo y siguiendo después algunas normas de orden más bien estético. Todo ello quedó explicado en la página 168, donde se puede consultar.

También se usa el guión en algunas palabras compuestas accidentalmente, sobre todo gentilicios con sentido de oposición frente a los que marcan unión (hispanoamericano, grecorromano), los cuales no llevan el guión:

El contencioso ruso-japonés de las islas Kuriles.
El pacto germano-soviético de 1939.

Ejercicio *(Mal se puede practicar la puntuación como no sea leyendo con frecuencia y atentamente a los buenos escritores, y luego escribiendo redacciones que alguien nos corrija. Nosotros poco podemos hacer en este sentido, pero a modo de ejemplo le brindamos el diálogo siguiente para que lo lea observando en él las oraciones interrogativas, exclamativas, los vocativos, las oraciones ordinadas, etc. Después deje pasar un tiempo (un día, dos) y vaya a las soluciones, donde inversamente al sistema seguido en el resto del libro encontrará lo que debe hacer.)*

Sin embargo, algo olió en el ambiente que la hizo agudizar todos sus sentidos y tratar de descubrir qué era lo que la inquietaba.

–Tita, ¿qué pasa con ese niño? ¿Lograste hacerlo comer?

–Sí, mami, tomó su té y se durmió.

–¡Bendito sea Dios! Entonces, Pedro, ¿qué esperas para llevar al niño con tu mujer? Los niños no deben estar lejos de su madre.

Pedro salió con el niño en brazos, Mamá Elena no dejaba de observar detenidamente a Tita, había en sus ojos un destello de urbación que no le gustaba para nada.

–¿Ya está listo el champurrado para tu hermana?

–Ya, mami.

–Dámelo para que se lo lleve, necesita tomarlo día y noche, para que baje la leche.

Pero por más champurrado que tomó, nunca le bajó la leche.
(*Como agua para chocolate*, Laura Esquivel, México.)

EMPLEO DE LAS LETRAS MAYÚSCULAS

Los signos gráficos que acabamos de estudiar y que pertenecen al lenguaje escrito apenas tienen posibilidad de variantes estilísticas dada su extrema simplicidad. Pero no sucede lo mismo con las letras, cuyo grafismo puede llegar a ser artístico. Se llama caligrafía el arte de escribir con letras bellas y calígrafo el artista capaz de hacerlo. No es asunto nuestro el estudio de este aspecto artístico de la escritura manual (letra gótica, inglesa, redondilla, etc.). Tampoco lo es su proyección técnica a la tipografía, sector en el que cabe mayor diversidad aún que en lo manuscrito (letra redonda, cursiva, versal, versalita, negrilla, etc.).

Pero si algo de todo ello ha influido en la semiótica del lenguaje escrito eso es la invención de las mayúsculas, las cuales han venido a perfeccionar ciertas distinciones entre el llamado *nombre común*, aplicable a todos los individuos de una misma especie (hombre, perro) y el *nombre propio*, correspondiente en cada caso a un solo individuo al que señala.

El primer y más evidente uso de las mayúsculas es en los nombres propios, que así cobran un aire de distinción y llegan a no confundirse con otras palabras homógrafas:

*Esa señora es **H**elena/Esa señora es helena.*
*La **R**osa sigue fresca/La rosa sigue fresca.*

Así, todos los nombres propios, sobrenombres, apodos, o cualquier otro apelativo que haga ese oficio se escriben con mayúscula:

***J**uan, **P**edro, **G**ómez, **F**ernández, **S**an **M**artín el **L**ibertador, **C**astilla la **V**ieja, la **I**nvencible, los **A**ndes, las **M**alvinas, el **A**mazonas, la **N**iña.*

Se usan también las mayúsculas en estos otros casos:

a) Al comienzo de todo escrito; después de un punto; después de los signos de interrogación y admiración, si con ellos ha acabado la oración; después de los dos puntos de un vocativo en una carta o de una cita textual:

*Este ejemplo nos muestra la mayúscula inicial. **Y** después de punto.*
¿Qué me has preguntado? Nada importante.

¡1993 fue un año horrible para esa reina! No para todo el mundo.

Apreciada clienta: Nos es grato ofrecerle...

Y dijo el general San Martín: "Federalismo, palabra llena de muerte".

b) En las referencias religiosas a entes únicos (Dios, la Virgen María); títulos oficiales (Majestad, República, Gobernador, Alcalde); instituciones (Tribunal Supremo, Academia Nacional de Letras de Uruguay);

c) En la primera palabra del título de una obra de creación:

Los miserables (Víctor Hugo).
Cien años de soledad (Gabriel García Márquez).
El ocaso de los dioses (Richard Wagner).

d) En la numeración romana según la moda actual (no así antiguamente); en las abreviaturas de algunos tratamientos civiles (*Sr. D., V., Sra.*).

Notas

Contrariamente a la costumbre existente en otras lenguas (sobre todo y como casi siempre en nuestras observaciones, en inglés), no se usa en español mayúscula en los días de la semana, meses y estaciones del año.

Si un digrama (letra doble) hubiera de escribirse con mayúscula solo se hará con la primera letra (*Chihuahua, Llanquihue*).

Contrariamente a cierta creencia popular equivocada, las mayúsculas a las que les corresponda acento gráfico según las normas de acentuación deben llevarlo escrito (*Ávila, Los Ángeles, África, Álvarez*).

Ejercicio *(El pasaje siguiente ha sido despojado de todas sus mayúsculas. Trate de restablecerlas.)*

esperanza y alex se pasaron muchas tardes siguiendo al pie de la letra estas recetas para poder hacer unas invitaciones únicas y lo habían logrado. cada una era una obra de arte. era el producto de un trabajo artesanal que desgraciadamente estaba pasando de moda, junto con los vestidos largos, las cartas de amor y los valses. pero para tita y pedro nunca pasaría de moda el vals *ojos de juventud*, que en este momento tocaba la orquesta a petición expresa de pedro. juntos se deslizaban por la pista derrochando donaire. tita lucía esplendorosa. los 22 años que habían transcurrido desde la boda de pedro con rosaura parecían no haberla rozado siquiera. a sus 39 años aún seguía fresca y rozagante como un pepino recién cortado.

(*Como agua para chocolate*, Laura Esquivel, México.)

LISTA DE ABREVIATURAS Y SIGLAS MÁS COMUNES

Por mor de la brevedad, cada vez más apremiante, se usa hoy día en lo escrito buen número de abreviaturas y siglas. Estas últimas, formadas con la letra inicial de varias palabras abreviadas, alcanzan incluso a la lengua hablada, en la que decimos «la ONU» para referirnos a la Organización de las Naciones Unidas o «el PRI» hablando del Partido Revolucionario Institucional (de México).

Lista de abreviaturas y siglas más comunes

(a)	alias
a/c	a cuenta
A.C.	año de Cristo
a.C.	antes de Cristo
A.D.	*anno Domini*, año del Señor
admón.	administración
afmo., affmo., -a.	afectísimo, -a
a.J.C.	antes de Jesucristo
a.m.	*ante meridiem*, antes del mediodía
A.M.D.G.	*Ad maiorem Dei gloriam*
art.	artículo
atte.	atentamente
atto., -a.	atento, -a
B.B.C.	*British Broadcasting Corporation* (Sociedad Británica de Radiodifusión)
bco.	banco
Br.	bachiller
Bs.As.	Buenos Aires
c/	cuenta
C	*Celsius* (grados centígrados)
cal.	caloría
cap.	capítulo
c.c.	centímetro cúbico

c/c	cuenta corriente
cents.	centavos
C.E.E.	Comunidad Económica Europea
cf., cfr.	*confer* (confróntese)
cg.	centigramo
Cía., Co.	compañía
C.I.A.	*Central Intelligence Agency* (Agencia Central de Información), Estados Unidos
cl.	centilitro
cm.	centímetro
C.O.I.	Comité Olímpico Internacional
C.S.I.C.	Consejo Superior de Investigaciones Científicas, España
CV.	caballos de vapor
D.	don
D.F.	Distrito Federal
dg.	decigramo
dl.	decilitro
dm.	decímetro
D.m.	Dios mediante
D.M.	Deutschmark, marco alemán
Dña.	doña
Dr., Dra.	doctor, doctora
E.	Este (punto cardinal)
ed.	edición
EE.UU.	Estados Unidos
E.M.	Edad Media
entlo.	entresuelo
etc.	etcétera
Excmo., Excma.	Excelentísimo, -a
F.A.O.	*Food and Agricultural Organization* (Organización para la Alimentación y la Agricultura)
F.B.I.	*Federal Bureau of Investigation* (Oficina Federal de Investigación), Estados Unidos
f.c.	ferrocarril
F.I.F.A.	Federación Internacional de Fútbol Asociación

F.M.I.	Fondo Monetario Internacional
g., gr.	gramo
G.A.T.T.	*General Accord on Tariffs and Trade* (Acuerdo General sobre Aranceles Aduaneros y Comercio)
h.	hora
hnos.	hermanos
HP.	*horse power* (caballos de vapor)
I.A.T.A.	*International Air Transport Association* (Asociación del Transporte Aéreo Internacional)
ib., ibíd.	*ibídem,* en el mismo sitio
I.C.A.O.	*International Civil Aviation Organization* (Organización de la Aviación Civil Internacional)
íd.	ídem
Ilmo., Ilma.	Ilustrísimo, -a
Iltre.	Ilustre
I.R.A.	*Irish Republican Army* (Ejército Republicano Irlandés)
I.T.T.	*International Telephone and Telegraph Corporation* (Corporación Internacional de Teléfonos y Telégrafos)
J.C.	Jesucristo
Jhs., J.H.S.	Jesús
k., kg.	kilogramo
kl.	kilolitro
km.	kilómetro
km/h.	kilómetros por hora
k.o.	*knock-out*, fuera de combate
kw.	kilovatio
kw/h.	kilovatio-hora
l.	litro
Ldo., Lda.	licenciado, -a
Ltd.	*limited* (limitada)
Ltda.	limitada

m.	metro, minuto
M.C.	Mercado Común
M.C.E.	Mercado Común Europeo
mg.	miligramo
M.I.Sr., Sra.	Muy Ilustre Señor, Señora
ml.	mililitro
mm.	milímetro
Mons.	Monseñor
M.P.	*Member of Parliament* (Miembro del Parlamento), Gran Bretaña
Mtro.	Maestro
N.	Norte
NªSª	Nuestra Señora
N.A.S.A.	Administración Nacional de Aeronáutica y del Espacio, Estados Unidos
N.A.T.O.	*North Atlantic Treaty Organization* (Organización del Tratado del Atlántico Norte)
nº, núm.	número
N.S.	Nuestro Señor
O	Oeste
O.A.C.I.	Organización de la Aviación Civil Internacional
O.A.S.	*Organization of American States* (Organización de Estados Americanos)
O.E.A.	Organización de Estados Americanos
O.I.T.	Oficina Internacional del Trabajo
O.M.S.	Organización Mundial de la Salud
O.N.U.	Organización de las Naciones Unidas
Op.D.	Opus Dei
O.T.A.N.	Organización del Tratado del Atlántico Norte
p., pág.	página
p.a.	por autorización
pat.	patente
P.A.U.	*Pan American Union* (Unión Panamericana)
P.D.	posdata
pdo.	pasado

p. ej.	por ejemplo
p.m.	*post meridiem*, después del mediodía
p.o.	por orden
p.p.	por poder
pral.	principal
prof.	profesor
P.S.	*post scríptum*, posdata
pts.	pesetas
q.e.p.d.	que en paz descanse
q.e.s.m.	que estrecha su mano
R	*Réaumur* (grados)
R.A.E.	Real Academia Española
R.A.F.	*Royal Air Force* (Reales Fuerzas Aéreas), Gran Bretaña
Rdo.	Reverendo
R.I.P.	*requiéscat in pace*, en paz descanse
Rmo.	Reverendísimo
R.O.	Real Orden
r.p.m.	revoluciones por minuto
Rte.	remitente
s.	siguiente
S.	san, Sur
s.a.	sin año (en libros)
S.A.	sociedad anónima
S.E.	Su Excelencia
S.D.N.	Sociedad de Naciones
S. en C.	Sociedad en Comandita
s.e.u o.	salvo error u omisión
S.I., S.J.	*Societatis Iesu*, de la Compañía de Jesús
S.L.	Sociedad Limitada
S.M., SS.MM.	Su Majestad, Sus Majestades
Smo.	Santísimo
s/n	sin número
S.O.S.	*Save our souls* (petición de auxilio)
S.P.	servicio público
Sr., Sra.	señor, señora
Sres., Srs.	señores
Srta.	señorita
s.s.	seguro servidor
s.s.s.	su seguro servidor

S.S.	Su Santidad
Sto., Sta.	santo, santa
t.	tomo, tonelada
tel., teléf.	teléfono
Tm.	tonelada métrica
TV.	televisión
Ud., Uds.	usted, ustedes
U.N.E.S.C.O.	*United Nations Educational, Scientific and Cultural Organization* (Organización de las Naciones Unidas para la Educación, la Ciencia y la Cultura)
U.N.I.C.E.F.	Fondo Internacional de las Naciones Unidas de Socorro a la Infancia
U.N.O.	*United Nations Organization* (Organización de las Naciones Unidas)
U.N.R.R.A.	*United Nations Relief and Rehabilitation Administration* (Administración de las Naciones Unidas para Ayuda y Rehabilitación)
U.P.U.	Unión Postal Universal
U.S.	*United States* (Estados Unidos)
U.S.A.	*United States of America* (Estados Unidos de América)
U.S.A.F.	*United States Air Force* (Fuerzas Aéreas de los Estados Unidos)
V.	usted, voltio
Vd., Vds.	usted, ustedes
Vda.	viuda
v.gr.	verbigracia
V.I.	Usía Ilustrísima
vid.	*vide*, véase
V.M.	Vuestra Majestad
V°B°	visto bueno
vol.	volumen
V.S.	usía
W	Oeste
w.c.	*water closet*, retrete
W.H.O.	*World Health Organization* (Organización Mundial de la Salud)
Xto.	Cristo

2

SIRVIÉNDOSE DE UN ESTILO LLANO Y CONVINCENTE

El estilo

Decálogo azoriniano

I. Poner una cosa después de otra y no mirar a los lados.

II. No entretenerse.

III. Si un sustantivo necesita un adjetivo, no lo carguemos con dos.

IV. El mayor enemigo del estilo es la lentitud.

V. Nuestra mayor amiga es la elipsis.

VI. Dos cualidades esenciales tienen los vocablos; una de ellas es el color.

VII. La otra cualidad de los vocablos es el movimiento.

VIII. No generalices.

IX. No concluyas.

X. Estos aforismos no son inconcusos.

Hemos llegado a un punto en que, después de pasar revista a todas las formas gramaticales y entablar conocimiento con sus características, después de ver cómo se ensamblan en esos conjuntos básicos que son las oraciones y cómo vamos a escribir éstas acentuando y puntuando correctamente, nos conviene reflexionar sobre la posibilidad de hacer todo esto de cierto modo personal, presentándolo con la mayor claridad y concisión para que se nos comprenda, pero de tal forma que el destinatario de nuestros escritos (familiares, amigos, clientes, autoridades, lectores) vean siempre en esas frases nuestro sello. Eso es el estilo.

La palabra estilo significaba en latín 'instrumento para escribir'. Hoy vale 'manera de escribir o de hablar' y de ahí, por extensión, 'manera propia de hacer algo'. Por eso, elogiamos a alguien cuando, comentando su forma de actuar, decimos que tiene estilo. Nos llama la atención cierta elegancia personal, algo que además de satisfacer nuestras exigencias estéticas o morales se nos aparece como *distinto*. Eso es el estilo.

¿Qué podemos hacer para emprender la caminata que supone escribir₁ correctamente₂ y con estilo₃? Pues, tal como marcan nuestros subíndices, primero escribir, escribir, escribir. Una inteligencia privilegiada podrá asimilar en una noche el cálculo integral, la teoría de la relatividad o cualquier otra cuestión científica de altura, pero no podrá de ningún modo aprender a tocar el violín en ese breve espacio de tiempo. El arte es largo, como decía Hipócrates (sabio griego del s. V a.C.). Para aprender a escribir precisa practicar y la práctica exige tiempo. Ya anunciábamos en la introducción de este libro que solo forjándose llega a forjador: solo escribiendo alcanzaremos la soltura necesaria para plasmar en lo escrito esos mensajes que en lo oral emitimos con tanta espontaneidad.

Pero no basta ahora la espontaneidad. Curiosamente, cuando hablamos, la inmensa mayoría de nuestros interlocutores están atentos a lo que decimos, no a cómo lo decimos, mientras que al lector de una carta, de un artículo, le choca inmediatamente una falta de ortografía, una palabra torpe o una frase enrevesada. La desmaña en el hablar es de menos consecuencia que la desmaña en escribir, puesto que no deja el rastro documental de esta última.

De ahí que el subíndice 2 añada lo de correctamente. La práctica de escribir, de construir frases coherentes y legibles, ha de ir acompañada de la preocupación constante por la corrección. Nos conviene dudar, porque dudando consultaremos. A menos que estemos seguros de algo, la consulta nos recordará aspectos no suficientemente asimilados y, en cualquier caso, nos servirá de repaso. Dos son nuestros instrumentos de consulta esenciales: el diccionario y la gramática. Ésta nos instruye sobre la estructura, el esqueleto, de lo que pretendemos escribir; aquél nos proporciona el relleno, la carne, de esa escritura.

Y el broche, subíndice 3, resulta ser el estilo. Llevo tiempo practicando el escribir, lo hago ya correctamente, y ahora quiero adquirir cierto estilo. La condición necesaria es querer. A primera vista, tiene uno la impresión de que el impulso de querer sea algo obvio en el hombre. No es así, como bien lo ha captado el saber popular en el refrán "querer es poder".

Para llegar a hacer algo lo inicial es querer hacerlo. Esa pretensión nos llevará a insistir día tras día en nuestro propósito hasta conseguirlo. Hemos de tener fe en alcanzarlo, fe que nos ayudará a mantener la disciplina de trabajo imprescindible para acceder a lo final del susodicho refrán: poder.

ASPECTOS GRAMATICALES
QUE TENER EN CUENTA

A lo largo del estudio que hemos llevado a cabo, han ido surgiendo puntos que por más delicados que otros requieren una mayor atención a la hora de escribir correctamente. Veamos lo que hemos de hacer con cada uno de ellos para mejorar así el resultado del conjunto.

Adjetivos y pronombres que empiezan con s-

Se trata de los posesivos **su**, **sus**, **suyo**, **suya**, **suyos**, **suyas** y del pronombre personal **se**. Sabemos que se pueden referir a cualquier 3ª persona de singular o plural (él, ella, ello, ellos, ellas) o a la 2ª de singular o plural (usted, ustedes). Es un grave fallo estructural de la lengua española que conduce fácilmente a la confusión lingüística que llamamos **anfibología**:

Juanita: su hijo y usted llevan el pelo demasiado largo. Córteselo. (no sabemos a quién se lo tiene que cortar: ¿al hijo?, ¿a ella misma?, ¿a los dos?)

Juanita: su hijo y el de su tío me están robando la fruta del huerto. (no sabemos de quién es tío: ¿de ella?, ¿de su hijo?)

Esta confusión se da rara vez en la lengua hablada porque los gestos que acompañan a las palabras palian los defectos estructurales del lenguaje articulado. Pero el lenguaje escrito no tiene ese recurso y es el escritor, escribiente o escribidor (consulte en el diccionario esta gama de apelativos) el que tiene que remediarlo con su pericia:

*Juanita y su hijo llevaban el pelo demasiado largo. El cura le dijo a Juanita que **se lo cortara al chico, aunque se dejase el suyo/se cortara el suyo, aunque se lo dejase al chico/se lo cortaran**.*

Pronombres personales que empiezan con l-

La serie de pronombres personales de 3ª persona (**le**, **la**, **lo**, **les**, **las**, **los**) sabemos que se presta a los vicios del leísmo, laísmo y loísmo, más o menos chocantes según la geografía.

Bueno está que en mi casa, en mi región incluso, emplee yo la forma habitual, pero si escribimos para un ámbito tan extenso como el que alcanza la lengua española, parecerá prudente buscar la forma estándar, la cual reúne a un mismo tiempo las condiciones de correcta y común. Innecesario repetir aquí lo expuesto en las observaciones b) de la pág. 62, pero sí estimamos conveniente recordar lo dicho en la pág. 184, a fin de prevenirles contra el feo defecto del laísmo y el de su ultracorrección.

Pronombres relativos

Aunque no es probable que ningún hispanohablante nativo caiga en el solecismo (mal uso gramatical) de ciertos pronombres relativos, la creciente influencia del inglés sobre la lengua española nos aconseja advertir al estudiante que **quien**, **quienes** y **el cual**, **la cual**, **lo cual**, **los cuales**, **las cuales** no aparecen nunca en español como *sujetos de una proposición atributivo especificativa* (*Proposiciones adjetivas*, pág. 234.):

*Esos señores **quienes** están ahí son amigos míos.* (mal: no es español)

*Esos señores **que** están ahí son amigos míos.* (única forma correcta)

*Me han robado aquel tomavistas **el cual** valía tanto.* (mal: no es español)

*Me han robado aquel tomavistas **que** valía tanto.* (única forma correcta)

Es también forma torpe e incorrecta, que no se ha de imitar, la que emplea *el cual, etc.*, como adjetivo:

*Luego nos fuimos al estadio del Boca Juniors, **el cual estadio** es enorme.* (mal)

*Luego nos fuimos al estadio del Boca Juniors, **el cual** es enorme.* (bien)

Otra construcción torpe es la del pronombre *cuyo, cuya, cuyos, cuyas,* empleado como no posesivo:

*El coche se estrelló contra una cancela, **cuya** cancela quedó destrozada.* (mal)

*El coche se estrelló contra una casa, **cuya** cancela quedó destrozada.* (bien)

Partículas

Algunas partículas (preposiciones y conjunciones) se repiten en español tal vez inevitablemente. Así las preposiciones *a* y *de*:

*Los dominicanos van **a** los colegios electorales **a** votar **a** su candidato **a** la presidencia.*

*El señor Juan le dijo a Juanita que el hijo **de** ella y el **del** tío **de** ella (o **del** chico) le estaban robando la fruta del huerto.*

Tales horribles decursos tienen mala solución:

*Los dominicanos van **a** los colegios electorales **con el fin de** votar **por** su candidato **a** la presidencia.*

*El señor Juan le dijo a Juanita que su hijo y /el **de** su tío (ambos **de** ella) /el **de** su hermano (o cuñado)/ le estaban robando la fruta del huerto.*

Como se ve, la reducción es mínima y penosa. Procede reducir las frases, asumiendo un estilo más entrecortado:

*Los dominicanos van **a** los colegios electorales. Elegirán candidato **a** la presidencia.*

*El señor Juan le dijo a Juanita que su hijo le estaba robando la fruta del huerto. Le acompañaba en la fechoría su primo o tal vez un tío **de** ella.*

La partícula **que**, además de repetirse como transpositor y aparecer en muchas conjunciones agrupadas, coincide formalmente con el pronombre relativo homógrafo, lo que predispone a enojosas repeticiones:

*Pepito le dijo a su mamá **que** el libro de cuentos **que** le había regalado sí **que** le gustaba.*

*Luego **que** le aseguraron **que** no admitirían **que** pagase la consumición **que** habían hecho en comandita, se resignó a abonar solo su parte.*

Aquí también ha de recurrirse a la frase corta:

*La mamá regaló un libro de cuentos a Pepito. Éste le dijo **que** le había gustado mucho.*

*Habían hecho la consumición en comandita. **Cuando** le aseguraron **que** no admitirían **que** pagase él, se resignó a abonar solo su parte.*

Es preciso respetar el régimen prepositivo de los verbos (pág. 217) y no caer en el feo error de los malos periodistas cuando no saben expresar así, correctamente, que el juez X entiende **en** la causa Z y que ese mismo señor entiende **de** fútbol; o que el general W discrepa **de** la opinión del presidente Y. Consúltense los diccionarios.

Precisamente, la relativa abundancia de verbos que rigen la preposición **de** y de proposiciones término con el transpositor **que** (*Proposiciones sustantivas. Término*, pág. 233.), a la manera de este ejemplo:

*Todo depende **de que** ganen unos u otros.*

conduce a la torpe imitación de tal mecanismo en verbos que no rigen preposición ninguna:

*Comprendo **de** que no quieras casarte con él.*

*Admitía Facundo **de** que su equipo pudiera perder.*

Solecismos abominables que todo buscador de perfección estilística debe sortear.

Gerundio

El abuso del gerundio es propio de la jerga leguleya, pero afea considerablemente cualquier escrito que se precie. Debe, pues, cuidarse su empleo. Dos casos hay en que resulta incorrecto:

a) Como atributivo:

*Recibió un telegrama **avisándole** del accidente.* (mal)

b) Como circunstante externo, indicando posterioridad o consecuencia:

*Acabó de cenar, **acostándose** seguidamente.* (mal)
*Senna sufrió un accidente, **muriendo** poco después.* (mal)

Debe decirse correctamente:

a') *Recibió un telegrama que le avisaba del accidente.*
b') *Acabó de cenar y se acostó seguidamente.*
    Senna sufrió un accidente y murió poco después.

Un uso posible y peculiar del gerundio en español es como predicativo del objeto directo, pero exclusivamente con verbos de percepción sensorial o mental (*ver, oír, etc.; recordar, imaginar, etc.*) y de reproducción (*pintar, retratar, etc.*):

*Oí a Elenita **cantando** a grito pelado.*
*Su mujer no podía imaginarse a Luis **luchando** por nada.*
*Dalí pintó a Gala **contemplando** el Mediterráneo.*

Ejercicio *(Las oraciones siguientes contienen torpezas que se deben evitar. Corríjalas usted.)*

Los dos hermanos discutieron y uno lo dio una patada al otro.

Catalina comentó con su novio por qué su padre estaría poniendo dificultades a su boda.

Gabriel no quería y entonces me dijo que no y se marchó y no se despidió.

Se tiró de cabeza al estanque, rompiéndose la crisma.

Cuando vio a su madre la dio un beso.

Es preferible de que marchemos cuanto antes.

En África hay una enfermedad produciendo sueño.

Acabo de ver al hombre quien me atacó en el puente.

Salieron diciendo de que había tenido un infarto.

Depender de una persona de otro país de América no es cosa indigna.

ASPECTOS LÉXICOS
QUE TENER EN CUENTA

Este punto de vista presenta dos extremos aparentemente contradictorios: carencia o abundancia, pobreza o riqueza. En efecto, puede suceder que nuestro vocabulario sea insuficiente para expresar todo lo que queremos predicar o que, por el contrario, peque de excesivo. Veámoslo.

Pobreza de lenguaje

El desconocimiento de la palabra exacta nos hace caer en la mera aproximación. Tenemos muchas cosas que decir pero padecemos cierta premiosidad. Tal vez llegamos a intuir que nuestro pensamiento podría expresarse con términos más ajustados. Ya es algo, porque el individuo consciente de su limitación hará por remediarla. ¿Cómo? Leyendo mucho, por supuesto. La lectura de buenos escritores, no necesariamente clásicos, pero sí consagrados, nos nutrirá doblemente: con ideas y con lenguaje. Ahora bien, en el momento de encararnos con las cuartillas no pueden ser ya esos artistas que llamamos literatos quienes nos socorran, sino los técnicos de la palabra, los lexicógrafos, con sus diccionarios, sus vocabularios: el diccionario de la lengua española de la Real Academia Española, XXI edición, padre de todos los demás; cualesquiera otros, pues todos ayudan; diccionarios de ideas afines; diccionarios enciclopédicos; vocabularios de sinónimos, etc., etc.

Armado de esas armas y de su tenacidad, el estudiante irá ampliando su vocabulario, irá encontrando la palabra precisa. En ocasiones, deberá tratar de evitar las repeticiones, que próximas se hacen aún más pesadas. Es el momento de recurrir a los sinónimos, pero sin ignorar que apenas existen los auténticos, es decir, que signifiquen exactamente lo mismo o que se usen en iguales circunstancias. Según vamos aprendiendo, nuestras consultas se van haciendo más críticas, hasta llegar a ese primer descubrimiento decepcionante: el del diccionario inútil, que, en vez de definir las palabras, envía a un sinónimo y cuando va uno a ese sinónimo el diccionario le reenvía a la palabra de origen!

Paulatinamente, el estudiante enriquecerá su vocabulario.

Riqueza de lenguaje

No es justo proclamar sin distingos que la riqueza de lenguaje sea negativa. Se trata más bien de prevenir, hoy más que nunca (hasta ahora, claro), contra la invasión de términos extranjeros (*extranjerismos*) cuando coexisten formas autóctonas posiblemente más bellas y con toda seguridad más idóneas para cohabitar con sus hermanas. Así como, dentro de los tiempos modernos, hasta la segunda guerra mundial (1939-1945), la lengua española se dejó influir sensiblemente por la francesa, después ha sido y es de la inglesa de la que está recibiendo fuertes embates. Anglicismos (palabras o giros procedentes del inglés) como *donut, pub, film, spray, parking,* y otros muchos tratan de cobijarse en nuestro repertorio como si no tuviéramos ya *buñuelo, bar, película, pulverizador, aparcamiento,* respectivamente, varios de ellos anglicismos también, calcos o adaptaciones del inglés, pero con forma por lo menos españolizada.

El estudioso evitará estos vocablos extraños, dobletes innecesarios, un tanto fachendas, que producen cierta hipertrofia de la lengua. Pulirá su vocabulario, buscando lo castizo y solo echando mano de la importación cuando lo justifique una indiscutible carencia.

ASPECTOS ESTILÍSTICOS
QUE TENER EN CUENTA

Y finalmente entramos en un terreno en el que no se trata ya de evitar lo manido, lo feo, lo incorrecto, sino de tomar uno entre varios caminos. Es ahora cuando interviene el gusto, cierta sensibilidad ante lo que mejor conviene a cada pasaje: qué palabra me va mejor, qué construcción prefiero, dónde colocar esta parte de la oración para que resalte certeramente mi intención significativa. Un terreno muy personal en el que mayormente podemos ayudar presentando algunas opciones.

El artículo cero

A su tiempo (*Uso*, pág. 29.), ya anunciamos que la ausencia de artículo (simbolizada ø) además de su valor partitivo

Los españoles comen siempre ø pan en las comidas. (o sea, algo de pan)

tiene un uso estilístico, es decir, optativo.

a) *Música, teatro, pintura: bellas artes que hacen la vida bella.*
b) *Dilema: amor de hijo contra amor de esposo.*
c) *Corazón de piedra, algo común entre dictadores.*

puesto que también podríamos haber escrito

a') *La música, el teatro, la pintura: bellas artes que hacen la vida bella.*
b') *Un dilema: el amor de hijo contra el amor de esposo.*

c') *Un/el corazón de piedra, algo común entre los dictadores.*

La solución cero resulta más pomposa, un sí es no es gnómica (de estilo sentencioso), razón por la cual aparece en múltiples refranes (*Perro ladrador, poco mordedor*; *Hombre casado, medio degollado*; *etc. etc.*).

El adjetivo calificativo

Calificar es indudablemente difícil. De entre una gama a veces extensa (una de las más comunes la que aprecia la calidad estética: *hermoso, bello, bonito, precioso, guapo, lindo, agraciado, bien parecido, atractivo, encantador, etc.*) hemos de sacar el término que nos conviene. De ahí que algunos escritores brillen por su acierto en calificar.

El diccionario de sinónimos puede ayudarnos al ofrecernos cierta variedad en la cual tal vez esté el calificativo que buscábamos, pues sucede en ocasiones que <u>conocemos</u> el adjetivo que necesitamos pero que no nos viene a las mientes. Los diccionarios son normalmente herramientas que actúan en un solo sentido: de la palabra a su definición. No hay diccionarios que vayan de la definición a la palabra y solo los de sinónimos e ideas afines nos pueden aliviar en esa búsqueda. O también una de esas cabezas "bien llenas" como decía Montaigne (escritor francés del s. XVI), que tienen respuesta para todo y no ande lejos de nosotros.

Aquí también se ha de ir atento a la mesura. Calificar, sí, cuando convenga, pero sin sobrecargar el núcleo sustantivo de una sarta de adjetivos seguramente excesiva. Vicio declarado es el de duplicar sistemáticamente la adjetivación mediante una simple coordinación con la conjunción **y**:

Simpáticas y sonrientes muchachas me acosaron a la salida del teatro.
La encontré pálida y ojerosa.
Un gobierno indeciso y tambaleante no ofrece garantías.

Obsérvese que decimos "sistemáticamente" o sea aplicado por sistema, indiscriminadamente, lo que no niega su conveniencia ocasional. Por lo demás, recordemos que la movilidad extraordinaria de los elementos de la oración en la lengua española nos permite colocar el adjetivo calificativo delante o detrás de su núcleo, pero con distinto valor: enfático o selectivo respectivamente.

Está claro que la anteposición es más estilística por más subjetiva, lo cual nos advierte sobre el grave peligro de un abuso que convierta nuestro escrito en un puro ditirambo (elogio excesivo):

*La **noble dama** me presentó a sus **encantadoras hijas** en presencia del **hierático mayordomo** de aquella **señorial mansión**.*

Concordancia y discordancia

Sabemos que los adjuntos de un sustantivo concuerdan con él en género y número y que el verbo concuerda con el sujeto en persona y número. Es lo que podemos considerar primer caso de la concordancia gramatical: el sustantivo es uno y el sujeto es uno:

a) *Estoy inventando **este ejemplo**.*
a') *Estoy inventando **estos ejemplos**.*
b) ***El ejemplo resultará** ilustrativo.*
b') ***Los ejemplos resultarán** ilustrativos.*

Pero puede muy bien suceder que haya varios sustantivos: sus adjuntos irán en plural y en masculino, si los géneros de los sustantivos son diferentes; y que haya varios sujetos y entonces el verbo irá en plural y en primera, segunda o tercera persona, si respectivamente hay algún sujeto de primera, alguno de segunda o ninguno de ellos, por ese orden de prioridad:

c) *Vendemos **pañuelos y calcetines muy baratos**.* (m.+m.=m.)
c') *Vendemos **corbatas y bufandas muy baratas**.* (f.+f.=f.)
c'') *Vendemos **pañuelos y corbatas muy baratos**.* (m.+f.=m.)
d) ***Yo, tú y él somos** tres.*
d') ***Tú y él sois** dos.*
d'') ***Él y ella son** dos.*

Estas normas generales, con frecuencia infringidas en la lengua hablada, deben cumplirse con el máximo rigor en la escrita. Con todo, se dan ciertos casos en los que cabe discrepancia según el gusto y el impulso psicológico que imprima al mensaje su autor:

Sustantivos colectivos

Cuando llevan una expansión con un término plural de los individuos que contiene el sustantivo colectivo es frecuente la concordancia del verbo con ese término plural:

*La media **docena** de huevos que compré me **salieron podridos**.*

*La mayor **parte** de los alumnos no **asistieron** a clase.*

Parece que exista repugnancia en imaginar que la entidad **do-**

cena pueda estar podrida o que la entidad **parte** pueda asistir a nada.

Verbo ser+predicativo

Es frecuente aquí también que el verbo *ser* concuerde con su predicativo en vez de hacerlo con el sujeto:

*Nuevas ordenanzas municipales, **cuyo resultado** son **tres fiestas** más al año.*
***Dos millones y medio de habitantes** era **la población** de Honduras hace años.*

Plural de modestia

Otro rasgo estilístico es el de los autores que, frente al colectivo de los lectores, opta por velar su individualidad con el plural "nosotros". <u>Es lo que venimos haciendo en esta gramática</u>. Algo que incumbe más a la civilidad que a la gramática, puesto que, como se puede observar en la parte de texto que se acaba de subrayar, no existe discordancia ninguna entre "nosotros" y "venimos". La incoherencia, no discordancia gramatical, está en el plural nosotros y el correspondiente referente singular. Como quiera que sea, se trata de una fórmula reservada a quien escriba para un público. En cualquier otro caso (cartas, declaraciones, redacciones, etc.) resultaría improcedente.

Estas discordancias son de uso ocasional y siempre mesurado.

Otras anomalías paradójicamente normales

Un sujeto de dos o más sustantivos

Puede concertar con un verbo en singular si van semánticamente ligados, posiblemente con un solo atributivo común:

*El fracaso y éxito de su equipo les **dejó** impasibles.*
*Nos **impresionó** su decisión y coraje.*

Si el atributivo acompaña a cada uno de ellos, se tiende a la concordancia en plural:

*Nos **impresionaron** su decisión y su coraje.*

Un sujeto de dos o más infinitivos

Puede concertar con un verbo en singular si no llevan artículo o solo lo lleva el primero:

*Comer y beber **es** irrenunciable.*
*El dormir y soñar **puede** ser agradable.*

Si todos los infinitivos llevan artículo, se tiende a la concordancia plural:

*El comer y el beber **son** actos vitales.*

Dos o más sustantivos del sujeto siguen al verbo

Observamos entonces que puede haber concordancia con solo el primero:

*En 1936 **dominaba** el caos y el desconcierto en la política turca.*

Dos o más sustantivos del sujeto preceden o siguen al verbo

Y si van coordinados con la conjunción ni o con la conjunción o pueden concertar *ad líbitum* en singular o plural con el verbo:

*Ni Juan, ni Pedro, ni el rey de Roma me **obligará/obligarán** a mentir.*
*No le **gustó/gustaron** ni la comida ni los comensales.*
*El gallo o la gallina me **disgusta/disgustan**. Ha de ser pollo.*
***Vendrá/vendrán** a buscarte tu hermano o tu hermana.*

Un adjetivo detrás de dos o más sustantivos

Solo en alguna ocasión concuerda en singular:

*El estilo se adquiere con atención, estudio y práctica **constante/constantes**.*
*Geometría y trigonometría **analítica/analíticas**.*

Un adjetivo delante de dos o más sustantivos

Suele concordar en singular:

*Seguro que estudiarán ustedes con **creciente** interés y provecho.*
*Su **admirable** inspiración y técnica cristalizaron en un éxito.*

Ejercicio (*Retoque las oraciones siguientes, si es posible, según se apunta concisamente en cada una de ellas.*)

Tratado de prosodia y ortografía española (variante probable)
¿Disminuye el capital y la rentabilidad porque baje la bolsa? (variante posible?)
Tu bondad e inocencia me conmueven (variante posible?)
¿Recuerdas aquel equipo de futbolistas que se perdió en los Andes? (variante posible?)

La vegetación exuberante, los animales en primitiva libertad, la belleza sin igual del continente americano (intente artículo cero)

Presencié temeroso las tumultuosas entrada y salida del público (variante probable)

Ni el uno ni la otra parece resentirse (variante posible?)

Orgullosas y presumidas, pimpantes y atractivas, comprometedoras y provocativas, aquellas dos hermanas rompían los corazones (elimine adjetivos)

Su sueldo era 10.000 pesos (variante posible?)

El reír y el llorar parecen antitéticos, pero no lo son (variante posible?)

El orden de las palabras

La lengua española tiene una flexibilidad asombrosa en cuanto a la colocación de los elementos de la oración. He aquí, pues, un aspecto de nuestra sintaxis que abre un campo inmenso a la creación del estilo.

Ya de entrada nos encontramos con la llamada sintaxis regular, según la cual comenzaría nuestra oración por el sujeto, debidamente arropado con sus adjuntos, continuaría con el verbo, núcleo del predicado, y acabaría con toda la cohorte de adjuntos verbales. Pero eso es lo teórico, podríamos casi decir, lo lógico, lo que corresponde al pensamiento lógico. Ahora bien, resulta que nuestros mensajes, sobre todo en el lenguaje hablado, son más psicológicos que no lógicos. El hablante empieza su oración por lo que más le preocupa en ese momento, lo cual puede muy bien ser el sujeto, puesto que es de él de quien quiere predicar algo, pero también puede ser justamente esa predicación:

Mis alumnos se comportan bien en clase. (orden regular)

En clase, mis alumnos se comportan bien. (en otras partes no lo sé)

Se comportan bien en clase mis alumnos. (me preocupa el mensaje verbal)

A estas tres variantes espontáneas, cada cual con su especial matiz, aún podríamos añadir la desmañada siguiente:

Se comportan bien mis alumnos en clase.

y aun otras más o menos retorcidas. Las leyes tectónicas del español nos lo permitirían hasta un cierto límite. Veámoslo.

Colocación de los adjuntos de un sustantivo

Los artículos preceden indefectiblente al sustantivo.

Los adjetivos calificativos preceden o siguen al sustantivo según lo ya explicado en su lugar (*Función*, pág. 43.)

Los adjetivos posesivos preceden o siguen al sustantivo según lo ya explicado en su lugar (*Función,* pág. 46.).

Los adjetivos demostrativos preceden normalmente al sustantivo, pero también pueden seguirle con pequeñas alteraciones del conjunto (*Función,* pág. 48.).

Los adjetivos numerales cardinales preceden al sustantivo, mientras que **los demás adjetivos numerales** preceden o siguen sin regla fija:

capítulo primero/ primer clasificado
fracción milésima/milésima parte
ración doble/doble tarea

Los adjetivos indefinidos son un tanto caóticos en su comportamiento. Consúltese el capítulo correspondiente (*Los indefinidos,* pág. 55.).

Los declarativos y las expansiones siguen regularmente a su núcleo sustantivo, si bien en una sintaxis figurada es posible la inversión:

*Ladislao Kubala, ex jugador de la selección húngara, **del F.C Barcelona** ex capitán, **de la FEF** ex seleccionador nacional, descansa ahora de tanta agitación.*
***Gloria de sus patrias**, García Lorca y Rubén Darío viven en su poesía.*

Colocación de los adjuntos de un adjetivo

Los sustantivos atributivos siguen indefectiblemente a su núcleo adjetival:

*Una chica rubia **platino**.*
*Un chal amarillo **limón**.*

Los adverbios atributivos preceden normalmente a su núcleo adjetival:

*Ejercicio **extraordinariamente** difícil.*
*Cuestión **algo** batallona.*

Las expansiones siguen normalmente, aunque en una sintaxis figurada pueden, como con los sustantivos, aparecer delante:

*Aquellas obras de romanos, **de realizar** costosas, **de derruir** sencillas.*

Colocación de los adjuntos de un adverbio

Los adverbios atributivos aquí también preceden normalmente a su núcleo adverbial:

*Lo hizo **declaradamente** mal.*
*Actuó **poco** adecuadamente.*

Las expansiones siguen normalmente y resultaría violenta su posible anticipación:

*Trazaremos el camino perpendicularmente **a la autopista**.*

Colocación de los transpositores

Siempre en cabeza de la construcción que introducen:

*¿Me aseguras **que** ganarán los verdes?*
*No sé **si** ganarán realmente.*
***Se** puede apostar sobre ello.*

Colocación de los términos de preposiciones y conjunciones

Siempre inmediatamente detrás de tales conectores:

*Los padres trabajan para **los hijos**.*
*Como **seáis traviesos**, no os daré el premio.*

Colocación de los adjuntos de un verbo

Los objetos directo e indirecto sustantivos, los circunstanciales, el predicativo y el agente se prestan a diversidad de colocaciones con arreglo al principio del interés del hablante expuesto antes.

Y, por el contrario, los objetos directo e indirecto pronominales tienen una colocación estándar que solo un estilo arcaizante o un hábito regional puede alterar. En efecto, tales pronombres preceden siempre a todos los tiempos verbales excepto al imperativo y formas no personales, a los cuales siguen:

***Se lo** he dado antes, píde**selo**.*
*Habiéndo**selo** pedido, **se lo** devolvió.*
*Es preferible no hacer**lo** así.*
*Entregaría**selo** de buena gana, si pudiera. (arcaizante)*
*Y finalmente dió**selo**. (arcaizante)*

Colocación del sujeto de un verbo

Ya sabemos que los pronombres personales sujetivos se usan poco en español (*Función*, pág. 61). Y en cuanto a sujetos sustantivos solo pueden serlo de tercera persona. En cualquier caso, el sujeto puede preceder o seguir al verbo, tal vez con más frecuencia lo primero:

***Juan** porfiaba en que vendría **Pedro** en avión.*

Montones de telegramas le llegaron que le enviaban *sus amigos*.

Él y ella acabaron casándose. Y vivieron felices *él y ella*.

Colocación del verbo de una oración

Dentro de las subagrupaciones que podemos hacer en el interior de una oración es raro que el verbo ocupe un lugar más allá de la segunda, máximo tercera:

El dramaturgo/asistió/anteayer/al ensayo. (normal)
El dramaturgo/anteayer/asistió/al ensayo. (forzado)
El dramaturgo/anteayer/al ensayo/asistió. (afectado)

Con todo, la colocación sin duda afectada del verbo al final de la oración, rasgo propio de la sintaxis latina, parece estar de moda hoy en día entre los periodistas:

La atención que su figura concentra.
Los grandes ideales que Cristo nos trajo.
Como si de damas ofendidas se tratara.

Ejercicio *(En cada frase intente otras colocaciones elegantes, si son posibles, aunque no sean las regulares.)*

Hay que llevar mochila y cantimplora a la excursión.

Quien no esté de acuerdo que se vaya.

Me gusta mucho la música.

El río Ucayali corre paralelamente a los Andes.

Escogió la más poética solución de todas.

El general San Martín luchó incansablemente por la independencia.

Vimos una muchedumbre de pingüinos nada más llegar.

Por la guardia civil fue detenido el agresor.

Una determinación conflictiva de verdad.

Ha muerto Jacqueline, viuda de dos prohombres.

Locuciones continuativas

Continuar con otro aspecto de un mismo tema o incluso cambiar exactamente de tema exige cierto cuidado en pulir una transición que fácilmente puede caer en la vulgaridad de ciertas muletillas: hoy resulta exasperante oír hasta la saciedad el adverbio "entonces", o la interjección "¡vale!", o la locución "de todas maneras". Algunos repiten las combinaciones continuativas "y entonces", "y luego" al comienzo de cada parrafada. Hay que evitarlo a toda costa, buscando cierta variación entre los adverbios de que disponemos para tal fin.

ALGUNOS CONSEJOS FINALES

- Marcarse un plan y desarrollarlo sin digresiones.
- No hinchar el tema innecesariamente.
- Evitar las parejas viciosas de adjetivos.
- Ir al grano sin dilación.
- Conferir dinamismo a la sintaxis.
- Ceñirse al asunto concreto sin generalizar.

DUDAS
Y LATINISMOS

PALABRAS Y GIROS DUDOSOS

Término correcto	*Duda*
a: preposición.	≠ ha (s.v.); ah (s.v.).
aaronita: descendiente de Aarón, personaje bíblico.	
a base de: locución prepositiva.	NO en base a.
abastos: provisión de víveres.	≠ a bastos (palo de la baraja).
abatir: derribar.	≠ a batir (derrotar, etc.).
abeja: insecto.	≠ oveja (s.v.).
abejaruco: ave.	¡pero se escribe con **b**!
abertura: boca, grieta.	≠ obertura (s.v.); apertura (s.v.).
abigarrado: de varios colores; heterogéneo.	
ablativo: caso sintáctico.	NO hablativo.
abocado: clase de jerez.	≠ avocado (s.v.).
abordaje: acción de abordar.	**j**
abollar: deformar con hendiduras.	≠ aboyar (s.v.).
aboyar: poner boyas.	≠ abollar (s.v.).
aborigen: originario de un país.	= indígena.
ábrego: viento sur.	≠ abrigo (s.v.).
abrigo: defensa contra el frío.	≠ ábrego (s.v.).
abrogar: abolir, revocar (leyes).	≠ arrogar (s.v.).
absceso: tipo de tumor.	NO abceso; ≠ acceso (s.v.).
absorber: aspirar, atraer.	≠ observar (s.v.).
abulense: de Ávila (España).	¡pero se escribe con **b**!
abur: adiós, en vascuence.	= agur.
acabar: dar fin.	≠ a cavar (trabajar con azada).
acaso: adverbio de duda.	≠ a caso (v.gr., a caso hecho).
accésit: premio inferior.	= en plural.
acceso: entrada; estado morboso.	
accidente: suceso eventual con daño.	≠ incidente (s.v.).
acechanza: acecho, espionaje.	≠ asechanza (s.v.).
acerbo: áspero, acre.	≠ acervo (s.v.).
acerca de: locución prepositiva.	≠ a cerca de (v.gr., subió la cuenta a cerca de mil pesos).
acervo: montón; haber común.	≠ acerbo (s.v.).
ácimo: sin levadura (pan).	= ázimo.

Término correcto	*Duda*
acimut: ángulo astronómico.	= azimut.
acmé: período de enfermedad (término médico).	≠ acné (s.v.).
acné: enfermedad de la piel (término médico).	≠ acmé (s.v.).
acometer: atacar.	≠ a cometer (v.gr., vas a cometer una equivocación).
ácrata: anarquista.	
adelante: adverbio de lugar.	NO alante.
adición: suma, añadidura.	≠ adicción (s.v.).
adicción: hábito de alguna droga tóxica.	≠ adición (s.v.).
aditamento: añadidura.	
adolecer de: tener algún defecto.	
adonde: (con antecedente).	≠ a donde (sin antecedente).
aféresis: pérdida de sonidos al principio de una palabra (v.gr. manito por hermanito, en México).	
agavanzo: rosal silvestre.	≠ garbanzo (planta leguminosa).
ágil: ligero.	≠ ají, ajo (plantas); ajillo (salsa).
agiotista: especulador; en México, usurero.	
agito: del verbo agitar.	≠ ajito (diminutivo de ajo).
agnosticismo: doctrina filosófica que limita la capacidad del entendimiento humano.	
agnóstico: que profesa el agnosticismo.	
agravar: hacer más grave.	≠ a grabar.
agredir: v. defectivo (solo se usa en las formas que tienen **i**).	NO agrede, agreden.
agresivo: que tiende a la provocación.	NO 'incisivo, dinámico' (anglicismo).
ah: interjección.	≠ a (s.v.); ha (s.v.).
ahechar: cribar los cereales.	≠ a echar.
aherrojar: oprimir, subyugar.	≠ arrojar.
ahí: adverbio de lugar.	≠ ay (interjección), hay (verbo).
ahínco: empeño, gran interés.	
ahojar: pacer hojas.	≠ aojar (s.v.).
ahora: adverbio de tiempo.	≠ ahorra (verbo).
alabar: elogiar.	≠ a lavar.
alergia: sensibilidad extremada.	
álgebra: parte de las matemáticas.	≠ aljibe (s.v.).

alienígena: extranjero, extraterrestre.

aljibe: cisterna. | ≠ álgebra (s.v.).

alocución: discurso breve. | ≠ locución (s.v.).

ambages: rodeos de palabras. | **g** (-age excepcional); siempre plural.

ambivalencia: doble interpretación posible.

amoral: sin relación con la moral. | ≠ inmoral (s.v.).

analfabeto: que no sabe leer ni escribir.

anglófono: individuo de habla inglesa.

a nivel de: 'en el mismo plano que' (expresión topográfica empleada abusiva e incoherentemente en otros órdenes de la vida).

anomalía: irregularidad.

anómalo: irregular, extraño.

antediluviano: anterior al diluvio bíblico. | NO antidiluviano (el prefijo es **ante-**).

antípoda: habitante o lugar terrestre en situación diametralmente opuesta. | Se usa preferiblemente en m.p. (los antípodas).

aojar: hacer mal de ojo. | ≠ ahojar (s.v.).

apartheid: (palabra del afrikaans) apartamiento, separación.

apertura: acto de abrir con cierta solemnidad. | ≠ abertura (s.v.).

a por: preposiciones agrupadas. | Uso vulgar; es preferible solo **por**.

apóstrofe: figura retórica. | ≠ apóstrofo (s.v.).

apóstrofo: signo ortográfico. | ≠ apóstrofe (s.v.).

aprehender: asir, prender. | ≠ aprender (s.v.).

aprender: asimilar conocimientos. | ≠ aprehender (s.v.).

área: espacio de tierra limitado. | = zona (preferible).

arrogar: adoptar (término legal). | ≠ irrogar (s.v.).

arrogarse: atribuirse alguna facultad.

asechanza: engaño o artificio. | ≠ acechanza (s.v.).

así: adverbio de modo. | NO asín, asina.

así mismo: locución adverbial. | = asimismo.

asolar: arrasar. | Irregular, pero con tendencia a regularizarse.

D

asquenazí: judío oriundo de Europa central y oriental. = askenazí.

au'n: adverbio de modo, monosílabo (con diptongo), átono, (=hasta, incluso).

aún: adverbio de tiempo, bisílabo (con hiato), tónico, (= todavía).

auscultar: explorar (término médico). ≠ escoltar (s.v.).

autismo: alteración psíquica (término médico).

autista: individuo afecto de autismo.

auto: coche, carro.

avanzar: v. principalmente intransitivo. NO avanzar noticias (transitivo), sino <u>adelantar</u>, <u>anticipar</u>.

a ver: preposición + verbo. ≠ haber (verbo).

avocado: participio del v. avocar. abocado (s.v.).

avocar: asumir un litigio (término legal).

azahar: flor blanca del naranjo. ≠ azar (s.v.).

azar: casualidad. ≠ azahar (s.v.).

azarar: sobresaltar, avergonzar. = azorar.

baca: portaequipaje. ≠ vaca (animal).

bacalao: pez y su carne. **-ao** (pero <u>bacalada</u>, <u>bacaladero</u>).

bahía: entrada de mar en la costa. ≠ bailía (s.v.).

bailía: territorio bajo cierta autoridad. ≠ bahía (s.v.).

bajá: título musulmán. NO pachá (galicismo).

balbucear: hablar dificultosamente. = balbucir (poco usado).

baldío: terreno que no se labra; algo sin fundamento.

baloncesto: deporte. = básquet, basquetbol.

ballet: danza clásica y su música. Galicismo (plural, <u>ballets</u>).

bantú: individuo de lengua bantú.

béisbol: deporte. = pelota base.

besamel: tipo de salsa. NO bechamel; = besamela.

best-séller: éxito editorial. Anglicismo.

Término correcto	*Duda*
biscuit: bizcocho; tipo de porcelana.	Galicismo innecesario.
bit: unidad mínima informática.	≠ byte (s.v.).
bodega: almacén; almacén de vino.	≠ bodigo (s.v.).
bodigo: cierta clase de panecillo.	≠ bodega (s.v.).
brandy: aguardiente.	= coñac (s.v.).
bricolaje: actividad manual casera.	Galicismo admitido.
bucal: de la boca.	≠ vocal (s.v.).
bufé: comida servida especialmente.	Galicismo admitido.
byte: unidad informática de varios bits.	≠ bit (s.v.).
cabila: tribu norteafricana.	≠ cavila (forma del v. cavilar).
cada quisque: cada cual (familiar).	NO cada quisqui.
callo: dureza en la piel; forma del v. callar.	≠ cayo (s.v.).
camping: acampada.	Anglicismo innecesario, pero común.
canelones: especialidad de pasta italiana.	≠ canalones (conductos de agua).
canon: modelo perfecto.	≠ cañón (s.v.).
cantautor: tipo de cantante.	
cañón: pieza de artillería.	≠ canon (s.v.).
capo: jefe; persona competente.	Italianismo ≠ capó (s.v.).
capó: tapa del motor de un automóvil.	Galicismo ≠ capo (s.v.).
cara a, de cara a: locuciones prepositivas.	
carácter/caracteres: palabra grave.	NO carácteres (es también grave en plural).
carnicería: tienda; matanza.	NO carnecería.
carro: carruaje de tiro o mecánico.	= coche, auto.
cartel: convenio industrial; agrupación delictiva.	= cártel.
casar: verbo.	≠ cazar (verbo).

Término correcto	*Duda*
casete: (m.) pequeño magnetófono; (f.) cinta magnética.	NO cassette.
caso: forma del v. casar.	≠ cazo (cacharro; forma del v. cazar).
castellano: nombre científico de la lengua española.	
casuística: conjunto de casos que presenta cualquier tema de estudio.	
catedrático: profesor titular de cátedra, máximo nivel universitario.	
cava: del v. cavar; vino espumoso.	= champán, champaña.
cayo: tipo de isla antillana.	≠ callo (s.v.).
cegar: dejar o quedarse ciego.	≠ segar (s.v.).
cesar: v. intransitivo.	NO transitivo ("cesaron al subsecretario por corrupción", solecismo).
cigoto: célula huevo.	= zigoto.
cima: parte más alta de montaña.	≠ sima (s.v.).
clima: conjunto de condiciones atmosféricas.	≠ clímax (s.v.).
climatérico: relativo a ciertos períodos de la vida.	≠ climático (s.v.).
climático: relativo al clima.	≠ climatérico (s.v.).
clímax: punto más alto de un proceso.	≠ clima (s.v.).
clorhídrico: ácido del cloro (término químico).	
cohorte: unidad militar romana.	≠ corte (población; filo; forma del v. cortar).
coligarse: unirse.	NO coaligarse (falsa relación con <u>aliarse</u>).
comodín: que sirve para fines diversos.	
competer: (v. regular) incumbir.	≠ competir (s.v.).
competir: (v. irr. sist.) contender.	≠ competer (s.v.).
concejo: ayuntamiento.	≠ consejo (s.v.).
concernir: v. defectivo (solo se usa en las 3ªs p. de los presentes y en el pret. imp. de indicativo).	El uso de <u>concernir</u> y <u>concernido</u> es un anglicismo más.

Término correcto	Duda
conciencia: (término estándar).	= consciencia (usado en psicología).
condenar: imponer pena al culpable.	≠ condonar (s.v.).
condonar: perdonar una deuda.	≠ condenar (s.v.).
congénere: del mismo género u origen.	
conminar: amenazar.	≠ combinar.
conminatorio: mandamiento con amenaza.	≠ combinatorio.
conocer: (v.transitivo) saber, entender.	Conocer **de** = entender en (s.v.).
conque: conjunción.	≠ con que (prep.+ pron. rel.).
consejería: oficina, departamento.	≠ conserjería (s.v.).
consejo: parecer o dictamen.	≠ concejo (s.v.).
consumar: acabar totalmente.	≠ consumir (s.v.); tienen formas coincidentes.
consumir: gastar, utilizar.	≠ consumar (s.v.).
contraejemplo: ejemplo que corrobora negativamente.	
contraexcepción: excepción de una excepción.	
contralor: especie de inspector.	Es preferible <u>auditor</u>.
contrición: (término religioso).	NO contricción.
coñac: aguardiente añejo.	= coñá, brandy.
correveidile: chismoso, alcahuete.	
crecer: (solecismo 'criarse, formarse').	Anglicismo.
criatura: niño pequeño.	NO creatura (anglicismo: 'animal').
cuadriga: carro de cuatro caballos.	NO cuádriga.
cuál, cuáles: pronombre interrogativo.	NO <u>cuála</u>, <u>cuálas</u> (solecismo).
cualquiera: sustantivo y adjetivo s.	Cualquieras (sus. p.). Cualesquiera (adj. p.).
cuatralbo: animal de pies blancos.	
chófer: conductor automovilista.	= chofer.
dadá: (sus. y adj.) movimiento literario iconoclasta de principios del s. XX.	

D

datación: acción de anotar lugar y fecha.	≠ dotación (s.v.).
deber+inf.: obligación, necesidad.	NO deber de+inf. (s.v.).
deber de+inf.: duda, suposición.	NO deber+inf. (s.v.).
de consuno: de común acuerdo.	NO de consumo.
deicida: aplícase a los que mataron a Jesús de Nazaret.	
de que: prep. + conj.	SÍ, correcto, si el verbo rige **de** (todo depende de que podamos hacerlo).
dequeísmo: solecismo con **de que**.	NO, si el verbo no exige **de** (me dijo de que lo traería mañana).
descodificar: descifrar una clave.	NO decodificar.
desecho: (sus. y v. desechar); residuo.	≠ deshecho (part. v. deshacer).
desternillarse: reírse mucho.	NO destornillarse.
detentar: retener poder o cargo sin derecho a ello.	Galicismo admitido.
de vez en cuando: locución adverbial.	NO de vez en vez (anglicismo).
diabetes: enfermedad.	NO diabetis.
dialectología: estudio de los dialectos.	
dialectólogo: lingüista dedicado a la dialectología.	
digresión: desviación del discurso.	NO disgresión.
discusión: acto de examinar un tema entre varios alegando razones.	NO discursión.
dislexia: estado patológico (término médico).	
dispepsia: tipo de enfermedad (término médico).	
disquete: pequeño disco magnético.	NO diskette.
distingo: reparo o restricción.	
disturbar: causar disturbio.	NO disturbiar (pero enturbiar).
ditirambo: alabanza exagerada.	
doméstico: relativo al hogar.	NO 'nacional' Anglicismo.

echo: forma del v. echar. — ≠ hecho (sus. y part. v. hacer).

editor: que publica obras impresas. — NO director de periódico (anglicismo).

egoísmo: amor excesivo a sí mismo. — ≠ egotismo (s.v.).

egotismo: atención excesiva a la propia personalidad. — ≠ egoísmo (s.v.).

elección: nombramiento por votos. — ≠ elisión (s.v.).

elenco: catálogo.

elisión: (término gramatical). — ≠ elección (s.v.).

elite: minoría selecta. — NO élite.

elixir: licor medicinal. — = elíxir (≠ elección, s.v.).

el que fue: presidente, director, etcétera. — NO "el que fuera" (solecismo por mal uso del pret. imp. de subjuntivo).

enálage: figura retórica. — g (-age excepcional).

enfrente: adv. de lugar. — NO en frente.

en: preposición. — NO significa 'dentro de' para tiempo ("lo haré en 15 días", duración; "lo haré dentro de 15 días", pasado ese tiempo).

en pro de: en favor de.

ensamblar: unir, especialmente tablas.

en seguida: adv. de modo. — = enseguida.

ente: lo que existe (término filosófico). — = entidad.

entender: (v. transitivo) comprender. — (v.gr., entiendo el inglés).

entender de: (v. intransitivo) conocer. — (v.gr., entiendo de mecánica).

entender en: (v. intransitivo) ocuparse. — (v.gr., entiendo en mis negocios).

entrar: (como transitivo) introducir, especialmente las palabras del diccionario en lexicografía.

entremeterse: inmiscuirse. — = entrometerse.

entrenar: v. transitivo (Lewis se entrena todos los días). — NO intransitivo.

enzima: sustancia proteínica. — ≠ encima (prep.), en sima (v.gr. cayó en sima profunda).

erradicar: arrancar de raíz.

errar: equivocarse. ≠ herrar (s.v.).

escoltar: acompañar protegiendo. ≠ auscultar (s.v.).

escuchar: oír prestando atención. NO 'oír' (solecismo), (s.v.).

eslogan: fórmula política o publicitaria.

espaguetis: especialidad de pasta italiana.

espónsor: patrocinador. Anglicismo deportivo.

espontáneo: voluntario. NO expontáneo.

espurio: falso, adulterado. NO espúreo (ultracorrección).

estéreo: (esdrújulo) aparato estereofónico. En los compuestos, el acento (secundario ahora) recae en la sílaba siguiente).

estrato: capa terrestre superpuesta. ≠ extracto (s.v.).

estreñimiento: afección fisiológica. ≠ extrañamiento (s.v.).

estricto: estrecho, ajustado. NO extricto.

eteromanía: adicción al éter. ≠ heteromancía (s.v.).

eutanasia: muerte sin dolor.

evento: acaecimiento. NO 'acontecimiento' (anglicismo).

exculpar: descargar de culpa.

exculpatorio: que exculpa.

exequias: honras fúnebres. NO singular.

exiliado: expatriado político. NO exilado (galicismo).

exilio: expatriación. ≠ auxilio (ayuda, socorro).

expectación: espera tensa. NO espectación (pero espectador).

expiar: borrar las culpas. ≠ espiar (acechar).

explosionar: (v.tr.) hacer explotar.

explotar: (v.intr.) hacer explosión. ≠ explosionar (s.v.).

extemporáneo: impropio del tiempo. NO estemporáneo.

extracto: resumen; producto concentrado. ≠ estrato (s.v.).

extradición: entrega de un reo desde otro país. Pero interdicción (s.v.).

extrañamiento: acción de desterrar. ≠ estreñimiento (s.v.).

extravertido: dado a la expansión de los sentidos. NO extrovertido.

facsímil: reproducción perfecta.   = facsímile.

fan: hincha, admirador.   Anglicismo.

faralá: volante en vestido
femenino regional.

fax: (m.) telefax (s.v.).

ficción: invención, cosa fingida.   NO 'novela' (anglicismo).

fisión: escisión del núcleo   ≠ fusión (s.v.).
de un átomo.

flacidez: debilidad muscular.   = flaccidez.

flácido: flojo, sin consistencia.   = fláccido.

folclor: manifestaciones   = folclore.
tradicionales de un pueblo.

forense: relativo a los
tribunales de justicia.

francófono: individuo
de habla francesa.

fusión: unión de dos   ≠ fisión (s.v.).
núcleos atómicos.

fútbol: deporte.   = futbol.

geografía: estudio descriptivo   ≠ hagiografía (s.v.).
de la Tierra.

genético: relativo a la herencia
biológica.

gestual: relativo a los gestos.

geriatría: especialidad médica
que estudia la vejez.

gerontología: ciencia que trata
de la vejez.

giba: joroba.   ≠ jibia (s.v.).

gira: excursión con salida y   ≠ jira (s.v.).
llegada en el mismo punto.

gracias a: locución prepositiva   Antónimo de <u>por culpa de</u>
que introduce una causa   (s.v.).
bienhechora.

ha: forma del v. haber.   ≠ a (s.v.); ah (s.v.).

habemos: forma arcaica del   Conservada en Andalucía
v. haber.   (España) con aféresis:
   <u>bemos</u>.

haber: v. auxiliar.   ≠ a ver (s.v.).

habitáculo: local para ser
habitado.

Término correcto	*Duda*
hecho: (sus. y part. v. hacer)	≠ echo (s.v.).
hemiplejía: parálisis de un lado.	= hemiplejia.
heteromancía: adivinación por el vuelo de las aves.	= heteromancia; ≠ eteromanía (s.v.).
hagiografía: historia de los santos.	≠ geografía (s.v.).
hégira: era de los musulmanes.	= héjira.
hermafrodita: que tiene los dos sexos.	= hermafrodito.
herpe:(sus. ambiguo) erupción cutánea (término médico).	= herpes.
herrar: poner herraduras a las caballerías.	≠ errar (s.v.).
heterogéneo: de estructura desigual.	
hierba: planta pequeña.	= yerba (s.v.); ≠ hierva (v. hervir).
hinca: forma del v. hincar.	≠ inca (s.v.).
hipócrita: que actúa con fingimiento.	
hispalense: individuo natural de Sevilla (España).	= sevillano.
hispanohablante: individuo de habla española.	NO hispanoparlante.
histología: el estudio de los tejidos anatómicos.	≠ ictiología (s.v.).
hojear: pasar las hojas de un libro.	≠ ojear (s.v.).
homicida: que ocasiona la muerte de una persona.	
homogéneo: de estructura uniforme.	
ictiología: el estudio de los peces.	≠ histología (s.v.).
idóneo: apropiado para algo.	
ignominia: afrenta pública.	
ilegal: contra la ley.	NO inlegal.
inca: perteneciente a una cultura sudamericana indígena.	≠ hinca (s.v.).
incidente: que sobreviene; disputa.	≠ accidente (s.v.).
incisivos: dientes anteriores del hombre que participan en la articulación de ciertos sonidos.	

incoativo: clase semántica de verbos que significan el comienzo de un proceso. — NO incoactivos.

inconcluso: sin conclusión. — ≠ inconcuso (s.v.).

inconcuso: sin contradicción. — ≠ inconcluso (s.v.).

indígena: originario de un país. — = aborigen.

inflación: elevación del nivel de los precios. — NO inflacción.

infligir: causar daños, perjuicios. — ≠ infringir (s.v.).

influenciar: influir (sinónimo preferible).

influir: ejercer predominio.

ingerir: introducir productos alimenticios u otros por vía oral. — ≠injerir (s.v.).

inherente: propio de algo, inseparable. Se usa con la preposición **a**.

inmoral: contra la moral. — ≠ amoral (s.v.).

inmutable: que no cambia ni se altera. — = inmudable (poco usado).

inri: burla, escarnio.

intempestivo: fuera de tiempo.

interdicción: privación de derechos civiles. — ≠ extradición (s.v.).

interfecto: muerto violentamente. — NO 'individuo' (solecismo).

irreal: no real. — NO inreal.

irregular: contra la regla. — NO inregular.

irrogar: causar daños, perjuicios. — ≠ arrogar (s.v.).

isósceles: triángulo que tiene iguales solo dos lados.

israelí: perteneciente a Israel. — ≠ israelita (s.v.).

israelita: de religión mosaica; relativo al pueblo judío bíblico.

jibia: cefalópodo comestible. — ≠ giba (s.v.).

jira: pedazo de tela; merienda campestre. — ≠ gira (s.v.).

kárate: lucha japonesa. — NO karate.

kilogramo: unidad métrica de peso. — = quilogramo; NO kilógramo.

D

leguleyo: simple aficionado
  a las leyes.

libido: deseo sexual   ≠ lívido (s.v.).
  (término médico).

lívido: muy pálido.   ≠ libido (s.v.).

locución: término gramatical.   ≠ elocución (s.v.).

lógica: ciencia del conocimiento   ≠ logística (s.v.).
  científico.

logística: parte del arte militar.   ≠ lógica (s.v.).

loores: elogios.   ≠ lores (s.v.).

lores: (plural de **lord**, título   ≠ loores (s.v.).
  inglés).

lucubración: proceso y producto = elucubración.
  de velar trabajando
  intelectualmente.

lusitano: relativo a Portugal.   = luso, lusitánico.

machihembrar: cierto proceso
  técnico de ensamblar tablas.

magnetófono: aparato   NO magnetofón.
  electromagnético.

mahonesa: tipo de salsa.   = mayonesa.

mare mágnum: muchedumbre   NO maremágnum.
  confusa.

marine: soldado de infantería   ≠ marino (s.v.).
  de marina estadounidense
  o británico.

marino: perteneciente al mar   ≠ marine (s.v.).
  o a la marina.

mas: conjunción adversativa   = pero.
  (átona).

más: adverbio de cantidad   ≠ mas.
  (tónico).

masacre: matanza de personas. = carnicería (galicismo
                                    innecesario).

maullar: dar maullidos el gato. = mayar.

médium: persona mediadora
  en fenómenos parapsicológicos.

médula: sustancia animal.   = medula.

mesura: moderación.

metalurgia: industria del metal. NO metalurgía.

meteorología: estudio de la   NO metereología.
  atmósfera.

misil: proyectil autopropulsado. = mísil.

Término correcto	Duda
mistificar: engañar, falsear.	= mixtificar.
mnemotecnia: arte de memorizar.	= nemotecnia.
mobiliario: conjunto de muebles.	≠ movilización (s.v.).
monitor: persona que instruye en deportes.	
monografía: estudio particular de un tema muy concreto.	
morbilidad: estadística de enfermos.	≠ movilidad (s.v.).
motu proprio: locución latina ('espontáneamente').	NO de motu propio.
movilidad: cualidad de móvil.	≠ morbilidad (s.v.).
movilización: actividad militar.	≠ mobiliario (s.v.).
nombre de guerra: sobrenombre (galicismo). El de la escritora española Fernán Caballero, por Cecilia Böhl de Faber; el de la actriz cinematográfica estadounidense de origen hispano Rita Hayworth, por Margarita Cansino.	
nominar: dar nombre.	NO 'designar, proponer' (Anglicismo).
obertura: tipo de composición musical.	≠ abertura (s.v.).
óbice: obstáculo, impedimento.	
objeción: reparo razonado.	NO objección.
observar: examinar atentamente.	≠ absorber (s.v.).
odiar: desear el mal de alguien.	≠ aborrecer, detestar (es anglicismo aplicar estos significados a <u>odiar</u>).
odontólogo: médico de los dientes.	= dentista.
oír: percibir los sonidos.	(Sin necesidad de prestar atención).
ojalá: interjección.	NO ojalá que (innecesariamente pesado).
ojear: mirar con atención.	≠ hojear (s.v.).
omnisciente: que conoce muchas ciencias.	= omniscio (poco usado).
omóplato: hueso del esqueleto.	= omoplato; NO homoplato.

D

Término correcto	Duda
oveja: animal mamífero.	≠ abeja (s.v.).
paidología: ciencia de la infancia.	≠ podología (s.v.).
paliar: atenuar algo, disculpar.	≠ palear ('apalear').
paraguas: sus. s. y p.	NO paragua.
parálisis: privación del movimiento.	NO paralís.
pararrayos: sus. s. y p.	NO pararrayo.
parsimonia: frugalidad; lentitud.	
pasar de: pasar de largo, pasarse de listo.	NO pasar de algo (galicismo).
pentagrama: pauta de cinco líneas.	= pentágrama.
perceptibilidad: calidad de ser comprensible o perceptible.	
planear: proyectar; descender en planeo.	NO 'cernerse' (galicismo)
plausible: digno de aplauso.	≠ posible.
plurivalente: polivalente (s.v.).	
pócima: bebida medicinal; líquido desagradable.	
poderdante: el que da poder a otro para que lo represente.	
podología: especialidad médica concerniente a los pies.	≠ paidología (s.v.).
pogromo: matanza, especialmente en las juderías.	NO progrom NI progromo.
polivalencia: calidad de polivalente (s. v.).	
polivalente: válido para varios fines.	= plurivalente.
por culpa de: locución prepositiva que introduce una causa negativa.	Antónimo de gracias a (s.v.).
por ende: locución adverbial, por tanto, por eso.	
por mor de: locución prepositiva, por causa de.	Aféresis de amor>mor.
porque: conjunción causal.	≠ por que (prep.+pron. relativo); por qué (prep.+pron.interrogativo).
porro: planta similar a la cebolla.	= puerro.
porro: cigarrillo de marihuana.	Palabra de origen incaico.
poso: sedimento.	≠ pozo (s.v.).

Término correcto	*Duda*
pozo: hoyo profundo con agua.	≠ poso (s.v.).
precaver: prevenir un riesgo.	≠ por caber (queda por caber esto).
prever: ver antes, prepararse.	NO preveer.
privativo: peculiar de alguien o algo, exclusivo.	
probabilidad: algo que puede suceder.	NO probalidad.
problema: cuestión dificultosa.	NO poblema.
programa: proyecto de actividades.	NO pograma.
pronunciación: acción de pronunciar.	≠ pronunciamiento (s.v.).
pronunciamiento: alzamiento militar.	≠ pronunciación (s.v.).
proteger: defender, resguardar.	≠ por tejer(faltan metros por tejer); (<u>tejer</u> tiene **j** general y <u>proteger</u> también tiene **j** delante de **a** y **o**).
proteico: cambiante.	
proveer: suministrar algo necesario.	≠ prever (s.v.).
quizá: adv. de duda.	= quizás (formas ambas correctas e históricas, si bien solo la primera es etimológica).
radio: (m.) línea geométrica, varilla de rueda, hueso del antebrazo, metal.	≠ radio (f.) (s.v.).
radio: (f.) apócope de radiotelefonía.	
radio: (ambiguo) apócope de radiorreceptor).	Masculino en gran parte de América; femenino en el Cono Sur y España.
recabar: reclamar, conseguir.	≠ recavar (s.v.).
recavar: volver a cavar.	≠ recabar (s.v.).
reciclar: recuperar materiales; reeducar obreros y técnicos.	
rallar: desmenuzar por medio de un instrumento adecuado.	≠ rayar (s.v.).

D

rayar: hacer rayas.	≠ rallar (s.v.).
recién: adverbio de tiempo.	= recientemente (<u>recién</u> solo ante participios; es preferible no usarlo con otras formas verbales).
régimen/regímenes: palabra esdrújula.	NO régimenes (es también esdrújula en plural).
reloj: aparato para medir el tiempo.	= reló (coloquial).
reprografía: técnica de la reproducción mecánica de documentos y otros.	
restaurante: establecimiento donde se sirven comidas.	= restorán.
retrotraer: retroceder a un tiempo o punto pasado.	
reúma: reumatismo (término médico).	= reuma.
revisitar: revisar.	Anglicismo literario.
revólver: arma de fuego.	≠ revolver (v. irr. sistemático).
saga: leyenda escandinava; relato novelesco.	NO linaje, dinastía (burda traducción)
saxófono: instrumento musical.	= saxofón, saxo.
sefardí: judío oriundo de España; dialecto judeo español.	= sefardita.
segar: cortar hierba.	≠ cegar (s.v.).
sendos: adj. det. indefinido; 'uno cada uno de varios'.	NO dos NI ambos.
senectud: edad senil (+ 65 años).	
serología: estudio de los sueros.	
seudónimo: nombre falso.	NO pseudónimo.
sima: cavidad profunda.	≠ cima (s.v.).
si no: (conj.+adverbio de negación).	(<u>Si no</u> pudiera, no lo haría).
sino: (sus; conj. adversativa).	(No de esa forma, <u>sino</u> de esta).
sinopsis: sumario o resumen.	
solecismo: mal uso de una forma lingüística.	
statu quo: locución latina ('estado de cosas').	NO status quo (ultracorrección).
sucedáneo: sustancia que puede reemplazar a otra.	
susceptible: capaz de modificación.	NO suceptible.

susodicho: mencionado anteriormente.

tampoco: adv. de negación. — NO también no.

taxonomía: clasificación; ciencia de la clasificación.

taxonómico: relativo a la taxonomía.

techo: límite máximo de un asunto. — = tope, límite (anglicismo innecesario).

telefax: sistema telefónico y sus mensajes.

telegrama: despacho telegráfico. — NO telégrama.

télex: sistema telegráfico y sus mensajes.

terminología: vocabulario especial de una materia.

test: examen, prueba. — Anglicismo admitido.

testar: hacer testamento. — NO 'comprobar' (barbarismo).

textura: estructura de las partículas de un cuerpo, de las partes de una obra.

todo quisque: todo el mundo (familiar). — NO todo quisqui.

transgredir: violar una ley. — Verbo defectivo: solo se usa en las formas que tienen **i.** No <u>transgrede, transgreden</u>.

trastocar: (v. irr. sis. poco usado) trastornar, trastornarse. — ≠ trastrocar (s.v.).

trastrocar: cambiar el estado de algo. — ≠ trastocar.

tubo: dispositivo cilíndrico hueco. — ≠ tuvo (v. tener).

usted: curioso tratamiento español de cortesía que funciona como pronombre de 2ª persona real pero, por razones históricas, concierta con la 3ª gramatical.

úvula: apéndice del velo del paladar que interviene en la pronunciación.

vaca: animal.

≠ baca (s.v.).

valla: cerca de estacas.

≠ vaya (v. ir).

vello: tipo de pelo.

≠ bello (adj. calificativo).

vender: v. transitivo.

NO intransitivo ("el disco de M.J. ha vendido ya un millón de ejemplares", solecismo).

versátil: de genio inconstante.

NO 'adaptable o polivalente' (anglicismo).

viajar: v. intransitivo.

NO con prep. <u>a</u> ("los reyes viajaron <u>a</u> Maracaibo", solecismo).

vídeo: (esdrújulo) aparato electrónico.•

En los compuestos, el acento (ahora secundario) recae en la sílaba siguiente.

vocal: de la voz.

≠ bucal (s.v.).

xerografía: tipo de fotocopia.

yerba: hierba (s.v.).

zahorí: alguien que tiene la facultad de descubrir algo oculto, sobre todo aguas subterráneas.

zéjel: composición en verso de origen árabe.

zigoto: célula huevo.

= cigoto.

LATINISMOS, LOCUCIONES Y FRASES LATINAS

Ab absurdo	Por lo absurdo (en lógica y matemáticas).
Ab initio	Desde el principio, desde tiempos remotos.
Ab intestato	Sin testamento, sin haber testado.
Ab origine	Desde el origen.
Ab ovo	Desde el huevo, desde el principio.
Ad calendas graecas	A las calendas griegas, o sea, nunca.
Ad hoc	A propósito.
Ad honores	Honorífico, sin retribución.
Ad infinitum	Hasta el infinito.
Ad libitum	A gusto, a voluntad (en música, sobre todo).
Ad litteram	A la letra, literalmente.
Ad majorem Dei gloriam	Para una mayor gloria de Dios (lema jesuita).
Ad patres	Hacia los antepasados (ir, enviar, o sea, morir).
Ad usum	Según costumbre.
Ad usum Delphini	Para uso del Delfín (crítica de las ediciones expurgadas).
Ad valorem	Según valor (comercio).
Affidávit	Dio fe (documento mercantil).
A fortiori	Con mayor razón.
Alea jacta est	La suerte está echada (palabras de Julio César aplicables a una toma de decisión).
Alias	Por otro nombre, apodo.
Alma mater	Madre nutricia: la universidad.
Alter ego	Otro yo: persona muy identificada con otra.
A novo	Nuevamente, de nuevo.
Ante meridiem	Antes del mediodía (a.m. en horarios).
A posteriori	Posteriormente a la experiencia.
A priori	Anterior a cualquier conocimiento.
Arbiter elegantiarum	Árbitro de los primores.
Ars longa, vita brevis	El arte es largo, la vida es corta.
Aurea mediocritas	Medianía satisfactoria.
Ave Caesar, morituri te salutant	Salve, César, los que van a morir te saludan (saludo de los gladiadores antes de ir a luchar).
Beatus ille	¡Dichoso él!

Bona fide	De buena fe.
Calamo currente	Al correr de la pluma, descuidadamente.
Capitis deminutio	Pérdida de la personalidad.
Carpe diem	Aprovéchate del presente (la vida es breve).
Casus belli	Caso que motiva guerra.
Cogito, ergo sum	Pienso, luego existo.
Confer	Consulte (en obras científicas; abreviado cf.).
Consumatum est	Se acabó.
Coram populo	En público.
Cum laude	Con elogio (nota universitaria de excelencia).
Curriculum vitae	Historial, hoja de servicios.
De facto	De hecho, real (se opone a **de jure**, de derecho).
Déficit	Cantidad que falta.
De jure	V. **de facto**.
Deo gratias	Gracias a Dios.
Deo juvante	Con la ayuda de Dios.
Deo volente	Si Dios quiere.
Deus ex machina	Solución feliz aunque inverosímil.
Desiderátum	Deseo máximo.
De visu	De vista.
Dies irae	El día de la cólera.
Dominus vobiscum	El Señor sea con vosotros.
Dura lex, sed lex	La ley es dura, pero es la ley.
Ecce homo	Aquí tenéis al hombre.
Errare humanum est	Es humano equivocarse.
Eureka! (griego)	¡Lo he encontrado!
Ex abrupto	Bruscamente, de repente.
Ex aequo	Empatados, en igualdad de méritos.
Ex cathedra	Desde la cátedra, con autoridad doctoral.
Ex libris	Viñeta de bibliófilo (también **exlibris**).
Ex nihilo	De la nada.
Ex profeso	Con conocimiento de causa, expresamente.
Facsímile	Reproducción, copia (también **facsímil**).
Fiat lux!	¡Hágase la luz! (frase del Génesis).
Finis coronat opus	El fin corona la obra.
Gratis et amore	Gratuita y gustosamente.
Grosso modo	Sin detallar, aproximadamente.
Habeas corpus	Que tengas el cuerpo (institución legal inglesa).
Hic et nunc	Aquí y ahora, o sea, inmediatamente.
Homo faber	El hombre fabricante primitivo.
Homo homini lupus	El hombre es lobo para el hombre.
Honoris causa	Meramente honorífico.
Ibídem	En el mismo sitio (abreviado ib.)

Ídem	Lo mismo (abreviado íd.)
In aeternum	Para siempre.
In albis	En blanco, sin saber nada.
In articulo mortis	En la hora de la muerte.
In crescendo	Cada vez más.
In extremis	En los últimos momentos.
In fraganti	Mientras se realiza algo; en flagrante delito.
In illo tempore	En aquel tiempo, remotamente.
In medias res	En pleno asunto; en medio de la acción.
In medio virtus	La virtud está en el justo medio.
In saecula saeculorum	Por los siglos de los siglos, eternamente.
In situ	En el sitio mismo.
In statu quo	En la misma situación de antes.
Intelligenti pauca	Al buen entendedor, con media palabra basta.
In vitro	En el laboratorio.
In vivo	En un organismo vivo.
Ipso facto	En el acto, inmediatamente.
Lapsus calami	Error al escribir.
Lapsus linguae	Error al hablar.
Lato sensu	En sentido amplio (se opone a **strictu sensu**, en sentido estricto).
Loco citato	En el lugar citado anteriormente (en obras científicas; abreviado loc. cit.).
Magister dixit	Lo ha dicho el maestro; lo ha dicho el jefe.
Manu militari	Por la fuerza de las armas.
Mare mágnum	Confusión.
Memorándum	Recordatorio, nota, comunicado breve.
Mens sana in corpore sano	Una mente sana en un cuerpo sano.
Modus vivendi	Modo de vivir, convenio transitorio.
Motu proprio	Por impulso propio, espontáneamente.
Mutatis mutandi	Cambiando lo necesario.
Nihil obstat	Nada en contra (censura eclesiástica).
Nihil novi sub sole	Nada hay nuevo bajo el sol.
Nolens, volens	Quieras que no.
Non plus ultra	No más allá, lo no superado.
Nosce te ipsum	Conócete a ti mismo.
Nulla dies sine linea	Ningún día sin escribir algo.
Nota bene	Observe la aclaración (al pie de un escrito; abreviado N.B.).
Opere citato	En la obra citada anteriormente (en obras científicas; abreviado op.cit.).
O tempora! o mores!	¡Qué tiempos!, ¡qué costumbres! (queja).
Panem et circenses	Pan y diversiones (crítica).

Latinismos

Per fas et nefas	Como quiera que sea.
Per se	Por sí, por sí mismo (lenguaje filosófico).
Post meridiem	Después del mediodía (p.m. en horarios).
Post scriptum	Después de lo escrito, posdata (abreviado P.S.).
Primum vivere, deinde philosophari	Primero vivir, luego filosofar. Ir a lo práctico.
Primus inter pares	El primero entre sus iguales.
Pro domo sua	En defensa de su propia causa.
Quid novi?	¿Qué hay de nuevo?
Quórum	Número de miembros requeridos en una asamblea.
Quousque tandem...	Hasta cuándo...
Rara avis (in terris)	Algo o alguien extraordinario.
Referéndum	Procedimiento jurídico.
Requiescat in pace	Descanse en paz.
Sancta sanctorum	Lugar muy reservado (también **sanctasanctórum**).
Sic	Así, textualmente (normalmente entre paréntesis).
Sic transit gloria mundi	Así pasa la gloria del mundo.
Sine die	Sin fecha prevista.
Sine qua non	Condición indispensable (sin la cual no...)
Si vis pacem, para bellum	Si quieres paz, prepárate para la guerra.
Statu quo	V. **in statu quo**.
Sub judice	Bajo la autoridad del juez.
Sub voce (s. v.)	Véase en su artículo.
Sui géneris	De género excepcional.
Súmmum	Lo sumo.
Superávit	Abundancia o exceso.
Sursum corda	Arriba los corazones (elevación de sentimientos).
Taedium vitae	Hastío de la vida.
Te Deum	Cántico de acción de gracias (también **tedéum**).
Tu quoque, (fili)!	¡Tú también, (hijo mío)! (palabras de César).
Ultimátum	Determinación definitiva (lenguaje diplomático).
Urbi et orbi	A la ciudad (Roma) y al universo (palabras papales).
Ut supra	Como arriba (en obras científicas).
Vademécum	Libro prontuario.
Vade retro, Satana	Vete, Satanás (rechazo de proposiciones).
Vae victis!	¡Desgraciado del vencido!

Vanitas vanitatum, (et omnia vanitas)	Vanidad de vanidades (censura de costumbres).
Veni, vidi, vici	Llegué, vi, vencí (palabras de César).
Verba volant, scripta manent	Las palabras vuelan, lo escrito permanece.
Verbi gratia	Por ejemplo (= verbigracia).
Versus	Contra (lenguaje judicial; abreviado v.).
Vide	Véase (en obras científicas; abreviado v.).
Vide infra	Véase más abajo (en obras científicas; abreviado v. infra).
Vide supra	Véase más arriba (en obras científicas; abreviado v. supra).
Vis comica	Fuerza de comicidad (también vis cómica).
Vox clamantis in deserto	Que predica o reclama sin ser escuchado.
Vox populi, (vox Dei)	Opinión generalizada.

L

Latinismos

AUTOVALORACIÓN

SOLUCIONES
DE LOS EJERCICIOS
HABLAR CORRECTAMENTE

Eligiendo bien la forma del sustantivo preciso
Página 7

dermatólogos	paidología
pollos	piloto
sensación	crías
notario	viento
dromedarios	dramática

Página 8

delante del palco	en medio de dos actos
camino para llegar	casi inútil
varios juntos	carente de vergüenza
al revés de lo intentado	carga por encima de un límite
dentro de un encierro	con la luz por detrás

Página 10 (superior)

cubrir tapando; volver a cubrir.
batir hacia (el suelo); seguir batiendo.
sentir hacia (el otro, de acuerdo con el otro); sentir al unísono.
coincidencia en el tiempo.
visible antes (de que aparezca).
otra acción; acción para con otro.
que vuelca su ánimo afuera; que se vuelve hacia lo anormal; que se vuelve hacia otros.
marcha atrás; hacia dentro.
llevar algo con uno; llevar hacia dentro.
presidente antes.

Página 10 (inferior)

sin forma
sin sentimientos; con sentimientos; sentimientos contrarios.
atravesando por los ángulos
intestino anómalo
matrimonio hacia afuera (con miembros foráneos); matrimonio hacia adentro (con allegados).
tensión alta; tensión baja.
alrededor de la ciudad

Página 12

almirante; cargo de...	franco; cualidad de...
partido; en relación con un...	cigarro; diminutivo
escrito; concreción de algo...	arte; oficio de...
comer; posible de...	pena; lleno de...
sereno; cualidad de	admirar; practicante de...
lugar; despreciativo	fuerza; poseedor de...

Autovaloración

335

Página 13

a+prisión+ar	en+amor+ar
a+cómodo+ar	des+alma+ado
en+caro+ecer	ropa+vieja+ero
en+sucio+ar	siete+mes+ino
macho+hembra+ar	in+prórroga+ble
des+hilacha+ar	

Página 14

no+me+olvides	ala+caído
ten+te+en+pie	agua+ardiente
boca+mina	cuatro+albo
sordo+mudo	medio+día
ojo+negro	col+y+flor

Página 16

'urraca'	judía
'envase de cuero para beber'	esconder
alado 'con alas'	bucal
gravado 'v. gravar'	descendencia
anteojos	abrir

Página 19

cuñado	virrey
amiga	monja
generala	escritora
buscón	peluquero
atorrante	aprendiz
catequista	poderdante
mangante	anarquista
jabalí	príncipe
juglaresa	papisa
actriz	

Página 20

nueras	marido
ovejas	la motorista
toros	"artista pintora"
un caimán hembra, una tigresa	muchas pacientes, médicas
traficante	ministras

Página 21

la	el, la
una	el
el	la, la
el, la	el

Página 24 (superior)

Los ñandúes son los avestruces de América.

Los colibríes también se llaman pájaros mosca.

Vive de las compraventas que hace en el mercado de los viernes.

Los bíceps braquiales están en los brazos; los tríceps femorales están en las piernas.

Las síntesis químicas resultan más costosas que los análisis clínicos.

Llegó el aguafiestas y tiró un pez por la pista.

El carácter demasiado introvertido me parece antisocial.

Después de las exequias, el feligrés se marchó y el sacristán se quedó a recoger los ornamentos.

Se acabaron los víveres en Sarajevo.

El iraní ha tenido varias guerras con el iraquí (frase estilística).

El hombre rana encontró el cáliz robado y también el cadáver del ladrón.

Poniéndole el artículo adecuado

Página 27

unos	las	el	al
las	lo	el	al
la	el/un	lo	
del	un	una	

Página 28

unos	ø
los	el
las	ø
las	ø
al	unas

Página 30

unos	el	el	ø
la	ø	la	lo
los	la	ø	ø

Añadiéndole un buen adjetivo

Página 35

uruguaya	candente	holandesa
menor	cordobesa	ácrata
bantú	nicaragüense	reversible
regordete	frágil	sefardí
civil	holgazán	borde

Página 36

estúpida	guaraníes	mochales
graves	acres	menores
indios	fugaces	
azul	incivil	

Página 39

mayor	mejor; menos eficaces;
más peligroso; peligrosísimo,	carísimos, muy caros; el peor
muy peligroso	la menor; menos cortés

Página 40

muy íntegros, integrísimos	muy célebre
muy antiguo	muy amable
pobrísimo, muy pobre	muy libre
nuevísimos, muy nuevos;	muy fiel, muy noble
buenísimos, muy buenos	

Página 44

Las naciones vecinas son también hispanoamericanas.
El fanático terrorista que puso aquella bomba.
Me lo aseguró mi propia madre.
Se están dando demasiados crímenes sexuales.
Una simple coincidencia reveló todo.
Aquella hermosa muchacha resultó ser una artista de cine.
Los pobres jugadores del Leganés perdieron el partido.
El equipo visitante jugó sin duda mucho mejor.
Después de tantas dificultades, los negociadores plantearon aún una
 nueva cuestión.
¡Qué agradable final os deseo!

Página 47 (superior)

tus	mi, suya	tuyas, mías
sus, mío,	tuya, mía	
nuestro, vuestro	nuestro	

Página 47 (inferior)

Aquel conocido tuyo colombiano nos llevó a Medellín.
Ustedes sujeten sus perros mientras yo encierro una gata mía que
 tengo enferma.
Esas excusas vuestras no satisfacen mis exigencias.
El terrorista acabó sus días en la cárcel.
En la semana, Juan tiene días suyos y días de su familia.
–Una dificultad mía es que tengo poca memoria.– Pues tu dificultad
 irá aumentando paulatina y desgraciadamente.

Página 49

esos	aquellas
aquel, estos	esto, eso
este, esos	aquello

Página 50

eso	esta, estos
esto	este, esa
esos	aquellos
esos, aquella	

Página 52

mil uno
cien mil
un millón de
veintiún, dieciocho/diez y ocho
tres mil cuatrocientos doce millones, trescientos quince mil; mil
 novecientos sesenta y siete
dos millones, setecientas cuarenta y una mil
ciento dos; setenta y cinco

Página 53

segundo	veinte, veintiuno
veintitrés	segunda, setenta y cuatro
primero, quinto	mil novecientos noventa
segunda	y cinco

Página 54

tres medias	dos cuartos, un medio, dos
quince doceavas /dozavas	décimos, un quinto
una séptima, una trescientos	un tercio
sesenta y cincoava	

Página 55

| quíntuple | décuplo |
| triple | cuádruple, doble |

Página 57

Cualquier tiempo pasado fue mejor.
Que salgan de la clase los demás alumnos.
Han sido culpables las mismas chicas de siempre.
No tengo ningún enemigo es igual que no tengo enemigo alguno.
Todos los hermanos eran valientes.
Posee tanto dinero como poca vergüenza.
Varias semanas transcurrieron antes de que regresara.
Llegaron diez porteadores cargados con sendos colmillos de elefante.(5)

Sustituyéndolo por un pronombre si procede

Página 60

Yo:	sustituye al que habla,	1ª p. m.s., sujeto.
los:	sustituye a "rasgos",	3ª p. m.p., objeto directo.
lo:	sustituye a "un hombre",	3ª p. m.s., objeto directo.
me:	sustituye al que habla,	1ª p. m.s., objeto directo.
le:	sustituye a "un hombre",	3ª p. m.s., objeto indirecto.
yo:	sustituye al que habla,	1ª p. m.s., sujeto.
la:	sustituye a "melancolía",	3ª p. f.s., objeto directo.
me:	sustituye al que habla,	1ª p. m.s., objeto indirecto.
le:	sustituye a "el hombre",	3ª p. m.s., objeto indirecto.

Página 65

Estoy proyectando hacer un viaje a Machu Picchu con mis nietos Alejandro y Sarita. Lo haré con ellos para que se acostumbren a acompañarme ahora que puedo ayudarlos. Son todavía pequeños, pero a Alejandro le he enseñado ya a conducir moto y coche, pues nos hará a todos un gran favor llevándonos en su coche dentro de unos años. Sin mí poco puede hacer él ahora, sin él quién sabe cómo se defendería su abuela cuando yo falte. De momento, la ayuda Sarita, niña diligente a quien le gusta hacerlo todo. Para ella no hay nada enojoso. Le encargas una cosa y la hace. Se la vuelves a encargar y te la vuelve a hacer. Un encanto de niña. Con todo, tanto a ella como a su hermano les doy alguna torta de vez en cuando. Pero se la doy cariñosamente. Créanme.

Página 66

Salimos Juan y yo a reconocer el terreno. Él estaba animado, yo no. Como ø somos aficionados a la botánica, ø íbamos coleccionando hojas por el camino. ø Eran hojas secas, ø no las arrancábamos de los árboles. Otros sí lo hacen, pero nosotros preferimos respetar las plantas vivas. ¿Recuerdas ø que ya te lo dije ø en una ocasión? Tú insistías en que ø era una tontería y yo te repliqué de pronto chillando. Entonces entró mi padre y ø dijo: ¿Quién ha dado ese grito? He sido yo, papá, le contesté ø. ø Te pido perdón.

Página 68

que	la cual/quien/que	quienes/los que/los
la cual/que	quienes/los que/los	cuales
la que/la cual/que	cuales	que
la que/la cual	cuyos	la cual/la que

Página 70

¿Cuál ha escogido?
¿Qué prefiere?
¿Quién se la comprará?
¿Cuánto le costará?
¿Con quién paseó Pepito?
¿Cuáles son las mejores?

¿Contra quiénes lucharon los
    guerrilleros?
¿Cuánto pesaba Fatty?
¿Qué sienten?
Para atajar, ¿qué/cuáles
    caminos tomó siempre?

Conjugando bien el verbo

Página 80

acabaremos: 1ª p.p. del futuro imperfecto de indicativo,
                v. acabar 1ª conj.
ayudase: 3ª p.s. del pretérito imperfecto de subjuntivo,
                v. ayudar 1ª conj.
bailaría: 3ª p.s. del condicional imperfecto de indicativo,
                v. bailar 1ª conj.
vendieron: 3ª p.p. del pretérito indefinido de indicativo,
                v. vender 2ª conj.
hubieran existido: 3ª p.p. del pretérito pluscuamperfecto de
                subjuntivo, v. existir 3ª conj.
hubo comido: 3ª p.s. del pretérito anterior de indicativo,
                v. comer 2ª conj.
dirigió: 3ª p.s. del pretérito indefinido de indicativo,
                v. dirigir 3ª conj.
portamos: 1ª p.p. del pretérito indefinido de indicativo,
                v. portar 1ª conj.
habrían vencido: 3ª p.p. del condicional perfecto de indicativo,
                v.vencer 2ª conj.
faltó: 3ª p.s. del pretérito indefinido de indicativo,
                v. faltar 1ª conj.

Página 81

llenamos, encontramos
habrán terminado
venciera/vencieses
exigió

había resistido
hablen
habría cedido
resistió, aceptó

Página 96 (superior)

pidamos: 1ª p.p. del presente de imperativo, v. pedir,
                irregular sistemático.
sintiera: 1ª p.s. del pretérito imperfecto de subjuntivo,
                v. sentir, irregular sistemático.
dije: 1ª p.s. del pretérito indefinido de indicativo,
                v. decir, irregular sistemático.
habría: 3ª p.s. del condicional imperfecto de indicativo,
                v. haber, irregular asistemático.
vinieron: 3ª p.p.del pretérito indefinido de indicativo,
                v. venir, irregular sistemático.

pondré:	1ª p.s. del futuro imperfecto de indicativo, v. poner, irregular sistemático.
estoy:	1ª p.s. del presente de indicativo, v. estar, irregular sistemático.
haré:	1ª p.s. del futuro imperfecto de indicativo, v. hacer, irregular sistemático.
caiga:	3ª del presente de subjuntivo, v. caer, irregular sistemático.
quisiste:	2ª p.s. del pretérito indefinido de indicativo, v. querer, irregular sistemático.
condujera:	3ª p.s. del pretérito imperfecto de subjuntivo, v. conducir, irregular sistemático.
van:	3ª p.p. del presente de indicativo, v. ir, irregular asistemático.
di:	2ª p.s. del presente de imperativo, v. decir, irregular sistemático.
parezco:	1ª p.s. del presente de indicativo, v. parecer, irregular sistemático.
soy:	1ª p.s. del presente de indicativo, v. ser, irregular asistemático.
cupo:	3ª p.s. del pretérito indefinido, v. caber, irregular sistemático.
roto:	participio irregular, v. romper 2ª conjugación.
piensas:	2ª p.s. del presente de indicativo, v. pensar, irregular sistemático.
tienes:	2ª p.s. del presente de indicativo, v. tener, irregular sistemático.
entiendo:	1ª p.s. del presente de indicativo, v. entender, irregular sistemático.
sepas:	2ª p.s. del presente de indicativo, v. saber, irregular sistemático.

Página 96 (inferior)

nazca	recuerda, corrigiendo
dedujo, era	sugirió, viniera/viniese, estoy
sirvió, muriera/muriese	iba, vuelto

Página 102

Táchese:

sugeriría,	podría, fuera	estaría
confiamos	nieva (pero es	podrás, estaríamos
han aceptado	coloquial)	llamaban, mamarán
habría, diré	dio	tendrá

Página 103

deseado	conducir,	morir, vivir
trabajando,	haber conducido	sufriendo
enseñando	empezada, acabada	

Puntualizándolo con un adverbio conveniente

Página 108

muy concienzudamente/	muy amablemente/
concienzudísimamente	amabilísimamente, lo más
menos, muy poco/poquísimo	cariñosamente

más tarde, lo más tarde
cruelmente
muy desastrosamente/
  desastrosísimamente

mejor, lo mejor, muy mal/
  malísimamente

Página 111

allá
aún/todavía
lentamente/tranquilamente
primeramente/primero,

después/luego
tal vez, demasiado
también
mucho, no, nunca

Página 112

frecuentemente
quizá/quizás/tal vez
repentinamente
insensatamente/alocadamente
constantemente
silenciosamente/calladamente

expresamente
espontáneamente/
  voluntariamente
finalmente
inconsideradamente/
  desconsideradamente

Conectando las palabras con las preposiciones justas
Página 118 (superior)

Táchese:

a	por
por	con
de	bajo
mediante	para
con	entre

Página 118 (inferior)

por	entre
para	durante
por	desde
junto a	hasta
en	hacia

Enlazando frases y frases con las conjunciones de rigor
Página 124 (superior)

Táchese:

en donde	cuando	entre tanto
mientras	que	conque
hasta que	como	porque
cuando	porque	porque

Página 124 (inferior)

para que	si
porque	aunque
como	a fin de que/para que
así que/por eso	sino
pero	o

Adornándolo todo con las interjecciones precisas
Página 127

¡Puf,	caramba!	¡Tate,	¡Eh,	¡Bah,
¡Ay,	¡Ca,	¡Oh,	¡Hola,	bravo!

SOLUCIONES
DE LOS EJERCICIOS
ESCRIBIR CORRECTAMENTE

Respetando las grafías aceptadas históricamente
Página 140 (superior)

británico	poblaciones	posible	obstrucción
habla	obtiene	cobrar	librar
costumbre	subviene	abstiene	obsesión
abrir	subsistencia	redobla	

Página 140 (inferior)

Brunó	abstracción	posiblemente	había
fábrica	descubrió	obcecado	obtención
muebles	blancas	subrayar	alcanzables
roble	cables	cabrestantes	

Página 142 (superior)

alba	guardaba	leve	burla
bebido	Álvaro	vivir	percibe
hervida	estuve	subestimarse	beneficio
abundantes	recibiendo	cabe	afectiva
bizcochos	reconvencio-	posibilidad	tremebunda
bendición	nes	biblioteca	
activa	contribuyó	serviría	

Página 142 (inferior)

abuelo	hierba	avechuchos	ovejas
billar	abejas	abubillas	cavila
avía	abejorros	avutardas	acaba
bucal	avispas	abejarucos	avena
villa	había	vacas	garbanzos

Página 144

Buendía	cañabrava	había	nuevos
había	precipitaban	plantaba	inventos
llevó	blancas	alboroto	
veinte	huevos	timbales	
barro	nombre	daban	

Página 146

cuando	Tokio	capital	comer
atractivos	como	kamikazes	pescado
quioscos	recreo	quimonos	crudo
queda	vacaciones	cualquiera	típico
que	claro	que	sake
reconocer	que	crea	
quienes	afecta	tranquilamente	
escogen	que	actualidad	

Página 147

todos	presidente	zozobra
sabemos	resulta	sentir
zapa	azucarar	acosado
realizan	es	sensacionalismo
algunos	cerrar	periodístico
espíritus	se	Venezuela
envidiosos	trasluz	Nueva Zelanda
sabiduría	zaherir	
nuestro	causar	

Página 149

cerca	izquierda	cinc
zona	hacienda	veces
zigzag	difícil	caza
anuncios	acceso	esparzo
cruz	especie	cansancio
zanahorias	cobertizo	cacé

Página 150 (superior)

cesó	cereza	ánimos	obsesionados
clase	zapato	César	estaban
pesar	simular	empezar	los
profesor	zopo	su	cursillistas
sucedía	enseguida	disertación	acaecido
García	se	casi	
se	tranquilizaron	escuchaba	
hueso	los	sin	

Página 150 (inferior)

ibas	más	ibas	precisar
con	altos	esa	cosa
hacía	calentabas	estufa	pasar
preguntas	su	esto	pinaza
contento	estufa	que	hermosísima
que	caño	decirlo	cucaracha
veces	gustaba	su	reluciente
alcanzaras	que	sólo	limpieza
los	supiera	que	
estantes	que	difícil	

Página 151

virtud	abacá	Bilbao	Valladolid
anticipado	cortado	gustado	usted
tabú	colocado	Madrid	bisté
bondad	bacalao	pirulí	

Página 152

ganas	guía	gloria
tengo	guardianes	agricultores
guerras	rieguen	paragüeros
gritaba	agua	guitarristas
guapo	impregnarlos	agoreros
argüía	sangre	insignes

jamás	sugirieron	prójimo
proteger	condujera	coraje
gentuza	jefatura	exigir
dijeron	dejaron	ambages
jinetes	región	
dirigían	tejido	
Ginebra	fingir	

sujetaron	ojitos	abajo
largo	relampagueaban	enjaulado
trago	garganta	mujer

ovario	eterno	horas
huevos	una	actividades
osario	elemental	horribles
huesos	heterogénea	a
humana	escuelas	ha
hoy	iglesias	hacer
hospital	hipermercados	uno
obstétrico	oficinas	
hospedaje	acontecimientos	

televisión	tampoco	imberbes	Saigón
empezó	imbecilidad	visión	impedida
súmmum	inmoral	combinación	ambos
inventiva	convenía	Vietnam	

divertía	insultar	pronunció
rogando	logró	guarro
norteamericanos	arrancar	porque
alrededor	resultó	realidad
California	ser	era
pronunciasen	procedencia	marrano
palabra	israelí	honra
guarro	sefardita	
pero	Enrique	

expectación	Félix	aspecto	siglo
inesperada	expresidente	castizo	pretexto
xenófoba	extranjera	espantoso	racismo
espíritus	es	extremismo	protestemos
extraños	excluye	inexplicable	

hoyo	llevado	rey	Uruguay
bollo	callandito	ley	calle
llovido	cayeron	saharaui	arroyo
intuyó	batalla	buey	llanto

Silabeando bien para bien dividir las palabras
Página 166

co-me-ta	ba-jo	e-sa	pa-ra
pe-sa-da	an-ti-faz	ma-na-da	-ex-tir-par
ru-ti-lan-te	ro-sa	i-ce-bergs	chan-cro
co-la	he-cho	zar-pan	e-sos
si-glo	pár-pa-dos	plu-ma	in-te-rrum-
u-na	ver-dad	al-ta	pen
gra-na-da	par-ti-da	en-fi-lan	e-le-fan-te
ver-dad	pe-da-zos	cos-tas	e-sas
ma-no	de-cir	nom-bre	a-tro-ces
es-ta-llas	to-dos	e-sos	to-da
lle-gar	e-sos	de-li-ca-dos	e-sa
é-po-ca	frag-men-tos	ins-tru-men-	o-xi-da-da
más-ca-ra	gi-gan-tes-cos	tos	tor-tu-ra

Página 168

Hu-me-a-ba/la/fri-tu-ra/de-rra-má-ban-se/las/ja-rras/de/ju-gos/y/ga-ra-pi-ñas/y/el/ron/cla-rín/tem-pra-na-men-te/be-bi-do/so-bre-al-za-ba/los/á-ni-mos/Sin/em-bar-go/cuan-do/Mon-sieur/An-se/se/pre-sen-tó/en/lo/al-to/del/pa-tí-bu-lo/lle-van-do/sus/me-jo-res/ro-pas/de/ce-re-mo-nia/tan/gra-ve/en-/su/me-nes-ter/co-mo/bien/des-ca-ño-na-do/por/el/bar-be-ro/se/hi-zo/un/hon-do/si-len-cio/Poin-te-à-Pi-tre/no/e-ra/el/Ca-bo/Fran-cés/don-de/des-de/ha-cí-a/tiem-po/e-xis-tí-a/un/ex-ce-len-te/te-a-tro/a-li-men-ta-do/de/no-ve-da-des/por/com-pa-ñí-as/dra-má-ti-cas/de/trán-si-to/pa-ra/la/Nue-va/Or-le-ans/A-quí/no/se/te-ní-a/na-da/se-me-jan-te/nun-ca-/ha-bí-a-se/vis-to/un/es-ce-na-rio/a-bier-to/a/to-dos/y/por/lo/mis-mos/des-cu-brí-an/las/gen-tes/en/a-quel/mo-men-to/la/e-sen-cia/de/la/Tra-ge-dia.

Página 169

gentil-hombre	ca-cha-za	aor-ta	zas-candil
ex-alumno	pe-lli-ca	co-horte	
pre-historia	clor-hídrico	ca-rre-ti-lla	

Acentuando según las normas de la Real Academia
Página 173

se	por	las	y	nos
el	por	contra	don	se
noventa	sin	las	el	lo
y	en	doña	que	de
de	y	Ana	con	tía
que	las	de	sus	menos
casi	medio	la	y	que

Página 174

vaso: grave	americano: grave	limité: aguda
estímulo: esdrújula	íntimo: esdrújula	sinopsis: grave
cantó: aguda	acallé: aguda	rezó: aguda
cómetelo: sobresdrújula	deposito: grave	cama: grave
febrero: grave	capítulo: esdrújula	dígaselo: sobresdrújula
dialectólogo: esdrújula	adornar: aguda	estertor: aguda
	sutil: aguda	
	cárcel: grave	

Página 175

Pide el refrán que no se dé (verbo) un cuarto al pregonero. Josefina y Alberto me lo enseñaron: ella porque sí (adverbio) y él (pronombre), razonándolo. A mí (pronombre personal) me parece que hay que darle a él (pronombre) más (adverbio) crédito que a ella, mas vaya usted a saber. Bueno, creo que sí (adverbio) lo sé (verbo): hay que tomárselo con calma y con una taza de té (sustantivo).

Página 176

vein-te, grave	a-guar-dar, aguda
im-pí-o, grave	es-tí-o, grave
des-ti-tu-ir, aguda	con-ce-sio-na-rio, grave
con-ti-nú-o, grave	lin-güís-ti-ca, esdrújula
sen-ten-ciéis, aguda	en-ra-bió, aguda
pen-dien-te, grave	te-le-gra-fi-ar, aguda
mo-hí-no, grave	Ni-ca-ra-gua, grave
dei-ci-da, grave	Ve-ne-zue-la, grave
pa-sa-tiem-po, grave	prin-ci-pián-do-la, esdrújula
co-mu-ni-ca-ción, aguda	a-diós, aguda

Página 178

No supo por cuánto tiempo rezó de hinojos, pero cuando por fin despegó los párpados, el obscuro túnel de un momento a otro se transformó por completo en un río rojo, en un volcán impetuoso, en un desgarramiento de papel. La carne de su hermana se abría para dar paso a la vida. Tita no olvidaría nunca ese sonido ni la imagen de la cabeza de su sobrino saliendo triunfante de su lucha por vivir. No era una cabeza bella, más bien tenía forma de un piloncillo, debido a la presión a que sus huesos estuvieron sometidos por tantas horas. Pero a Tita le pareció la más hermosa de todas las que había visto en su vida.

Prestando atención a las modalidades de los verbos
Página 184

Esas obras no serán editadas por algunas editoriales colombianas.
Mucho dinero es ganado por los futbolistas brasileños.
El profesor Rabassa tradujo <u>Rayuela</u> al inglés.
Varias tazas de café son bebidas por mí cada día.
Más de uno habían sido muertos por Roque.
Esa bicicleta sería comprada por nosotros si fuera más resistente.
Sus secuestradores liberarán mañana a los rehenes.
Una gauchada fue hecha por el gaucho.
Su padre no ha sido visto por Úrsula desde el año pasado.
La lengua española es protegida por las Academias hispanoamericanas.

Página 185

convenció, v.transitivo; a sus oponentes, OD.El gobierno no los/les convenció.

gustaron, v. intransitivo; a los invitados, OI. Les gustaron los abundantes pinchitos.

escribiremos, v. intransitivo; a nuestra madre, OI. Le escribiremos todas las semanas.

vi, v. transitivo; el cielo, OD. Con aquella solución lo vi abierto.

llegó, v.intransitivo; a las mujeres, OI. Les llegó la hora de su emancipación.

se	se	ø
ø, me	se, les	
lo/le/la, ø	ø	

Construyendo las oraciones coherentemente
Página 196

{Los países andinos}ₛ {tienen regiones frías}ₚᵣ
Los: art. determinante m.p.
países: sus. m. p.
andinos: adj. calificativo m.p.
tienen: 3ª p.p. del presente de indicativo del v. irr. sistem. <u>tener</u>.
regiones: sus. f.p.
frías: adj. calificativo f.p., grado positivo.

{Llegaron hasta el Cuzco}ₚᵣ {los españoles}ₛ
Llegaron: 3ª p.p. del pret. indef. de indicativo del v. regular <u>llegar</u>.
hasta: preposición.
el: art. determinante m.s.
Cuzco: sus. m.s., nombre propio.
los: art. determinante m.p.
españoles: sus m.p.

{Sin discusión}_CE [{el fútbol sudamericano}ₛ {es superior}ₚᵣ]_NO
Sin: preposición.
discusión: sus. f.s.
el: art. determinante m.s.
fútbol: sus. m.s.
sudamericano: adj. calificativo m.s.
es: 3ª p.s. del presente de indicativo del v. irr. asistemático <u>ser</u>.
superior: adj. m.s. comparativo heterónimo de <u>alto</u>.

[{Ese reloj}ₛ {no marca bien la hora}ₚᵣ]_NO {de verdad}_CE
Ese: adj. determinativo demostrativo m.s.
reloj: sus. m.s.
no: adv. de negación.
marca: 3ª p.s. del presente de indicativo del v. regular <u>marcar</u>.
bien: adv. de modo, grado positivo.
la: art. determinante f.s.
hora: sus. f.s.
de: preposición.
verdad: sus. f.s.

{¿Comprenden todo}ₚᵣ {mis alumnos?}ₛ
Comprenden: 3ª p.p. del presente de indicativo del v. regular <u>comprender</u>.
todo: pronombre indefinido, neutro.
mis: adj. determinativo posesivo de 1ª p.s., m.p.
alumnos: sus. m.p.

{Está prohibido}ₚᵣ {fumar}ₛ
Está: 3ª p.s. del presente de indicativo del verbo irr. sistemático <u>estar</u>.
prohibido: participio del v. regular <u>prohibir</u>.
fumar: infinitivo simple, v. regular.

{Inesperadamente}$_{CE}$ [[{África del Sur}$_S$ {abandonó el"apartheid"}$_{Pr}$]$_{NO}$
Inesperadamente: adv. de modo, grado positivo.
África del Sur: sus. f.s., nombre propio.
abandonó: 3ª p.s. del pret. indef. de indic. del v. regular <u>abandonar</u>.
el: art. determinante m.s.
"apartheid": (voz del dialecto afrikaans), sus. m.s.

{El papel}$_S$ {procede de la madera}$_{Pr}$
El: art. determinante m.s.
papel: sus. m.s.
procede: 3ª p.s. del presente de indicativo del v. regular <u>proceder</u>.
de: preposición.
la: art. determinante f.s.
madera: sus. f.s.

{¿Va progresando}$_{Pr}$ {usted?}$_S$
Va progresando: 3ª p.s. del presente de indicativo de la perífrasis
  verbal <u>ir progresando</u>
usted: pronombre personal, 2ª p.s.

[[{Yo}$_S$ {le ayudaré}$_{Pr}$]$_{NO}$ {si le parece bien}$_{CE}$
Yo : pronombre personal, 1ª p.s., caso sujetivo.
le: pronombre personal, 3ª p.m.s., caso objetivo.
ayudaré: 1ª p.s. del futuro imp. de indicativo del v. regular <u>ayudar</u>.
si: conjunción subordinante condicional.
le: pronombre personal, 3ª p.m.s., caso objetivo.
parece: 3ª p.s. del presente de indicativo del v. irr. sistemático <u>parecer</u>.
bien: adv. de modo, grado positivo.

Página 198

{Las$_{At}$Malvinas <unas$_{At}$ islas <u>del Atlántico</u>>$_{De}$}$_S$ {provocaron una$_{At}$
  guerra}$_{Pr}$ expansión
Las: art. determinante f.p.
Malvinas: sus. f.p., nombre propio.
unas: art. indeterminante f.p.
islas: sus. f.p.
del: contracción de la prep. de y el art. el.
Atlántico: sus. m.s., nombre propio.
provocaron: 3ª p.p. del pret. indef. de indicativo del v. regular <u>provocar</u>.
una: art. indeterminante f.s.
guerra: sus. f.s.

{Tiene una$_{At}$buena$_{At}$colección <u>de libros</u>}$_{Pr}$ {mi$_{At}$amigo Manuel$_{At}$}$_S$
                                    expansión
Tiene: 3ª p.s. del presente de indicativo del v. irregular sistem. <u>tener</u>.
una: art. indeterminante f.s.
buena: adj. calificativo f.s., grado positivo.
colección: sus. f.s.
de: preposición.
libros: sus. m.p.
mi: adj. determinativo posesivo de 1ª p.s., m.s.
amigo: sus. m.s.
Manuel: sus. m.s., nombre propio.

{Los_{At}aztecas <pueblo americano_{At}>_{De}}_S {eran grandes_{At}construc-tores}_{Pr}

Los: art. determinante m.p.
aztecas: sus. m.p.
pueblo: sus. m.s.
americano: adj. calificativo m.s.
eran: 3ª p.p. del pret. imp. de indicativo del v. irregular asistem. ser.
grandes: adj. calificativo m.p., grado positivo.
constructores: sus. m.p.

{Caracas}_S {es la_{At}capital <u>de Venezuela</u>}_{Pr}
                        expansión

Caracas: sus. f.s., nombre propio.
es: 3ª p.s. del presente de indicativo del v. irregular asistem. ser.
la: art. determinante f.s.
capital: sus. f.s.
de: preposición.
Venezuela: sus. f.s., nombre propio.

{Los_{At}corredores}_S {iban velozmente <como un_{At}rayo>_{De}}_{Pr}
Los: art. determinante m.p.
corredores: sus. m.p.
iban: 3ª p.p. del pret. imp. de indicativo del v. irr. asistemático ir.
velozmente: adv. de modo, grado positivo.
como: preposición.
un: art. indeterminante m.s.
rayo: sus. m.s.

{El_{At}alumno}_S {prosigue el_{At}ejercicio <u>por acabar</u>}_{Pr}
                                     expansión

El: art. determinante m.s.
alumno: sus. m.s.
prosigue: 3ª p.s. del presente de indicativo del v. irr. asistem. proseguir.
el: art. determinante m.s.
ejercicio: sus. m.s.
por: preposición.
acabar: infinitivo simple, v. regular.

{Juan y María <buenos_{At}estudiantes>_{De}}_S{practican el_{At}análisis <u>de oraciones</u>}_{Pr}
    expansión

Juan: sus. m.s., nombre propio.
y: conjunción coordinante copulativa.
María: sus. f.s., nombre propio.
buenos: adj. calificativo m.p., grado positivo.
estudiantes: sus. m.p.
practican: 3ª p.p. del presente de indicativo del v. regular practicar.
el: art. determinante m.s.
análisis: sus. m.s.
de: preposición.
oraciones: sus. f.p.

{La_{At} chimenea <u>de la_{At} casa</u>}_S {disparaba hollín incandescente_{At}}_{Pr}
                expansión
La: art. determinante f.s.

chimenea: sus. f.s.
de: preposición.
la: art. determinante f.s.
casa: sus. f.s.
disparaba: 3ª p.s. del pret. imp. de indicativo del v. regular <u>disparar</u>.
hollín: sus. m.s.
incandescente: adj. calificativo m.s., grado positivo.

{Ha comenzado}$_{Pr}$ {la$_{At}$vuelta <u>a España</u>}$_S$
                              expansión
Ha comenzado: 3ª p.s. del pret. perf. de indic. del v. irr. sist. <u>comenzar</u>.
la: art. determinante f.s.
vuelta: sus. f.s.
a : preposición.
España: sus. f.s., nombre propio.

{Villalobos <músico brasileño$_{At}$>$_{De}$}$_S$ {compuso obras geniales$_{At}$}$_{Pr}$
Villalobos: sus. m.s., nombre propio.
músico: sus. m.s.
brasileño: adj. calificativo m.s., grado positivo.
compuso: 3ª p.s. del pret. indef. de indicativo del v. irr. sis. <u>componer</u>.
obras: sus. f.p.
geniales: adj. calificativo f.p., grado positivo.

Página 204

{(Yo)}$_S$ {he recomendado [mucha atención]$_{OD}$[a mis alumnos]$_{OI}$}$_{Pr}$
Yo: pronombre personal 1ª p.s., caso sujetivo.
he recomendado: 1ª p.s. del pret. perf. de indicativo del v. irregular. sis.
  <u>recomendar</u>.
mucha: adj. determinativo indefinido cuantitativo f.s.
atención: sus. f.s.
a: preposición.
mis: adj. determinativo posesivo 1ª p.s., m.p.
alumnos: sus. m.p.

{Juanito}$_S$ {está [muy pálido]$_{Pred}$}$_{Pr}$
Juanito: sus. m.s., nombre propio.
está: 3ª p.s. del presente de indicativo del v. irr. sistemático <u>estar</u>.
muy pálido: adj. calificativo m.s., grado superlativo absoluto.

{(Ellos)}$_S$ {[el año pasado]$_{Cir}$talaron [el bosque de Rodríguez]$_{OD}$}$_{Pr}$
Ellos: pronombre personal 3ª p. m.p., caso sujetivo.
el: art. determinante m.s.
año: sus. m.s.
pasado: adj. calificativo m.s., grado positivo.
talaron: 3ª p.p. del pret, indef. del indicativo del v. regular <u>talar</u>.
el: art. determinante m.s.
bosque: sus. m.s.
de: preposición.
Rodríguez: nombre propio patronímico.

{La tala}$_S$ {fue [ordenada]$_{Pred}$[por el alcalde]$_{Ag}$}$_{Pr}$
La: art. determinante f.s.
tala: sus. f.s.

fue: 3ª p.s. del pret. indef. de indicativo del v. irr. asistemático <u>ser</u>.
ordenada: participio del v. regular <u>ordenar</u>.
por: preposición.
el: art. determinante m.s.
alcalde: sus. m.s.

{[Me]$_{OI}$pareció [excesivo]$_{Pred}$}$_{Pr}$ {el castigo}$_S$
Me: pronombre personal 1ª p.s., caso objetivo.
pareció: 3ª p.s. del pret. indef. de indicativo del v. irr. sist. <u>parecer</u>.
excesivo: adj. calificativo m.s., grado positivo.
el: art. determinante m.s.
castigo: sus. m.s.

{Elenita}$_S$ {sueña [por la noche]$_{Cir}$}$_{Pr}$
Elenita: sus. f.s., nombre propio.
sueña: 3ª p.s. del presente de indicativo del v. irr. sistemático <u>soñar</u>.
por: preposición.
la: art. determinante f.s.
noche: sus. f.s.

{(Tú)}$_S$ {da[le]$_{OI}$[algún jarabe]$_{OD}$[de cuando en cuando]$_{Cir}$}$_{Pr}$
Tú: pronombre personal 2ª p.s., caso sujetivo
da: 2ª p.s. del presente de imperativo del v. irr. sistemático <u>dar</u>.
le: pronombre personal 3ª p.f.s., caso objetivo.
algún: adj. determinativo indefinido cuantitativo m.s.
jarabe: sus.m.s.
de cuando en cuando: locución adverbial de tiempo.

{Los turistas}$_S$ {son [acosados]$_{Pred}$[en Hong-Kong]$_{Cir}$[por los vendedores]$_{Ag}$}$_{Pr}$
Los: art. determinante m.p.
turistas: sus. m.p.
son: 3ª p.p. del presente de indicativo del v. irr. asistemático <u>ser</u>.
acosados: participio del v. regular <u>acosar</u>.
en: preposición.
Hong-Kong: sus. m.s., nombre propio.
por: preposición.
los: art. determinante m.p.
vendedores: sus. m.p.

{(Yo)}$_S$ {[te]$_{OD}$considero [muy capaz de eso]$_{Pred}$}$_{Pr}$
Yo: pronombre personal 1ª p.s., caso sujetivo.
te: pronombre personal 2ª p.s., caso objetivo.
considero: 1ª p.s. del presente de indicativo del v. regular <u>considerar</u>.
muy capaz: adj. calificativo m.s., grado superlativo absoluto.
de: preposición.
eso: pronombre determinativo demostrativo neutro.

{Los corderos}$_S$ {balaban [de frío]$_{Cir}$}$_{Pr}$
Los: art. determinante m.p.
corderos: sus. m.p.
balaban: 3ª p.p. del pret. imp. de indicativo del v. regular <u>balar</u>.
de: preposición.
frío: sus. m.s.

Buscando la mejor cohesión de sus partes
Página 212

Romero y Mardones son jugadores de baloncesto.
                        N de Pred

Juanito daba más ø patadas a sus compañeros que al balón.
                    OD   N de Ter en OI

Como profesor, Ventura fue querido por todas sus alumnas.
                                          N de Ter en Ag

Regresábamos del cine cuando la lluvia dejó paso al sol.
              N de Ter en Cir   N de Ter en OI

Nuestros vecinos tienen ø muchos perros; yo solo tengo a mi
                                  N de OD
chihuahua.
N de OD

Los hermanos García, tortura de su madre, adoran a su padre.
                     N de De   N de OD

Considero a Mario y Juan buenos chicos.
                         Pred

Página 215

Los partidos políticos como tales no pecan de corruptos.
políticos: adj. calificativo m.p., atributivo.
corruptos: adj. calificativo m.p., término de predicativo.

Esos pantalones de color azul ultramar son vaqueros.
azul: adj. calificativo m.s., núcleo de atributivo.

Se sintió hastiado de la vida y se suicidó
hastiado: adj. calificativo m.s., núcleo de predicativo.

Obstinado en acabar, prosigo mi camino.
Obstinado: adjetivo calificativo m.s., núcleo de circunstante externo.

Aquellos miserables no eran los de Víctor Hugo.
miserables: adj. calificativo sustantivado m.p., núcleo de sujeto.

Hay ciertos cantantes que cantan ronco.
ronco: adj. calificativo adverbializado, circunstancial.

Llegarán ustedes a la cumbre seguramente agotados.
agotados: adj. calificativo m.p., predicativo.

Página 217

Nos dedicaremos preferentemente a la música.
preferentemente: adv. de modo, adjunto del v. dedicaremos, circunstancial.

Sus enemigos vivían demasiado cerca de él.
demasiado: adv. de cantidad, adjunto del adv. cerca, atributivo.
cerca: adv. de lugar, núcleo de un circunstancial del v. vivían.

La carretera corre paralelamente al río.
paralelamente: adv. de modo, núcleo de un circunstancial del v. corre.

Pepe no trabaja tan deprisa como tú.
no: adv. de negación, adjunto del v. trabaja, circunstancial.
tan: adv. de cantidad, adjunto del adv. deprisa, atributivo.
deprisa: adv. de modo, núcleo de un circunstancial del v. trabaja.

Así, Juan decidió irse lejos.
Así: adv. de modo, circunstante externo.
lejos: adv. de lugar, adjunto del v. irse, circunstancial.

Colón navegó más allá.
más: adv. de cantidad, adjunto del adv. allá, atributivo.
allá: adv. de lugar, núcleo de un circunstancial del v. navegó.

S₂

{(nosotros)}ₛ {Necesitamos muchos alimentos para el tercer mundo}ₚᵣ
Necesitamos: 1ª p.p. del presente de indicativo del v. regular <u>necesi-tar</u>, transitivo.
muchos alimentos para el tercer mundo: objeto directo, donde <u>alimentos</u>, núcleo; <u>muchos</u>, atributivo; <u>para el tercer mundo</u>, expansión, donde <u>para</u>, subordinante y <u>el tercer mundo</u>, término, donde <u>mundo</u>, núcleo y <u>el</u> y <u>tercer</u>, atributivos.

{No me gustan}ₚᵣ {los estudiantes perezosos}ₛ
gustan: 3ª p.p. del presente de indicativo del v. regular <u>gustar</u>, intransitivo.
No: circunstancial.
me: objeto indirecto.

{Mañana saldrá para Cuba}ₚᵣ {otra expedición}ₛ
saldrá: 3ª p.s. del futuro imp. de indicativo del verbo irr. sistem. <u>salir</u>, intransitivo.
Mañana: circunstancial.
para Cuba: circunstancial, donde <u>para</u>, subordinante y <u>Cuba</u>, término.

{La mayor riqueza de Venezuela}ₛ {consiste en el petróleo}ₚᵣ
consiste: 3ª p.s. del pres. de indicativo del verbo regular <u>consistir</u>, intransitivo.
en el petróleo: circunstancial compl. régimen, donde <u>en</u> subordinan-te y <u>el petróleo</u> término, donde <u>petróleo</u> núcleo y <u>el</u> atributivo.

{Es justamente reclamada por los argentinos}ₚᵣ {la soberanía de las Malvinas}ₛ
Es: 3ª p.s. del presente de indicativo del v. irr. asistemático <u>ser</u>, intransitivo.
justamente: circunstancial.
reclamada: predicativo del sujeto.
por los argentinos: agente, donde <u>por</u>, subordinante y <u>los argentinos</u>, término, donde <u>argentinos</u>, núcleo y <u>los</u>, atributivo.

{Los cultivos de coca}ₛ {abundan en Perú}ₚᵣ
abundan: 3ª p.p. del presente de indicativo del v. regular <u>abundar</u>, intransitivo.
en Perú: circunstancial, donde <u>en</u>, subordinante y <u>Perú</u>, término.

{(ellos)}ₛ {Tildaban a aquel hombre de traficante}ₚᵣ
Tildaban: 3ª p.p. del pret. imp. de indicativo del v. regular <u>tildar</u>, transitivo.
a aquel hombre: objeto directo, donde <u>a</u>, subordinante y <u>aquel hombre</u>, término, donde <u>hombre</u>, núcleo y <u>aquel</u>, atributivo.
de traficante: predicativo complemento régimen del objeto directo, donde <u>de</u> subordinante y <u>traficante</u> término.

{La policía}ₛ {se refería a determinada persona}ₚᵣ
se refería: 3ª p.s. del pret. imp. de indicativo del v. irr. sis. <u>referirse</u>, pronominal.
a determinada persona: circunstancial complemento régimen, donde <u>a</u>, subordinante y <u>determinada persona</u>, término, donde <u>persona</u>, núcleo y <u>determinada</u>, atributivo.

Autovaloración

{(tú)}₍S₎ {Cómpra/se/lo}₍Pr₎

compra: 2ª p.s. del presente de imperativo del v. regular <u>comprar</u>, transitivo.

se: objeto indirecto.

lo: objeto directo.

{Una vez ganada la guerra}₍CE₎ {el gobierno británico}₍S₎ {dio por acabada la cuestión}₍Pr₎

dio: 3ª p.s. del pret. indef. de indicativo del v. irr. sistemático <u>dar</u>, transitivo.

por acabada: predicativo complemento régimen del objeto directo, donde <u>por</u>, subordinante y <u>acabada</u>, término.

la cuestión: objeto directo, donde <u>cuestión</u>, núcleo y <u>la</u>, atributivo.

Enriqueciendo la frase básica con otras frases

Página 224

trimembre	unimembre
amembre	bimembre
bimembre	trimembre
bimembre	unimembre
unimembre	bimembre

Página 225

unipersonal	copulativa
pasiva	pronominal
pronominal	transitiva
intransitiva	intransitiva
transitiva	unipersonal

Página 229

interrogativa	exclamativa
enunciativa	exhortativa
desiderativa	interrogativa
dubitativa	exhortativa
exhortativa	
enunciativa	

Página 268

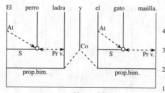

oración compleja

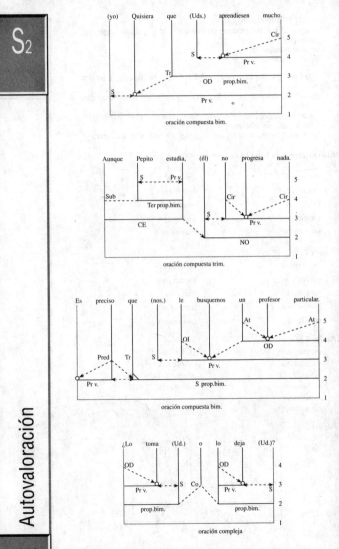

oración compuesta bim.

oración compuesta trim.

oración compuesta bim.

oración compleja

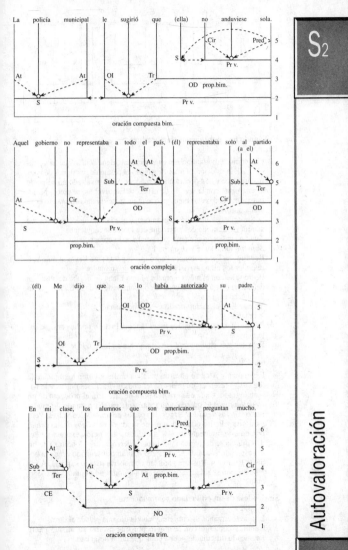

La policía municipal le sugirió que (ella) no anduviese sola.

oración compuesta bim.

Aquel gobierno no representaba a todo el país, (él) representaba solo al partido (a el)

oración compleja

(él) Me dijo que se lo había autorizado su padre.

oración compuesta bim.

En mi clase, los alumnos que son americanos preguntan mucho.

oración compuesta trim.

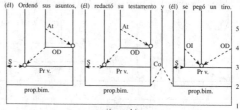

(él) Ordenó sus asuntos, (él) redactó su testamento y (él) se pegó un tiro.

oración compleja

Utilizando una puntuación clarificadora
Página 277

(Tal como hemos anunciado en el ejercicio, tiene aquí lo que ha de hacer y allí la solución. Hemos despojado el pasaje de sus signos de puntuación, que usted deberá ahora reponer. Si su resultado no coincide exactamente con la versión de la señora Esquivel, no se preocupe demasiado. Puede estar bien, ya que la puntuación del original no es la única posible).

Sin embargo algo olió en el ambiente que la hizo agudizar todos sus sentidos y tratar de descubrir qué era lo que la inquietaba
Tita qué pasa con ese niño lograste hacerlo comer
Sí mami tomó su té y se durmió
Bendito sea Dios entonces Pedro qué esperas para llevar al niño con tu mujer los niños no deben estar lejos de su madre
Pedro salió con el niño en brazos Mamá Elena no dejaba de observar detenidamente a Tita había en sus ojos un destello de turbación que no le gustaba para nada
Ya está listo el champurrado para tu hermana
Ya mami
Dámelo para que se lo lleve necesita tomarlo día y noche para que baje la leche
Pero por más champurrado que tomó nunca le bajó la leche

Página 279

Esperanza y Alex se pasaron muchas tardes siguiendo al pie de la letra estas recetas para poder hacer unas invitaciones únicas y lo habían logrado. Cada una era una obra de arte. Era el producto de un trabajo artesanal que desgraciadamente estaba pasando de moda, junto con los vestidos largos, las cartas de amor y los valses. Pero para Tita y Pedro nunca pasaría de moda el vals *Ojos de Juventud*, que en este momento tocaba la orquesta a petición expresa de Pedro. Juntos se deslizaban por la pista derrochando donaire. Tita lucía esplendorosa. Los 22 años que habían transcurrido desde la boda de Pedro con Rosaura parecían no haberla rozado siquiera. A sus 39 años aún seguía fresca y rozagante como un pepino recién cortado.

Sirviéndose de un estilo llano y convincente
Página 292

Los dos hermanos discutieron y uno le dio una patada al otro.
Catalina comentó con su novio por qué estaría su mismo padre poniendo dificultades a una boda que tanto deseaban.

Gabriel no quería. Me contestó negativamente y se marchó sin despedirse.

Se tiró de cabeza al estanque y se rompió la crisma.

Cuando vio a su madre le dio un beso.

Es preferible que marchemos cuanto antes.

En África hay una enfermedad que produce sueño.

Acabo de ver al hombre que me atacó en el puente.

Salieron diciendo que había tenido un infarto.

Depender de alguien nacido en otro país americano no es cosa indigna.

Página 298

Tratado de prosodia y ortografía españolas.

¿Disminuyen el capital y la rentabilidad porque baje la bolsa?

Tu bondad e inocencia me conmueveø.

¿Recuerdas aquel equipo de futbolistas que se perdieron en los Andes?

Vegetación exuberante y animales en plena libertad, la belleza sin igual del continente americano.

Presencié temeroso laø tumultuosaø entrada y salida del público.

Ni el uno ni la otra parecen resentirse.

Orgullosas, atractivas y comprometedoras, aquellas dos hermanas rompían los corazones.

Su sueldo eran 10.000 pesos.

El reír y el llorar parecen antitéticos, pero no lo son (sin variante).

Página 302

Hay que llevar a la excursión mochila y cantimplora.

Que se vaya quien no esté de acuerdo.

La música me gusta mucho.

Paralelamente a los Andes corre el río Ucayali.

De todas, escogió la más poética solución.

Luchó incansablemente por la independencia el general San Martín.

Vimos nada más llegar una muchedumbre de pingüinos.

El agresor fue detenido por la guardia civil.

Una determinación conflictiva de verdad (sin variante).

Jacqueline, viuda de dos prohombres, ha muerto.